Singapore MATH PRACTICE

LEVEL 1A

Appropriate for Students in GRADE 2

Frank Schaffer Publications®

Columbus, Ohio

P9-DGI-642

Frank Schaffer Publications®

This edition published in 2009 in the United States of America by Frank Schaffer Publications. Frank Schaffer Publications is an imprint of School Specialty Publishing.

Copyright © Singapore Asian Publications (S) Pte. Ltd.

Send all inquiries to:
Frank Schaffer Publications
8720 Orion Place
Columbus, Ohio 43240-2111

Singapore Math Practice Level 1A

ISBN 0-7682-3991-5

1 2 3 4 5 6 7 8 9 10 GLO 12 11 10 09

INTRODUCTION TO SINGAPORE MATH

Welcome to Singapore Math! The math curriculum in Singapore has been recognized worldwide for its excellence in producing students highly skilled in mathematics. Students in Singapore have ranked at the top in the world in mathematics on the *Trends in International Mathematics and Science Study* (TIMSS) in 1993, 1995, 2003, and 2008. Because of this, Singapore Math has gained in interest and popularity in the United States.

Singapore Math curriculum aims to help students develop the necessary math concepts and process skills for everyday life and to provide students with the ability to formulate, apply, and solve problems. Mathematics in the Singapore Primary (Elementary) Curriculum cover fewer topics but in greater depth. Key math concepts are introduced and built-on to reinforce various mathematical ideas and thinking. Students in Singapore are typically one grade level ahead of students in the United States.

The following pages provide examples of the various math problem types and skill sets taught in Singapore.

At an elementary level, some simple mathematical skills can help students understand mathematical principles. These skills are the counting-on, counting-back, and crossing-out methods. Note that these methods are most useful when the numbers are small.

1. The Counting-On Method

Used for addition of two numbers. Count on in 1s with the help of a picture or number line.

$$7 + 4 = 11$$

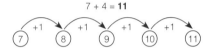

2. The Counting-Back Method

Used for subtraction of two numbers. Count back in 1s with the help of a picture or number line.

$$16 - 3 = 13$$

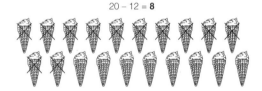

3. The Crossing-Out Method

Used for subtraction of two numbers. Cross out the number of items to be taken away. Count the remaining ones to find the answer.

$$20 - 12 = 8$$

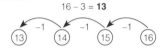

A **number bond** shows the relationship in a simple addition or subtraction problem. The number bond is based on the concept "part-part-whole." This concept is useful in teaching simple addition and subtraction to young children.

To find a whole, students must add the two parts.
To find a part, students must subtract the other part from the whole.

The different types of number bonds are illustrated below.

1. Number Bond (single digits)

3 (part) + 6 (part) = **9** (whole)

9 (whole) − 3 (part) = **6** (part)

9 (whole) − 6 (part) = **3** (part)

2. Addition Number Bond (single digits)

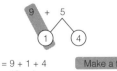

= 9 + 1 + 4
= 10 + 4
= **14**

Make a ten first.

3. Addition Number Bond (double and single digits)

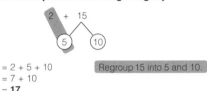

= 2 + 5 + 10
= 7 + 10
= **17**

Regroup 15 into 5 and 10.

4. Subtraction Number Bond (double and single digits)

10 − 7 = 3
3 + 2 = **5**

5. Subtraction Number Bond (double digits)

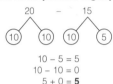

10 − 5 = 5
10 − 10 = 0
5 + 0 = **5**

Students should understand that multiplication is repeated addition and that division is the grouping of all items into equal sets.

1. Repeated Addition (Multiplication)

Mackenzie eats 2 rolls a day. How many rolls does she eat in 5 days?

$$2 + 2 + 2 + 2 + 2 = 10$$
$$5 \times 2 = 10$$

She eats **10** rolls in 5 days.

2. The Grouping Method (Division)

Mrs. Lee makes 14 sandwiches. She gives all the sandwiches equally to 7 friends. How many sandwiches does each friend receive?

$$14 \div 7 = 2$$

Each friend receives **2** sandwiches.

One of the basic but essential math skills students should acquire is to perform the 4 operations of whole numbers and fractions. Each of these methods is illustrated below.

1. The Adding-Without-Regrouping Method

	H	T	O
	3	2	1
+	5	6	8
	8	**8**	**9**

O: Ones
T: Tens
H: Hundreds

Since no regrouping is required, add the digits in each place value accordingly.

2. The Adding-by-Regrouping Method

	H	T	O
	¹4	9	2
+	1	5	3
	6	**4**	**5**

O: Ones
T: Tens
H: Hundreds

In this example, regroup 14 tens into 1 hundred 4 tens.

3. The Adding-by-Regrouping-Twice Method

```
   H  T  O
  ¹2 ¹8 6        O: Ones
 + 3  6  5       T: Tens
  ──────────     H: Hundreds
   6  5  1
```

Regroup twice in this example.
First, regroup 11 ones into 1 ten 1 one.
Second, regroup 15 tens into 1 hundred 5 tens.

4. The Subtracting-Without-Regrouping Method

```
   H  T  O
   7  3  9        O: Ones
 − 3  2  5        T: Tens
  ──────────      H: Hundreds
   4  1  4
```

Since no regrouping is required, subtract the digits in each place value accordingly.

5. The Subtracting-by-Regrouping Method

```
   H  T  O
   5 ⁷8 ¹¹1       O: Ones
 − 2  4  7        T: Tens
  ──────────      H: Hundreds
   3  3  4
```

In this example, students cannot subtract 7 ones from 1 one. So, regroup the tens and ones. Regroup 8 tens 1 one into 7 tens 11 ones.

6. The Subtracting-by-Regrouping-Twice Method

```
   H  T  O
  ⁷8 ⁹0 ¹⁰0      O: Ones
 − 5  9  3        T: Tens
  ──────────      H: Hundreds
   2  0  7
```

In this example, students cannot subtract 3 ones from 0 ones and 9 tens from 0 tens. So, regroup the hundreds, tens, and ones. Regroup 8 hundreds into 7 hundreds 9 tens 10 ones.

7. The Multiplying-Without-Regrouping Method

```
      T  O
      2  4        O: Ones
   ×     2        T: Tens
  ──────────
      4  8
```

Since no regrouping is required, multiply the digit in each place value by the multiplier accordingly.

8. The Multiplying-With-Regrouping Method

```
   H  T  O
  ¹3 ²4 9         O: Ones
   ×     3        T: Tens
  ──────────      H: Hundreds
  1, 0  4  7
```

In this example, regroup 27 ones into 2 tens 7 ones, and 14 tens into 1 hundred 4 tens.

9. The Dividing-Without-Regrouping Method

```
        2 4 1
     2)4 8 2
      −4
      ───
        8
       −8
       ───
         2
        −2
        ───
         0
```

Since no regrouping is required, divide the digit in each place value by the divisor accordingly.

10. The Dividing-With-Regrouping Method

```
        1 6 6
     5)8 3 0
      −5
      ───
        3 3
       −3 0
       ────
          3 0
         −3 0
         ────
            0
```

In this example, regroup 3 hundreds into 30 tens and add 3 tens to make 33 tens. Regroup 3 tens into 30 ones.

11. The Addition-of-Fractions Method

$$\frac{1 \times 2}{6 \times 2} + \frac{1 \times 3}{4 \times 3} = \frac{2}{12} + \frac{3}{12} = \frac{5}{12}$$

Always remember to make the denominators common before adding the fractions.

12. The Subtraction-of-Fractions Method

$$\frac{1 \times 5}{2 \times 5} - \frac{1 \times 2}{5 \times 2} = \frac{5}{10} - \frac{2}{10} = \frac{3}{10}$$

Always remembers to make the denominators common before subtracting the fractions.

13. The Multiplication-of-Fractions Method

$$\frac{\cancel{3}^1}{5} \times \frac{1}{\cancel{9}_3} = \frac{1}{15}$$

When the numerator and the denominator have a common multiple, reduce them to their lowest fractions.

14. The Division-of-Fractions Method

$$\frac{7}{9} \div \frac{1}{6} = \frac{7}{\cancel{9}_3} \times \frac{\cancel{6}^2}{1} = \frac{14}{3} = 4\frac{2}{3}$$

When dividing fractions, first change the division sign (÷) to the multiplication sign (×). Then, switch the numerator and denominator of the fraction on the right hand side. Multiply the fractions in the usual way.

Model drawing is an effective strategy used to solve math word problems. It is a visual representation of the information in word problems using bar units. By drawing the models, students will know of the variables given in the problem, the variables to find, and even the methods used to solve the problem.

Drawing models is also a versatile strategy. It can be applied to simple word problems involving addition, subtraction, multiplication, and division. It can also be applied to word problems related to fractions, decimals, percentage, and ratio.

The use of models also trains students to think in an algebraic manner, which uses symbols for representation.

The different types of bar models used to solve word problems are illustrated below.

1. The model that involves addition

Melissa has 50 blue beads and 20 red beads. How many beads does she have altogether?

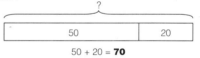

$$50 + 20 = \mathbf{70}$$

2. The model that involves subtraction

Ben and Andy have 90 toy cars. Andy has 60 toy cars. How many toy cars does Ben have?

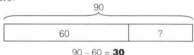

$$90 - 60 = \mathbf{30}$$

3. The model that involves comparison

Mr. Simons has 150 magazines and 110 books in his study. How many more magazines than books does he have?

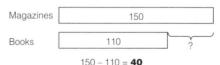

$$150 - 110 = \mathbf{40}$$

4. The model that involves two items with a difference

A pair of shoes costs $109. A leather bag costs $241 more than the pair of shoes. How much is the leather bag?

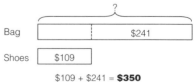

$$\$109 + \$241 = \mathbf{\$350}$$

Singapore Math Practice Level 1A

5. The model that involves multiples

Mrs. Drew buys 12 apples. She buys 3 times as many oranges as apples. She also buys 3 times as many cherries as oranges. How many pieces of fruit does she buy altogether?

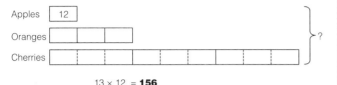

$$13 \times 12 = \textbf{156}$$

6. The model that involves multiples and difference

There are 15 students in Class A. There are 5 more students in Class B than in Class A. There are 3 times as many students in Class C than in Class A. How many students are there altogether in the three classes?

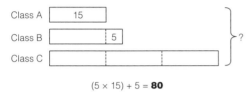

$$(5 \times 15) + 5 = \textbf{80}$$

7. The model that involves creating a whole

Ellen, Giselle, and Brenda bake 111 muffins. Giselle bakes twice as many muffins as Brenda. Ellen bakes 9 fewer muffins than Giselle. How many muffins does Ellen bake?

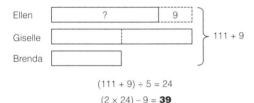

$$(111 + 9) \div 5 = 24$$
$$(2 \times 24) - 9 = \textbf{39}$$

8. The model that involves sharing

There are 183 tennis balls in Basket A and 97 tennis balls in Basket B. How many tennis balls must be transferred from Basket A to Basket B so that both baskets contain the same number of tennis balls?

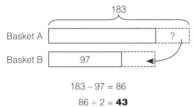

$$183 - 97 = 86$$
$$86 \div 2 = \textbf{43}$$

9. The model that involves fractions

George had 355 marbles. He lost $\frac{1}{5}$ of the marbles and gave $\frac{1}{4}$ of the remaining marbles to his brother. How many marbles did he have left?

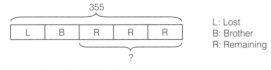

L: Lost
B: Brother
R: Remaining

5 parts → 355 marbles
1 part → 355 ÷ 5 = 71 marbles
3 parts → 3 × 71 = **213** marbles

10. The model that involves ratio

Aaron buys a tie and a belt. The prices of the tie and belt are in the ratio 2 : 5. If both items cost $539,

(a) what is the price of the tie?

(b) what is the price of the belt?

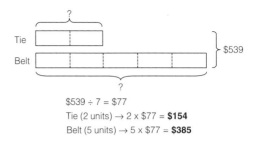

$$\$539 \div 7 = \$77$$
Tie (2 units) → 2 x $77 = **$154**
Belt (5 units) → 5 x $77 = **$385**

11. The model that involves comparison of fractions

Jack's height is $\frac{2}{3}$ of Leslie's height. Leslie's height is $\frac{3}{4}$ of Lindsay's height. If Lindsay is 160 cm tall, find Jack's height and Leslie's height.

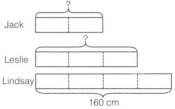

1 unit → 160 ÷ 4 = 40 cm

Leslie's height (3 units) → 3 × 40 = **120 cm**

Jack's height (2 units) → 2 × 40 = **80 cm**

Thinking skills and strategies are important in mathematical problem solving. These skills are applied when students think through the math problems to solve them. Below are some commonly used thinking skills and strategies applied in mathematical problem solving.

1. Comparing

Comparing is a form of thinking skill that students can apply to identify similarities and differences.

When comparing numbers, look carefully at each digit before deciding if a number is greater or less than the other. Students might also use a number line for comparison when there are more numbers.

Example:

3 is greater than 2 but smaller than 7.

2. Sequencing

A sequence shows the order of a series of numbers. *Sequencing* is a form of thinking skill that requires students to place numbers in a particular order. There are many terms in a sequence. The terms refer to the numbers in a sequence.

To place numbers in a correct order, students must first find a rule that generates the sequence. In a simple math sequence, students can either add or subtract to find the unknown terms in the sequence.

Example: Find the 7th term in the sequence below.

1,	4,	7,	10,	13,	16	?
1st term	2nd term	3rd term	4th term	5th term	6th term	7th term

Step 1: This sequence is in an increasing order.

Step 2: 4 − 1 = 3   7 − 4 = 3
The difference between two consecutive terms is 3.

Step 3: 16 + 3 = 19
The 7th term is **19**.

3. Visualization

Visualization is a problem solving strategy that can help students visualize a problem through the use of physical objects. Students will play a more active role in solving the problem by manipulating these objects.

The main advantage of using this strategy is the mobility of information in the process of solving the problem. When students make a wrong step in the process, they can retrace the step without erasing or canceling it.

The other advantage is that this strategy helps develop a better understanding of the problem or solution through visual objects or images. In this way, students will be better able to remember how to solve these types of problems.

Singapore Math Practice Level 1A

Some of the commonly used objects for this strategy are toothpicks, straws, cards, strings, water, sand, pencils, paper, and dice.

4. Look for a Pattern

This strategy requires the use of observational and analytical skills. Students have to observe the given data to find a pattern in order to solve the problem. Math word problems that involve the use of this strategy usually have repeated numbers or patterns.

Example: Find the sum of all the numbers from 1 to 100.

Step 1: Simplify the problem.
Find the sum of 1, 2, 3, 4, 5, 6, 7, 8, 9, and 10.

Step 2: Look for a pattern.

$1 + 10 = 11$	$2 + 9 = 11$	$3 + 8 = 11$
$4 + 7 = 11$	$5 + 6 = 11$	

Step 3: Describe the pattern.
When finding the sum of 1 to 10, add the first and last numbers to get a result of 11. Then, add the second and second last numbers to get the same result. The pattern continues until all the numbers from 1 to 10 are added. There will be 5 pairs of such results. Since each addition equals 11, the answer is then $5 \times 11 = 55$.

Step 4: Use the pattern to find the answer.
Since there are 5 pairs in the sum of 1 to 10, there should be ($10 \times 5 = 50$ pairs) in the sum of 1 to 100.
Note that the addition for each pair is not equal to 11 now. The addition for each pair is now ($1 + 100 = 101$).
$$50 \times 101 = 5050$$
The sum of all the numbers from 1 to 100 is **5,050**.

5. Working Backward

The strategy of working backward applies only to a specific type of math word problem. These word problems state the end result, and students are required to find the total number. In order to solve these word problems, students have to work backward by thinking through the correct sequence of events. The strategy of working backward allows students to use their logical reasoning and sequencing to find the answers.

Example: Sarah has a piece of ribbon. She cuts the ribbon into 4 equal parts. Each part is then cut into 3 smaller equal parts. If the length of each small part is 35 cm, how long is the piece of ribbon?
$$3 \times 35 = 105 \text{ cm}$$
$$4 \times 105 = 420 \text{ cm}$$
The piece of ribbon is **420 cm**.

6. The Before-After Concept

The *Before-After* concept lists all the relevant data before and after an event. Students can then compare the differences and eventually solve the problems. Usually, the Before-After concept and the mathematical model go hand in hand to solve math word problems. Note that the Before-After concept can be applied only to a certain type of math word problem, which trains students to think sequentially.

Example: Kelly has 4 times as much money as Joey. After Kelly uses some money to buy a tennis racquet, and Joey uses $30 to buy a pair of pants, Kelly has twice as much money as Joey. If Joey has $98 in the beginning,
(a) how much money does Kelly have in the end?
(b) how much money does Kelly spend on the tennis racquet?

Before

Kelly

Joey $98

After

Kelly

Joey

(a) $98 - $30 = $68
$2 \times $68 = $136
Kelly has **$136** in the end.

(b) $4 \times $98 = $392
$392 - $136 = $256
Kelly spends **$256** on the tennis racquet.

7. Making Supposition

Making supposition is commonly known as "making an assumption." Students can use this strategy to solve certain types of math word problems. Making

assumptions will eliminate some possibilities and simplifies the word problems by providing a boundary of values to work within.

Example: Mrs. Jackson bought 100 pieces of candy for all the students in her class. How many pieces of candy would each student receive if there were 25 students in her class?

In the above word problem, assume that each student received the same number of pieces. This eliminates the possibilities that some students would receive more than others due to good behaviour, better results, or any other reason.

8. Representation of Problem

In problem solving, students often use representations in the solutions to show their understanding of the problems. Using representations also allow students to understand the mathematical concepts and relationships as well as to manipulate the information presented in the problems. Examples of representations are diagrams and lists or tables.

Diagrams allow students to consolidate or organize the information given in the problems. By drawing a diagram, students can see the problem clearly and solve it effectively.

A list or table can help students organize information that is useful for analysis. After analyzing, students can then see a pattern, which can be used to solve the problem.

9. Guess and Check

One of the most important and effective problem-solving techniques is *Guess and Check*. It is also known as *Trial and Error*. As the name suggests, students have to guess the answer to a problem and check if that guess is correct. If the guess is wrong, students will make another guess. This will continue until the guess is correct.

It is beneficial to keep a record of all the guesses and checks in a table. In addition, a *Comments* column can be included. This will enable students to analyze their guess (if it is too high or too low) and improve on the next guess. Be careful; this problem-solving technique can be tiresome without systematic or logical guesses.

Example: Jessica had 15 coins. Some of them were 10-cent coins and the rest were 5-cent coins. The total amount added up to $1.25. How many coins of each kind were there?

Use the guess-and-check method.

Number of 10¢ Coins	Value	Number of 5¢ Coins	Value	Total Number of Coins	Total Value
7	$7 \times 10¢ = 70¢$	8	$8 \times 5¢ = 40¢$	$7 + 8 = 15$	$70¢ + 40¢ = 110¢$ $= \$1.10$
8	$8 \times 10¢ = 80¢$	7	$7 \times 5¢ = 35¢$	$8 + 7 = 15$	$80¢ + 35¢ = 115¢$ $= \$1.15$
10	$10 \times 10¢ = 100¢$	5	$5 \times 5¢ = 25¢$	$10 + 5 = 15$	$100¢ + 25¢ = 125¢$ $= \$1.25$

There were **ten** 10-cent coins and **five** 5-cent coins.

10. Restate the Problem

When solving challenging math problems, conventional methods may not be workable. Instead, restating the problem will enable students to see some challenging problems in a different light so that they can better understand them.

The strategy of restating the problem is to "say" the problem in a different and clearer way. However, students have to ensure that the main idea of the problem is not altered.

How do students restate a math problem?

First, read and understand the problem. Gather the given facts and unknowns. Note any condition(s) that have to be satisfied.

Next, restate the problem. Imagine narrating this problem to a friend. Present the given facts, unknown(s), and condition(s). Students may want to write the "revised" problem. Once the "revised" problem is analyzed, students should be able to think of an appropriate strategy to solve it.

11. Simplify the Problem

One of the commonly used strategies in mathematical problem solving is simplification of the problem. When a problem is simplified, it can be "broken down" into two or more smaller parts. Students can then solve the parts systematically to get to the final answer.

Singapore Math Practice Level 1A

Table of Contents

Singapore Math Practice Level 1A

LEARNING OUTCOMES

Unit 1 Numbers 1–10
Students should be able to
- count numbers from 1 to 10.
- read and write numbers up to 10 in numerals and words.
- match numerals to words from 1 to 10.
- compare and arrange numbers in the correct order.
- complete number patterns.

Unit 2 Fun With Number Bonds
Students should be able to
- make number bonds.
- complete number bonds by filling in the missing parts.

Review 1
This review tests students' understanding of Units 1 & 2.

Unit 3 Adding Numbers up to 10
Students should be able to
- add by counting on.
- add using number bonds.
- make addition sentences.
- solve 1-step addition story problems.

Unit 4 Subtracting Numbers up to 10
Students should be able to
- subtract by crossing out, counting on, counting backward, and using number bonds.
- make subtraction sentences.
- make a series of addition and subtraction sentences.
- solve 1-step subtraction story problems.

Review 2
This review tests students' understanding of Units 3 & 4.

Unit 5 Shapes and Patterns
Students should be able to
- identify and recognize squares, rectangles, circles, and triangles.
- complete the patterns.

Unit 6 Ordinal Numbers
Students should be able to
- understand ordinal numbers, like first, second, third, fourth, etc.
- use symbols, like 1st, 2nd, 3rd, 4th, etc.
- understand the left and right positions.

Review 3
This review tests students' understanding of Units 5 & 6.

Unit 7 Numbers 1–20
Students should be able to
- know numbers from 1 to 20 in numerals and words.
- know the place value up to 20.
- compare and arrange numbers up to 20.
- complete number patterns.

Unit 8 Adding and Subtracting Numbers up to 20
Students should be able to
- add and subtract numbers up to 20.
- use number bonds to make a 10 when adding and subtracting numbers.
- solve 1-step story sums related to addition and subtraction.

Unit 9 Length
Students should be able to
- measure and compare length.
- understand the meaning of words like *tall, taller, tallest, short, shorter, shortest, long, longer, longest, high, higher,* and *highest.*
- understand the left and right positions.

Final Review
This review is an excellent assessment of students' understanding of all the topics in this book.

Singapore Math Practice Level 1A

FORMULA SHEET

Unit 1 Numbers 1–10

Numerals	Words	Pictorial Representation
1	one	⚬
2	two	⚬⚬
3	three	⚬⚬⚬
4	four	⚬⚬⚬⚬
5	five	⚬⚬⚬⚬⚬
6	six	⚬⚬⚬⚬⚬⚬
7	seven	⚬⚬⚬⚬⚬⚬⚬
8	eight	⚬⚬⚬⚬⚬⚬⚬⚬
9	nine	⚬⚬⚬⚬⚬⚬⚬⚬⚬
10	ten	⚬⚬⚬⚬⚬⚬⚬⚬⚬⚬

Comparing Numbers

- Count the number in each set.
- When there are equal numbers in both sets, use the word *same* to describe them.
- When one set is more than another, use the words *more* or *greater* to describe it.
- When one set is less than another, use the words *fewer* or *smaller* to describe it.

To find a number that is "more than," count on to find the answer.
Example: What is 1 more than 2?

1, 2, 3
1 more than 2 is **3**.

To find a number that is "less than," count backward to find the answer.
Example: What is 1 less than 9?

1, 2, 3, 4, 5, 6, 7, 8, 9
1 less than 9 is **8**.

Number Patterns

- To complete a number pattern, be familiar with the numbers 1 to 10 in the correct order.
- Take note of the order in the number pattern when working to complete it.

1, 2, 3, 4, 5, 6, 7, 8, 9, 10 (increasing order)

10, 9, 8, 7, 6, 5, 4, 3, 2, 1 (decreasing order)

Unit 2 Fun With Number Bonds

2 small numbers can make 1 big number.
Examples: **2** and **4** make 6.
4 and **5** make 9.

We can interpret the 2 number sentences as number bonds.

For each number bond, the circle on the left is known as the whole. The 2 circles on the right are known as the parts.

Number bonds can also be broken down into 3 parts.

Number bonds are useful because they can be broken down into smaller numbers for easy addition or subtraction.

Unit 3 Adding Numbers up to 10

To add is to find the total number of items.

Some keywords used in addition problems are *add*, *plus*, *more than*, *sum*, *altogether*, *in all*, and *total*.

There are two ways to add numbers:
- counting on
- number bonds

Below is an addition grid that can be useful for solving addition problems.

+	0	1	2	3	4	5	6	7	8	9	10
0	0	1	2	3	4	5	6	7	8	9	10
1	1	2	3	4	5	6	7	8	9	10	
2	2	3	4	5	6	7	8	9	10		
3	3	4	5	6	7	8	9	10			
4	4	5	6	7	8	9	10				
5	5	6	7	8	9	10					
6	6	7	8	9	10						
7	7	8	9	10							
8	8	9	10								
9	9	10									
10	10										

Unit 4 Subtracting Numbers up to 10

To subtract is to find the number of items left after removing some of them.

Some keywords used in subtraction problems are *subtract*, *minus*, *less than*, and *take away*.

There are four ways to subtract numbers:
- crossing out
- counting on
- counting backward
- number bonds

Below is a subtraction grid that can be useful for solving subtraction problems.

–	0	1	2	3	4	5	6	7	8	9	10
10	10	9	8	7	6	5	4	3	2	1	0
9	9	8	7	6	5	4	3	2	1	0	
8	8	7	6	5	4	3	2	1	0		
7	7	6	5	4	3	2	1	0			
6	6	5	4	3	2	1	0				
5	5	4	3	2	1	0					
4	4	3	2	1	0						
3	3	2	1	0							
2	2	1	0								
1	1	0									
0	0										

Unit 5 Shapes and Patterns

A rectangle has four sides. Opposite sides are equal.

A square has four equal sides.

A triangle has three sides.

A circle is round.

We can see changes in size, shape, color, and position in a pattern.

When completing a pattern, be observant to see how the pattern repeats.

Unit 6 Ordinal Numbers

1st	2nd	3rd	4th	5th
first	second	third	fourth	fifth

6th	7th	8th	9th	10th
sixth	seventh	eighth	ninth	tenth

before: the position in front
Example: 4th is before 5th.

after: the position behind
Example: 9th is after 8th.

between: in the center of 2 items
Example: 6th is between 5th and 7th.

We can count things from the left or right positions.

Unit 7 Numbers 1–20

Numerals	Words	Pictorial Representation
11	eleven	
12	twelve	
13	thirteen	
14	fourteen	
15	fifteen	
16	sixteen	
17	seventeen	
18	eighteen	
19	nineteen	
20	twenty	

Place Value
Group numbers greater than 10 into tens and ones.
Example: 18 = **1** ten **8** ones

Number Patterns
When completing number patterns,
1. see if the number pattern is in an increasing or a decreasing order.
2. observe the difference between each number.
3. add or subtract to get the next number.

Number Order
When arranging numbers in order, see if the numbers start with the smallest or the largest.

Unit 8 Adding and Subtracting Numbers up to 20
There are 2 ways to add numbers up to 20:
- make a group of 10.
- regroup one of the addends into tens and ones using number bonds.

To subtract numbers up to 20, regroup the minuend into tens and ones using number bonds.

Unit 9 Length
When measuring length, make sure that objects are placed on the same starting line.
The measurement will be accurate, and it is easier to identify the longest or the shortest length.

Unit 1: NUMBERS 1–10

Examples:

1. Count the number of toy cars. Write the number and the word.

   Number: **7**   Word: **seven**

2. Compare the numbers below.

   (6)   (8)

   6 is smaller than **8**.
   8 is greater than **6**.

3. Complete the number pattern.

   3, 4, ___, ___, 7, 8

   3, 4, **5**, **6**, 7, 8

4. What is 1 less than 10?

   9 is 1 less than 10.

Singapore Math Practice Level 1A

Count the items, and write the numbers on the lines.

1.

   _____ ribbons

2.

   _____ cats

3.

   _____ cars

4.

   _____ bus

5.

   _____ dolphins

6.

   _____ bicycles

7.

   _____ flowers

8.

   _____ birds

9.

   _____ fish

10.

   _____ shoes

Singapore Math Practice Level 1A

Read each sentence carefully. Complete the drawing.

11. The cat has 1 tail.

14. The bicycle has 2 wheels.

12. There are 3 flowers in the vase.

15. The table has 4 legs.

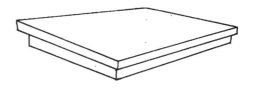

13. There are 6 oranges on this plate.

Singapore Math Practice Level 1A

Count the number of each object. Circle the correct word.

16.

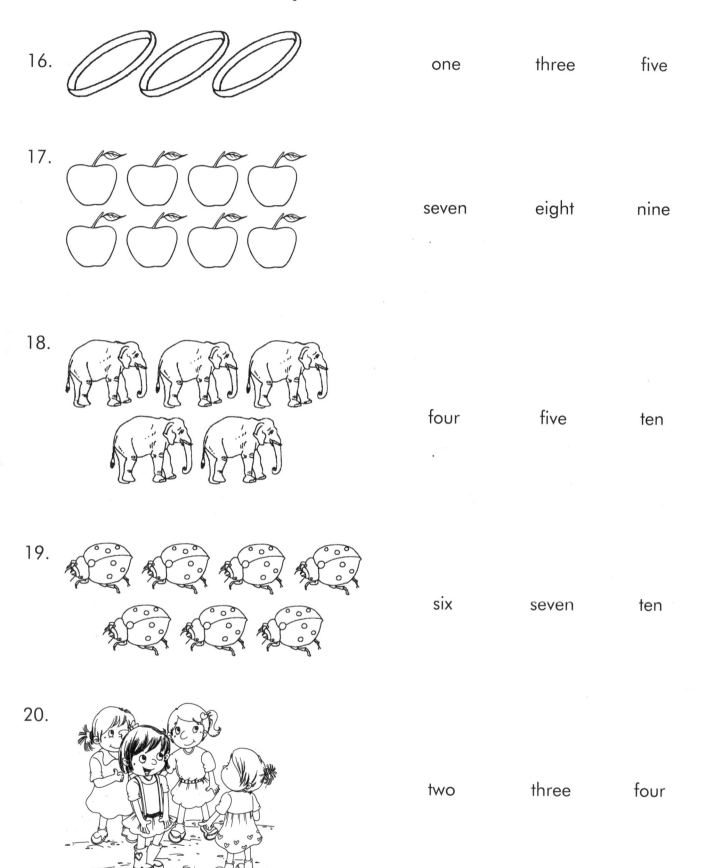

    one   three   five

17.

    seven   eight   nine

18.

    four   five   ten

19.

    six   seven   ten

20.

    two   three   four

Singapore Math Practice Level 1A

21. Match each car to the correct garage.

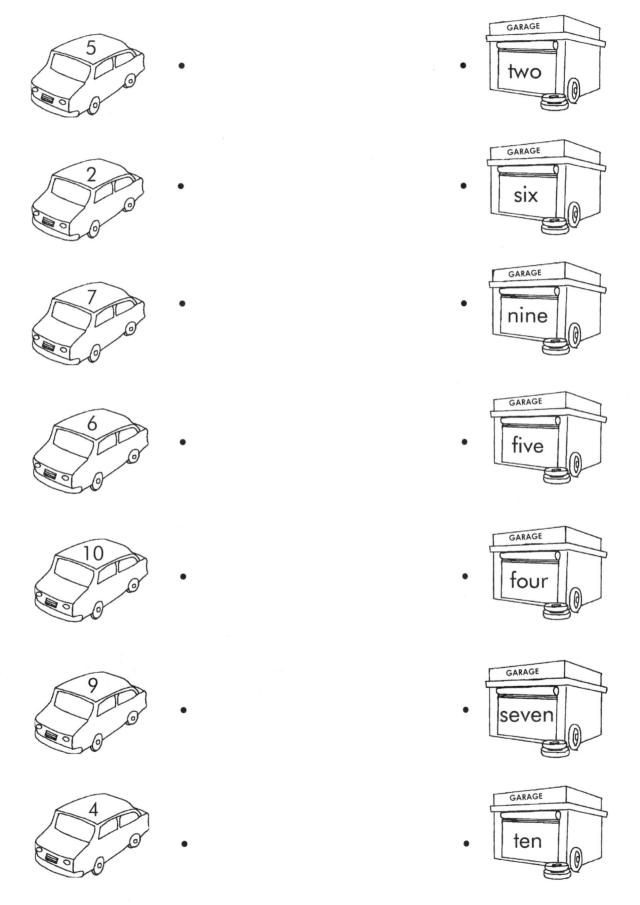

Singapore Math Practice Level 1A

Draw pictures in each box to show the correct number of objects.

22.	3 apples
23.	6 balls
24.	8 fish
25.	7 stars
26.	10 pencils

Singapore Math Practice Level 1A

Fill in each blank with the correct word.

27.

more	fewer

There are _____ boys than bicycles.

There are _____ bicycles than boys.

28.

trees	flowers

There are more _____ than _____.

There are fewer _____ than _____.

29.

more	fewer

There are _____ oranges than apples.

There are _____ apples than oranges.

Singapore Math Practice Level 1A

30.

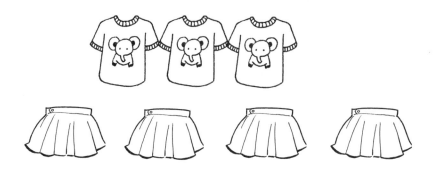

more	fewer

There are _____ shirts than skirts.

There are _____ skirts than shirts.

31.

boys	girls

There are more _____ than _____.

There are fewer _____ than _____.

Singapore Math Practice Level 1A

Circle the smaller number in each pair.

32.   6   4   35.   7   9

33.   10   8   36.   5   2

34.   1   3

Color the larger number in each pair.

37.

38.

39.

40.

41.   8   1

Singapore Math Practice Level 1A

Complete each number pattern.

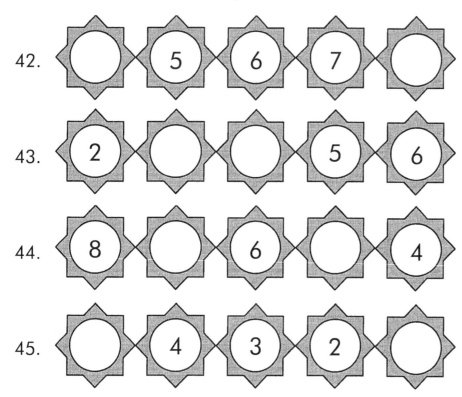

42. ◯ 5 6 7 ◯

43. 2 ◯ ◯ 5 6

44. 8 ◯ 6 ◯ 4

45. ◯ 4 3 2 ◯

Fill in each blank with the correct answer.

46. 1 more than 2 is _____.

47. 1 more than 7 is _____.

48. 1 more than 3 is _____.

49. 1 more than 1 is _____.

50. _____ is 1 more than 4.

51. _____ is 1 more than 8.

52. _____ is 1 more than 5.

53. _____ is 1 more than 2.

54. 1 less than 7 is _____.

55. 1 less than 4 is _____.

56. 1 less than 8 is _____.

57. 1 less than 2 is _____.

58. _____ is 1 less than 3.

59. _____ is 1 less than 6.

60. _____ is 1 less than 9.

61. _____ is 1 less than 5.

62. Benjamin can walk from his school to the library. Fill in each blank with the correct number written as either a numeral or a word.

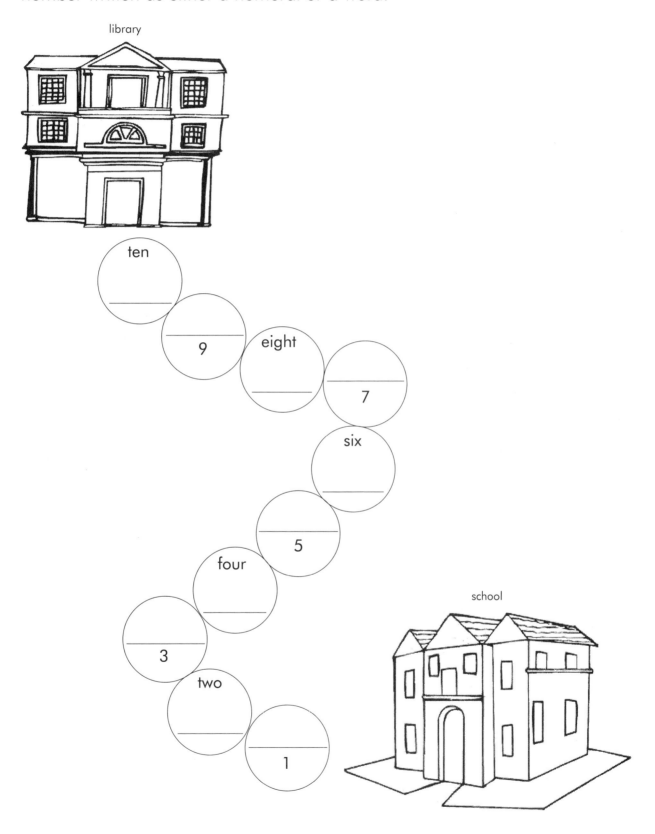

The library is _____ steps away from the school.

Singapore Math Practice Level 1A

Examples:

1.

Make a number bond using the above picture.

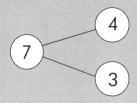

2. Make number bonds for the number 8.

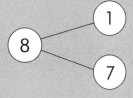   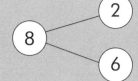

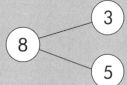   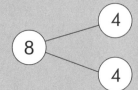

Singapore Math Practice Level 1A

Look at each picture carefully. Then, complete the number bond beside it.

1.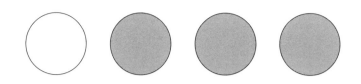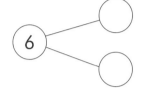

2.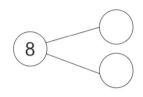

3.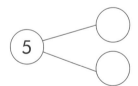

4.

5.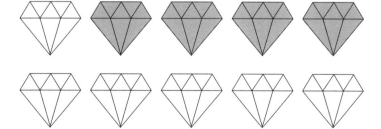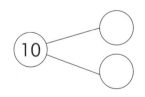

Singapore Math Practice Level 1A

Study each picture carefully. Fill in the missing numbers. The first one has been done for you.

6.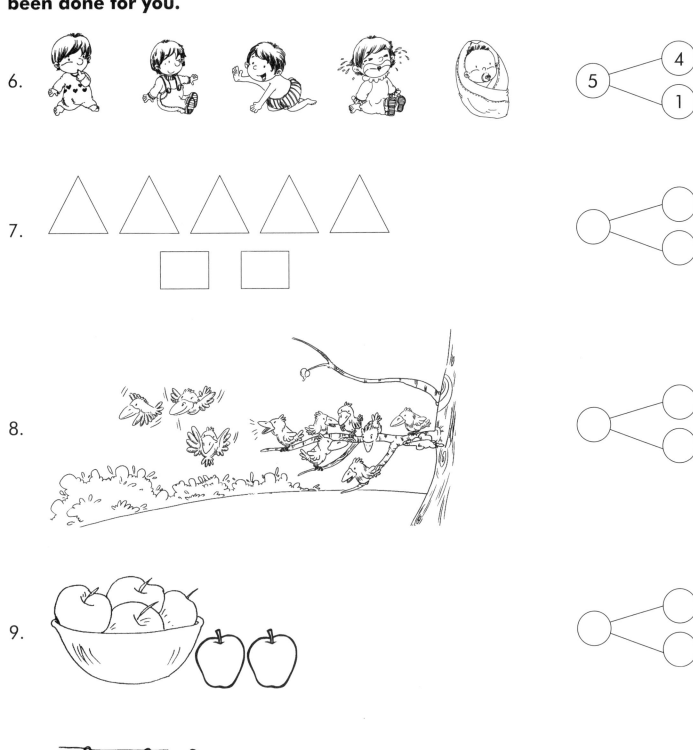

7.

8.

9.

10.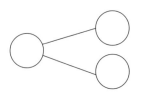

Singapore Math Practice Level 1A

11.

12.

13.

14.

15.

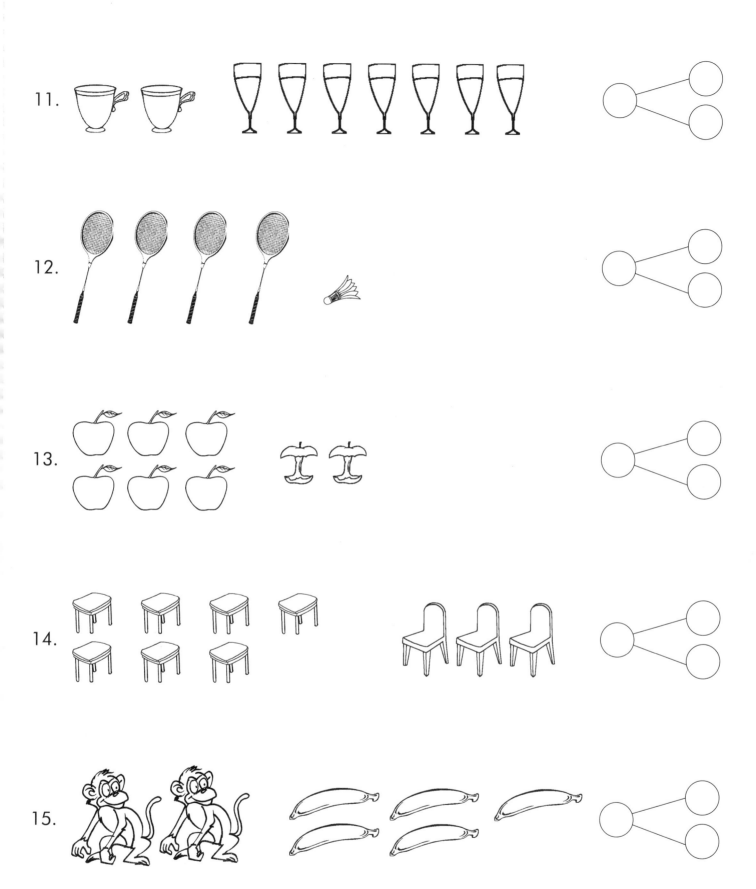

16. Match each number on the left with a number on the right to make 7.

17. Match each number on the left with a number on the right to make 8.

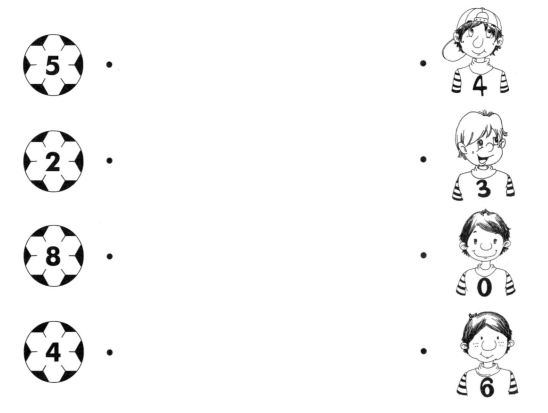

Singapore Math Practice Level 1A

18. Match each number on the left with a number on the right to make 9.

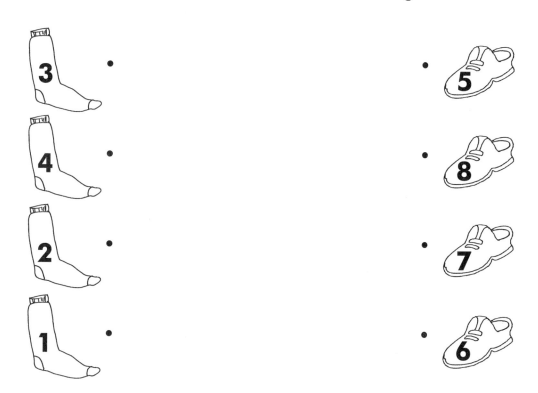

19. Match each number on the left with a number on the right to make 10.

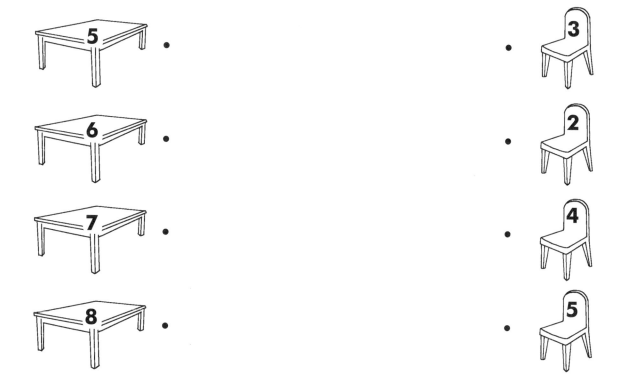

Singapore Math Practice Level 1A

Fill in the missing number in each number bond.

20.

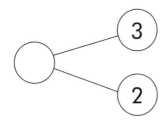

21.

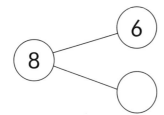

22.

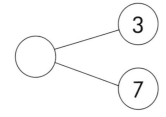

23.

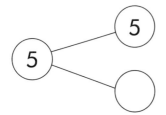

24.

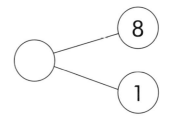

25.

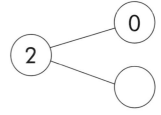

26.

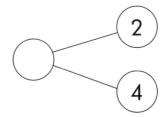

27.

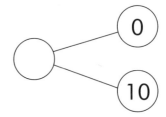

Singapore Math Practice Level 1A

REVIEW 1

Count the objects in each picture. Write the correct number on the line.

1.

_____ wheels

2.

_____ buses

3.

_____ bottles

Look at each picture carefully. Fill in the missing parts in each number bond.

4.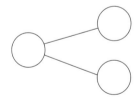

5.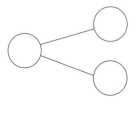

Singapore Math Practice Level 1A

Complete the pictures to show the correct numbers.

6. The chair has 4 legs.

7. There are 7 apples on the tree.

8. Match each number on the left with a number on the right to make 6.

 •

•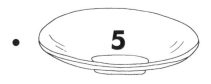

 •

•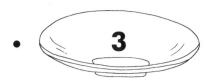

 •

•

Singapore Math Practice Level 1A

Count the number of objects in each group. Circle the correct word.

9. 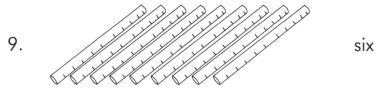   six   ten   eight   nine

10.    five   three   four   two

11.    seven   six   zero   eight

Fill in each blank with the correct word from the box.

12.

more	fewer

There are _____ books than pencils.

There are _____ pencils than books.

Singapore Math Practice Level 1A

13.

ladybugs	leaves

There are more _____ than _____.

There are fewer _____ than _____.

14. Circle the larger number.

             7   9

15. Circle the smaller number.

             3   5

16. Complete the number pattern.

       _____, _____, 7, 8, 9

17. 1 more than 9 is _____.

Fill in the missing number in each number bond.

18.
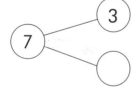

20.
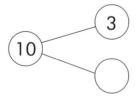

19.
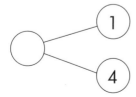

Singapore Math Practice Level 1A

Unit 3: ADDING NUMBERS UP TO 10

Examples:

1. What number is 4 more than 6?

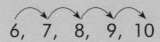

6, 7, 8, 9, 10

10 is 4 more than 6.

2. Some students are using 6 computers in a computer lab.
   There are 2 computers that are not being used.
   How many computers are there altogether in the computer lab?

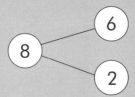

There are **8** computers altogether in the computer lab.

Complete the addition sentences by counting on.

1.

   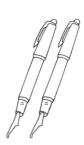

4 + _____ = _____

Singapore Math Practice Level 1A

2.

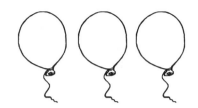 

$$3 + \underline{\hspace{1.5cm}} = \underline{\hspace{1.5cm}}$$

3.

$$6 + \underline{\hspace{1.5cm}} = \underline{\hspace{1.5cm}}$$

4.

$$2 + \underline{\hspace{1.5cm}} = \underline{\hspace{1.5cm}}$$

5.

$$5 + \underline{\hspace{1.5cm}} = \underline{\hspace{1.5cm}}$$

Singapore Math Practice Level 1A

Look at each picture carefully. Write the addition sentence on the lines.

6. ★ ★
   ★ ★   ★
          ★ ★   _____ + _____ = _____

7.   ★
   ★ ★   ★ ★
         ★ ★
         ★ ★   _____ + _____ = _____

8. ★ ★   ★ ★
     ★   ★
   ★ ★   ★ ★   _____ + _____ = _____

9.   ★ ★
           ★ ★
   ★   ★ ★   _____ + _____ = _____

10. ★ ★   ★ ★
           ★ ★
    ★ ★   ★ ★   _____ + _____ = _____

11.   ★ ★
            ★
    ★ ★   ★ ★   _____ + _____ = _____

Fill in each blank with the correct answer.

12. 2 more than 3   =   3   +   2   = _____

13. 4 more than 5   = _____ + _____ = _____

14. 3 more than 6   = _____ + _____ = _____

15. 1 more than 2   = _____ + _____ = _____

16. 5 more than 0   = _____ + _____ = _____

Singapore Math Practice Level 1A

Study the pictures below. Fill in the blanks with the correct answers. Use number bonds to help you.

17.

_____ girls are performing onstage.

18.

There are _____ penguins in all.

19.

There are _____ boys altogether.

20.

There are _____ flowers altogether.

21.

There are _____ rabbits altogether.

Singapore Math Practice Level 1A

Fill in each blank with the correct answer.

22.

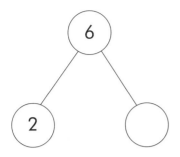

23.

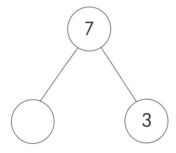

24.

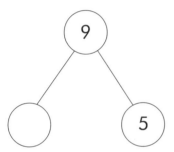

25.

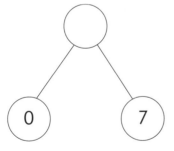

26.

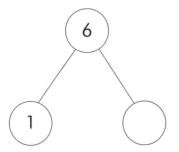

27.

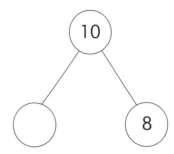

28.

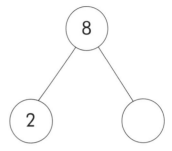

29.

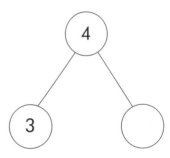

30.

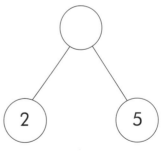

31.

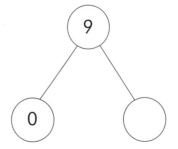

Singapore Math Practice Level 1A

Color the correct rectangle to match the number in the circle.

32. (9)　　| 2 + 6 |　　| 3 + 7 |　　| 4 + 5 |　　| 5 + 2 |

33. (7)　　| 1 + 5 |　　| 4 + 4 |　　| 7 + 0 |　　| 8 + 1 |

34. (5)　　| 3 + 2 |　　| 2 + 4 |　　| 5 + 2 |　　| 1 + 7 |

35. (6)　　| 3 + 1 |　　| 3 + 2 |　　| 3 + 3 |　　| 1 + 4 |

36. (4)　　| 4 + 1 |　　| 3 + 4 |　　| 2 + 1 |　　| 0 + 4 |

Fill in each blank with the correct answer.

37. _____ + 6 = 9

38. 1 + _____ = 8

39. 3 + _____ = 5

40. _____ + 4 = 8

41. 5 + _____ = 6

42. _____ + 7 = 9

43. _____ + 6 = 10

44. _____ + 3 = 3

45. 3 + _____ = 7

46. _____ + 2 = 2

Singapore Math Practice Level 1A

Complete the addition stories by filling in the blanks.

47.

$\square$ $\bigcirc$ $\square$ = $\square$

_____ zebras are eating the grass.

_____ zebras are not eating the grass.

There are _____ zebras altogether.

48.

$\square$ $\bigcirc$ $\square$ = $\square$

There are _____ tables.

There are _____ chairs.

There are _____ pieces of furniture altogether.

49.

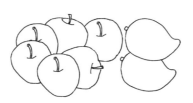

$\square$ $\bigcirc$ $\square$ = $\square$

There are _____ apples.

There are _____ mangoes.

There are _____ pieces of fruit altogether.

Singapore Math Practice Level 1A

Read each story problem. Then, fill in the blanks.

50. There are 4 people standing in a room. 5 people are sitting in the same room. How many people are in the room altogether?

There are _____ people in the room altogether.

51. 2 boys are drinking in the cafeteria. 5 boys are eating in the cafeteria. How many boys are in the cafeteria altogether?

There are _____ boys in the cafeteria altogether.

52. Sean has 3 toy cars. He has 6 toy airplanes. How many toys does he have in all?

He has _____ toys in all.

Singapore Math Practice Level 1A

How many are there altogether? Write the correct answers on the lines.

53.

_____ + _____ = _____

There are _____ rabbits altogether.

54. There are 5 socks in the washing machine. There are 2 socks in the laundry basket. How many socks are there altogether?

_____

There are _____ socks altogether.

55. Andy borrows 5 books from the library. He borrows 1 more book from his friend. How many books does he borrow altogether?

_____

He borrows _____ books altogether.

Singapore Math Practice Level 1A

56. There are 4 spoons on the table. There are 6 spoons in the sink. How many spoons are there altogether?

_____

There are _____ spoons altogether.

57. There are 6 plates in the dishwasher. There is 1 plate on the table. How many plates are there altogether?

_____

There are _____ plates altogether.

Unit 4: SUBTRACTING NUMBERS UP TO 10

Examples:

1. What number is 3 less than 6?

$$6 - 3 = 3$$

__3__ is 3 less than 6.

2. Subtract 2 from 7.

7,   6,   5

$$7 - 2 = \underline{5}$$

3. Subtract 4 from 9.

9,   8,   7,   6,   5

$$9 - 4 = \underline{5}$$

4. James has 10 postcards.
   He sends 3 postcards to his friend.
   How many postcards does he have left?

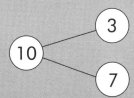

He has __7__ postcards left.

Singapore Math Practice Level 1A

Cross out the correct number of objects in each set. Fill in each blank with the correct answer.

1.

   5 – 2 = _____

2.

   10 – 6 = _____

3.

   8 – 3 = _____

4.

   9 – 4 = _____

5.

   6 – 5 = _____

6.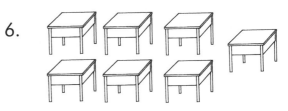

   7 – 1 = _____

7.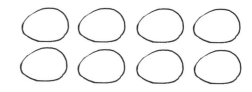

   5 – 0 = _____

8.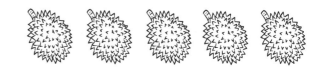

   8 – 5 = _____

9.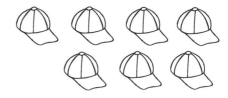

   7 – 3 = _____

10.

    10 – 7 = _____

Singapore Math Practice Level 1A

How many are left? Write the correct answers on the lines.

11.

$$8 - 3 = \underline{\hspace{2cm}}$$

There are _____ triangles left.

12.

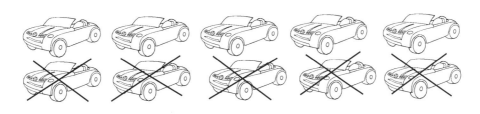

_____ – _____ = _____

There are _____ books left.

13.

_____ – _____ = _____

There are _____ toy cars left.

14.

_____ – _____ = _____

There are _____ pens left.

Singapore Math Practice Level 1A

15.

_____ – _____ = _____

There are _____ butterflies left.

Solve these subtraction problems by counting on. Use the numbers in the box below to help you count.

| 1 | 2 | 3 | 4 | 5 | 6 | 7 | 8 | 9 | 10 |

16. $9 - 3 =$ _____

17. $6 - 1 =$ _____

18. $3 - 2 =$ _____

19. $8 - 6 =$ _____

20. $10 - 4 =$ _____

Solve these subtraction problems by counting backward. Use the numbers in the box below to help you count.

| 1 | 2 | 3 | 4 | 5 | 6 | 7 | 8 | 9 | 10 |

21. $5 - 2 =$ _____

22. $10 - 5 =$ _____

23. $7 - 1 =$ _____

24. $9 - 2 =$ _____

25. $4 - 3 =$ _____

Singapore Math Practice Level 1A

Fill in the missing numbers in each number bond to show the parts and the whole.

26.

27.

28.

29.

30.

Singapore Math Practice Level 1A

Study the pictures below. Fill in the blanks with the correct answers.

31.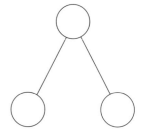

Diego has _____ toy car left.

32.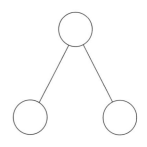

Mr. Johnson has _____ telephones left.

33.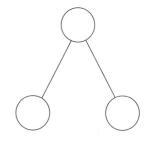

_____ trains remained at the station.

34.

Ella has _____ starfish left.

Singapore Math Practice Level 1A

35.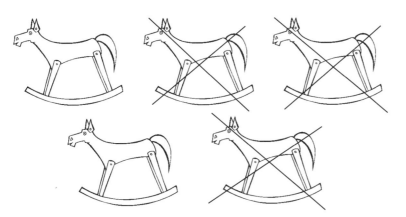

There are _____ rocking horses left.

36. Match each mouse to the correct piece of cheese.

6 − 2 •

7 − 4 •

9 − 9 •

8 − 3 •

10 − 2 •

• 8

• 5

• 0

• 4

• 3

Singapore Math Practice Level 1A

Fill in each blank with the correct answer.

37. 8 – 4 = _____

38. 2 – 0 = _____

39. 7 – 6 = _____

40. 9 – 2 = _____

41. 5 – 1 = _____

42. 6 – 6 = _____

43. 4 – 3 = _____

44. 10 – 3 = _____

45. 8 – 2 = _____

46. 10 – 5 = _____

Use the pictures to write subtraction stories.

47. There are _____ girls.

_____ girls have short hair.

 8 – 3 = ☐

_____ girls have long hair.

48. There are _____ triangles and rectangles.

There are _____ triangles.

☐ – 4 = ☐

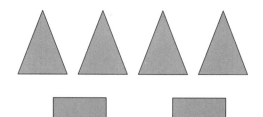

There are _____ rectangles.

Singapore Math Practice Level 1A

49. There are _____ cats.

_____ cats have ribbons.

□ −⃝ 3 = □

_____ cats have no ribbons.

50. There are _____ boys.

_____ boys wear hats.

□ −⃝ 2 = □

_____ boys do not wear hats.

Read each story problem, and then, fill in the blanks. Show your work in the space below.

51. There are 6 packages of crackers. Amanda eats 2 packages. How many packages are left?

_____ packages of crackers are left.

Singapore Math Practice Level 1A

52. Malia buys 10 red and green apples. 3 of the apples are green. How many red apples are there?

There are _____ red apples.

53. Ben has 5 toy airplanes. He gives 3 toy airplanes to his cousin. How many toy airplanes does Ben have left?

Ben has _____ toy airplanes left.

Study each set of pictures carefully. Then, write a series of addition and subtraction sentences.

54.

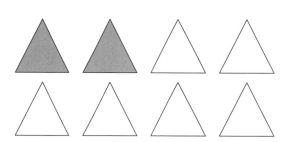

☐ ◯ ☐ = ☐   ☐ ◯ ☐ = ☐

☐ ◯ ☐ = ☐   ☐ ◯ ☐ = ☐

Singapore Math Practice Level 1A

55.

□ ○ □ = □   □ ○ □ = □

□ ○ □ = □   □ ○ □ = □

56.

□ ○ □ = □   □ ○ □ = □

□ ○ □ = □   □ ○ □ = □

REVIEW 2

Study the pictures carefully. Fill in the blanks with the correct answers.

1.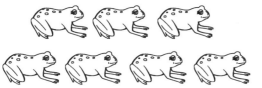

   3 + _____ = _____

2.

   _____ + _____ = _____

Cross out the correct number of objects in each set. Fill in the blanks with the correct answers.

3.

   4 – 4 = _____

4.

   8 – 6 = _____

Study the pictures below. Fill in the blanks with the correct answers.

5.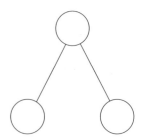

   8 – 3 = _____

Singapore Math Practice Level 1A

6.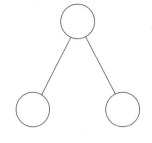

_____ – _____ = _____

7.

_____ – _____ = _____

8.

_____ + _____ = _____

9.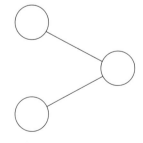

_____ + _____ = _____

Fill in the missing numbers.

10. 4 + 3 = _____

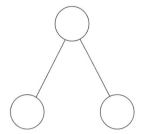

11. 5 + _____ = 5

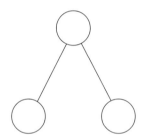

12. _____ – 0 = 7

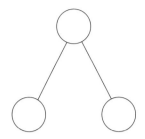

13. 10 – _____ = 1

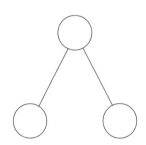

Write the correct answers on the lines.

14.

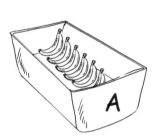 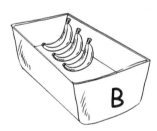

There are _____ bananas in Basket A.

There are _____ bananas in Basket B.

☐ ◯ ☐ = ☐

There are _____ bananas altogether.

Singapore Math Practice Level 1A

15.

There are _____ cats.

_____ cats have short tails.

□ ○ □ = □

_____ cats have long tails.

Write 2 addition and 2 subtraction sentences for the picture.

16.

□ ○ □ = □   □ ○ □ = □

□ ○ □ = □   □ ○ □ = □

Singapore Math Practice Level 1A

Read each story problem. Then, fill in the blank. Show your work in the space below.

17. Nadia has 7 dolls. Her mother gives her 2 more dolls on her birthday. How many dolls does she have in all?

    She has _____ dolls in all.

18. Mackenzie saves $10. She buys a present for $5. How much money does she have left?

    She has _____ left.

Singapore Math Practice Level 1A

19. Troy gives 4 toy planes to his brother. He has 2 toy planes left. How many toy planes does he have at first?

He has _____ toy planes at first.

20. Lin needs 8 stars to win a prize. She has collected 3 stars. How many more stars does she need to collect?

She needs to collect _____ more stars.

Unit 5: SHAPES AND PATTERNS

Study the pictures below. Fill in each blank with the correct answer from the box.

| square | triangle | circle | rectangle |

1. 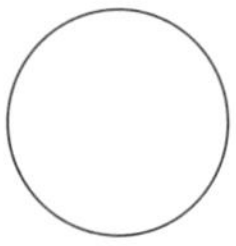 ○

    _____

2. 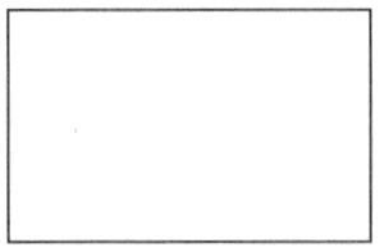 ▭

    _____

3. 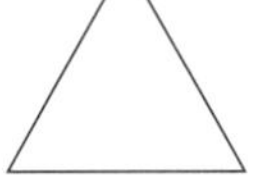 △

    _____

4. □

    _____

Singapore Math Practice Level 1A

Match each shape to its correct name.

5. 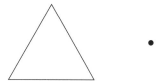 •

• square

6.  •

• triangle

7. 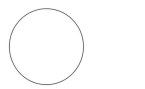 •

• circle

8. •

• rectangle

Color the 2 objects in each set that are exactly the same.

9.

10.

11.

12.

Singapore Math Practice Level 1A

13. Write the number 1 on all rectangles, 2 on all triangles, 3 on all squares, and 4 on all circles.

Singapore Math Practice Level 1A

14. Make your own picture using the following shapes.

(a)   3 rectangles   (c)   2 squares

(b)   2 circles   (d)   1 triangle

15. Color the shapes using the key below.

square = blue   circle = yellow

rectangle = red   triangle = green

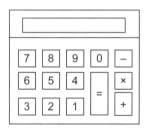

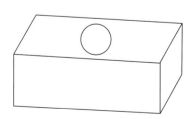

Singapore Math Practice Level 1A

Complete the patterns.

16.

17.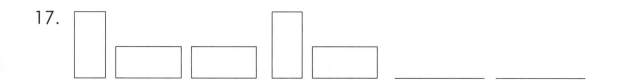

18.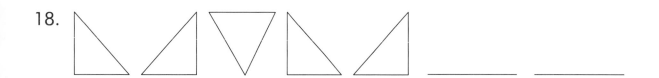

19.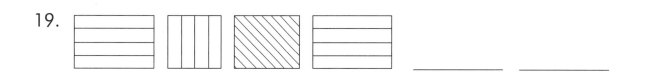

20.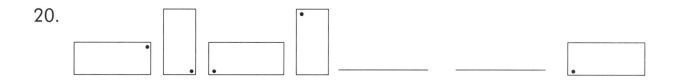

21.

22.

23.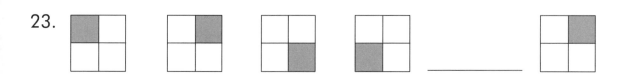

Singapore Math Practice Level 1A

24.

What is the next shape in the pattern? Draw an X beside the correct answer.

25.

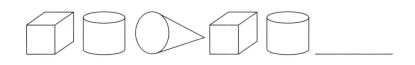

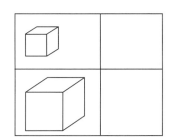

26.

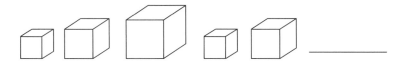

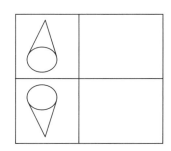

27.

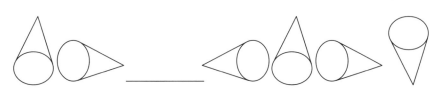

28.

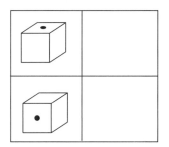

Singapore Math Practice Level 1A

Unit 6: ORDINAL NUMBERS

Examples:

Look carefully at the picture below. Use it to answer the questions.

Angie   Antonio   James   Maria   Grace   Calvin   Riley   Miley

1st

1. Who is just before Maria?   **James**

2. Who is just after Grace?   **Calvin**

3. Who is between Angie and James?   **Antonio**

4. Who is next to Miley?   **Riley**

5. Who is farthest from the left?   **Miley**

6. Who is 5th from the left?   **Grace**

7. Who is sixth from the right?   **James**

8. Who is third from the right?   **Calvin**

Color the correct item in each set of pictures.

1. The fourth lamb

1st

2. The sixth carrot

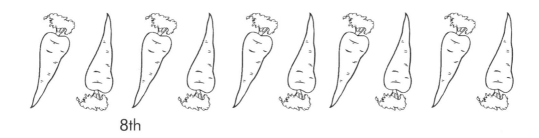

8th

3. The second mushroom

4th

4. The eighth party hat

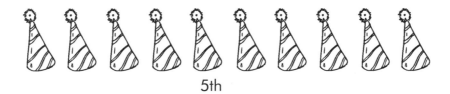

5th

5. The seventh present

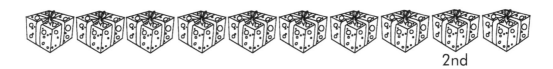

2nd

Singapore Math Practice Level 1A

Match each strawberry on the left to the correct pie on the right.

6. •

           •  sixth

7. •

           •  fourth

8. •

           •  ninth

9. •

           •  second

10. •

           •  fifth

11. •

           •  first

12. •

           •  seventh

13. •

           •  tenth

14. •

           •  third

15. •

           • 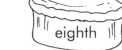 eighth

Singapore Math Practice Level 1A

Fill in each blank with the correct word.

16. Tom is _____ in the line.

17. The _____ child in line is Sanja.

18. Luke is just before _____.

19. Dante is just after _____.

20. After a few minutes, Kelly decides not to watch the movie. Sanja is _____ in the

    line now.

21. Ben has just arrived at the theater. If he wants to watch the movie, he must stand

    after _____.

Color the correct answer in each set of pictures.

22. The 3rd duck from the left

23. The 10th dolphin from the right

24. The 5th strawberry from the left

25. The 6th swan from the left

26. The 1st candle from the left

Singapore Math Practice Level 1A

27. The 4th watch from the left

28. The eighth bag from the right

29. The 3rd key from the right

30. The first lamp from the left

31. The 5th strawberry from the right

32. Draw a hat on the second girl from the left

Singapore Math Practice Level 1A

33. Use the clues below to help you solve the riddle.

Clues:

T	G	O	N	H	U	D

(a) 7th letter from the left

(b) 5th letter from the right

(c) 6th letter from the left

(d) 2nd letter from the left

(e) 5th letter from the left

(f) 4th letter from the right

(g) 2nd letter from the right

(h) 1st letter from the left

What kind of nut has a hole in it?

___ ___ ___ ___ ___ ___ ___ ___
(a) (b) (c) (d) (e) (f) (g) (h)

Singapore Math Practice Level 1A

1. Circle the 2nd hen.

1st

Identify each shape by filling in the correct letters.

2.

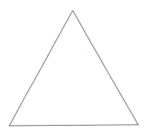

t r _ _ _ g _ e

3.

r _ _ t _ n _ l e

Singapore Math Practice Level 1A

Write the correct words or symbols on the lines provided.

4. 6th _____

5. first _____

6. third _____

7. 8th _____

Complete the patterns.

8.

9.

10.

11. Color the 1st leaf from the right.

Singapore Math Practice Level 1A

12. Color the 3rd wheel from the left.

13. Draw a flower in the 4th vase from the left.

14. Draw an orange on the 7th plate from the right.

Circle the shape that is exactly like the one in the box.

15.

16.

Singapore Math Practice Level 1A

Fill in the blanks with the correct names of the children.

Rachel   Alyssa   Maddy   Carmen

17. _____ is standing 1st from the right.

18. _____ is standing between Rachel and Maddy.

19. _____ is standing next to Carmen.

20. Maddy is standing between _____ and Carmen.

Singapore Math Practice Level 1A

Unit 7: NUMBERS 1-20

Examples:

1. Write 20 as a word.   twenty

2. Write seventeen as a numeral.   <u>17</u>

3. 10 and 5 make ___. $10 + 5 = $ <u>15</u>

4. 18 = ___ ten ___ ones   <u>1</u> ten <u>8</u> ones

5. Compare the numbers below.

     <u>13</u> is the smallest number.

     <u>16</u> is between **13** and **19**.

     <u>19</u> is the largest number.

6. Complete the number pattern.

     19, 18, 17, ___, ___, ___   19, 18, 17, <u>16</u>, <u>15</u>, <u>14</u>

Singapore Math Practice Level 1A

Count the objects in each group. Write the correct number on the line.

1.

   _____

2.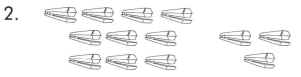

   _____

3.

   _____

4.

   _____

Count the objects in each group. Write the correct number in words on the line.

5.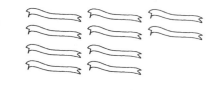

   _____

6.

   _____

7.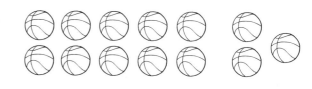

   _____

8.

   _____

Singapore Math Practice Level 1A

Write the correct numerals or words on the lines.

9. 11   _____

10. eighteen   _____

11. 20   _____

12. twelve   _____

13. 14   _____

14. 12   _____

15. thirteen   _____

16. 16   _____

17. seventeen   _____

18. 19   _____

Study the pictures below. Fill in each blank with the correct answer.

19.

10 and 6 make _____.

20.

10 and 4 make _____.

21.

10 and 8 make _____.

Singapore Math Practice Level 1A

Fill in each blank with the correct answer.

22. 10 and 3 make _____.

23. 10 and 7 make _____.

24. 10 and 4 make _____.

25. 10 and 1 make _____.

26. 10 and 10 make _____.

27. 10 and 6 make _____.

28. 10 and 2 make _____.

29. 10 and 9 make _____.

30. 10 and 5 make _____.

31. 10 and 8 make _____.

For each set, circle a group of 10 items. Then, fill in the blanks with the correct answers.

32.

_____ ten _____ ones = _____

33.

_____ ten _____ ones = _____

34.

_____ ten _____ ones = _____

35.

_____ ten _____ ones = _____

Fill in each blank with the correct answer.

36. _____ ten and 8 ones = 18

37. _____ ten and 1 one = 11

38. 1 ten and _____ ones = 17

39. 1 ten and _____ ones = 12

40. _____ ten and _____ ones = 15

41. _____ ten and _____ ones = 19

Singapore Math Practice Level 1A

Color the picture that shows the smaller number. Fill in each blank with the correct answer.

42.

_____ is smaller than _____.

43.

_____ is smaller than _____.

44.

_____ is smaller than _____.

Color the picture that shows the larger number. Fill in each blank with the correct answer.

45.

_____ is greater than _____.

Singapore Math Practice Level 1A

46. 　　　　

_____ is greater than _____.

47. 　　　　

_____ is greater than _____.

Circle the vase that shows the smallest number.

48.

49.

50.

Circle the flower that shows the largest number.

51.

52.

53.  

Complete the number patterns.

54. 8, 9, 10, _____, _____

55. 19, 18, _____, 16, _____

56. _____, 13, _____, 11, 10

Fill in each blank with the correct answer.

57. 1 more than 16 is _____.

58. 3 more than 11 is _____.

59. _____ is 2 less than 13.

60. _____ is 3 less than 19.

61. _____ is 4 less than 20.

Singapore Math Practice Level 1A

62. Arrange the following numbers from the largest to the smallest.

16   18   11   20   15

_____   _____   _____   _____   _____
largest

63. Arrange the following numbers from the largest to the smallest.

11   19   10   17   13

_____   _____   _____   _____   _____
largest

64. Arrange the following numbers from the smallest to the largest.

19   20   14   18   16

_____   _____   _____   _____   _____
smallest

65. Arrange the following numbers from the smallest to the largest.

13   10   14   17   12

_____   _____   _____   _____   _____
smallest

Examples:

1. $\qquad$ $6 + 9 = 10 + 5$

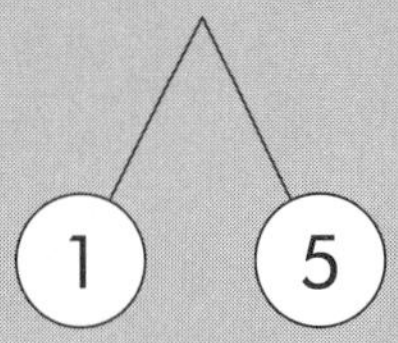

   $\qquad\qquad\qquad = \underline{15}$

   (1) (5)

2. $\qquad$ $15 + 2 = 5 + 2 = 7$

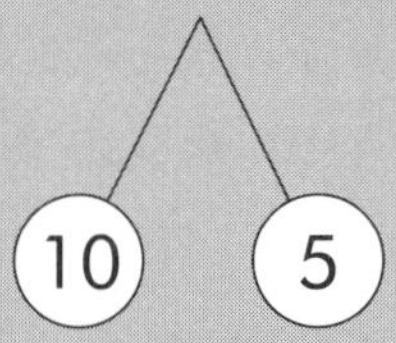

   $\qquad\qquad\qquad\quad = 7 + 10$

   (10) (5) $\quad = \underline{17}$

3. $\qquad$ $17 - 6 = 7 - 6 = 1$

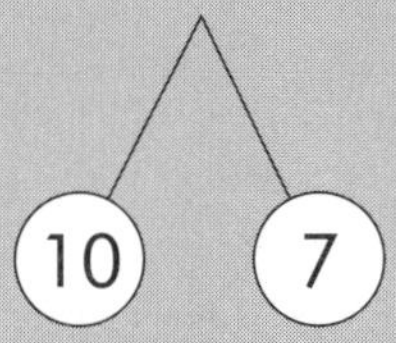

   $\qquad\qquad\qquad\quad = 10 + 1$

   (10) (7) $\quad = \underline{11}$

4. $\qquad$ $11 - 8 = 10 - 8 = 2$

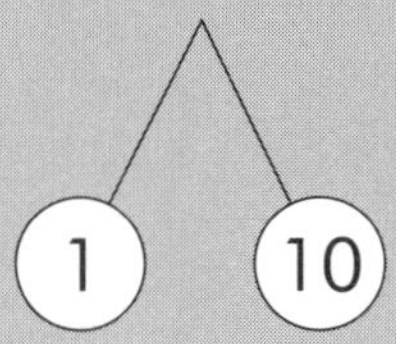

   $\qquad\qquad\qquad\quad = 2 + 1$

   (1) (10) $\quad = \underline{3}$

Complete each addition sentence.

1.

   $5 +$ _____ $=$ _____

3.

   $10 +$ _____ $=$ _____

2.

   $12 +$ _____ $=$ _____

4.

   $8 +$ _____ $=$ _____

Solve the problems below by grouping the items into 10s.

5.

   $6 + 7 =$ _____

7.

   $8 + 7 =$ _____

6.

   $8 + 3 =$ _____

8.

   $12 + 8 =$ _____

Singapore Math Practice Level 1A

Solve each addition problem by first making a 10.

Example:

$9 + 4 = \mathbf{13}$

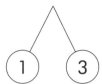

$9 + 1 = 10$

$10 + 3 = 3$

9.　　$6 + 5 =$ _____

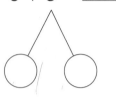

_____ + _____ = _____

_____ + _____ = _____

10.　　$7 + 7 =$ _____

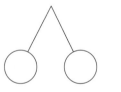

_____ + _____ = _____

_____ + _____ = _____

11.　　$7 + 8 =$ _____

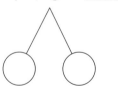

_____ + _____ = _____

_____ + _____ = _____

12.　　$9 + 9 =$ _____

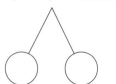

_____ + _____ = _____

_____ + _____ = _____

Singapore Math Practice Level 1A

Fill in each blank with the correct answer.

13.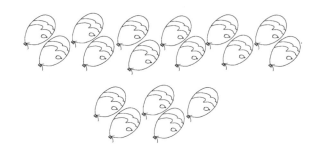

    $12 + 5 =$ ____

14.

    $9 + 4 =$ ____

15.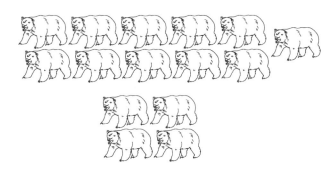

    $11 + 4 =$ ____

16.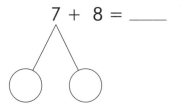

    $7 + 8 =$ ____

17.

    $5 + 12 =$ ____

Singapore Math Practice Level 1A

Complete each subtraction sentence.

18.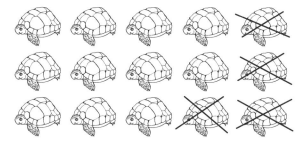

____ – 4 = ____

20.

18 – ____ = ____

19.

____ – 5 = ____

21.

____ – 3 = ____

Solve each subtraction problem by first making a 10.

Example:

13 – 3 = **10**

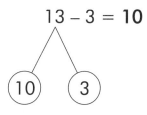

3 – 3 = 0

10 + 0 = 10

22.   18 – 6 = ____

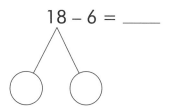

____ – ____ = ____

____ + ____ = ____

Singapore Math Practice Level 1A

23. $17 - 4 =$ ____

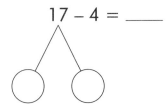

____ $-$ ____ $=$ ____

____ $+$ ____ $=$ ____

24. $15 - 4 =$ ____

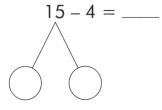

____ $-$ ____ $=$ ____

____ $+$ ____ $=$ ____

25. $14 - 4 =$ ____

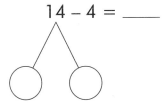

____ $-$ ____ $=$ ____

____ $+$ ____ $=$ ____

Fill in each blank with the correct answer.

26.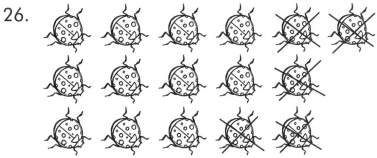

$16 - 5 =$ ____

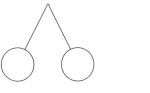

27.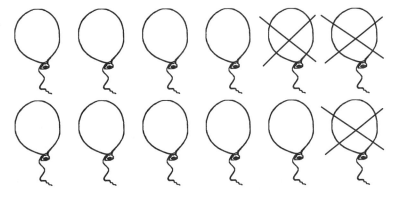

$12 - 3 =$ ____

Singapore Math Practice Level 1A

28.

$19 - 8 = \underline{\hspace{1cm}}$

29.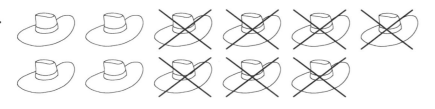

$11 - 7 = \underline{\hspace{1cm}}$

30.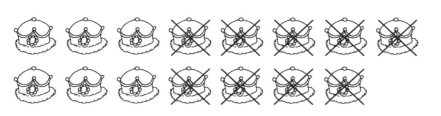

$15 - 9 = \underline{\hspace{1cm}}$

Fill in each blank with the correct answer.

31. $17 - 9 = \underline{\hspace{1cm}}$

32. $20 - 3 = \underline{\hspace{1cm}}$

33. $6 + 7 = \underline{\hspace{1cm}}$

34. $\underline{\hspace{1cm}} + 8 = 11$

35. $\underline{\hspace{1cm}} - 4 = 9$

36. $12 - \underline{\hspace{1cm}} = 7$

37. $16 + \underline{\hspace{1cm}} = 16$

38. $9 + \underline{\hspace{1cm}} = 18$

39. $15 - \underline{\hspace{1cm}} = 9$

40. $13 + \underline{\hspace{1cm}} = 18$

Write + or – in each circle to solve the problem.

41. $6 \bigcirc 7 = 13$

42. $15 \bigcirc 8 = 7$

43. $17 \bigcirc 2 = 19$

44. $11 \bigcirc 5 = 6$

45. $8 \bigcirc 9 = 17$

Singapore Math Practice Level 1A

Solve each story problem. Show your work in the space below.

46. Eliza has 8 dolls. Her sister buys 6 more dolls for her. How many dolls does Eliza have altogether?

Eliza has _____ dolls altogether.

47. Imani has 18 stickers. She gives 9 stickers to Aiden. How many stickers does Imani have now?

Imani has _____ stickers now.

Singapore Math Practice Level 1A

48. Mike colors 6 stars blue. He colors another 7 stars red. How many stars does Mike color altogether?

Mike colors _____ stars altogether.

49. Sarah bought 4 flowers on Monday. She bought another 10 flowers on Tuesday. How many flowers did Sarah buy in 2 days?

Sarah bought _____ flowers in 2 days.

50. Peter has 15 toy cars. Sam has 8 toy cars. How many more toy cars does Peter have than Sam?

Peter has _____ more toy cars than Sam.

Singapore Math Practice Level 1A

Unit 9: LENGTH

Examples:

Look at the picture below. Use it to answer the questions that follow.

A ——————•

B ——————•

C ————•

1. Which line is the longest?   **B**

2. Which line is the shortest?   **C**

3. Line **A** is shorter than line **B** but longer than line **C**.

Each ⸺ stands for 1 unit.

4. How long is the length of the folder?   <u>15 units</u>

Singapore Math Practice Level 1A

Circle the correct answer.

1. Which ribbon is shorter?

2. Who is taller?

3. Which teapot is higher?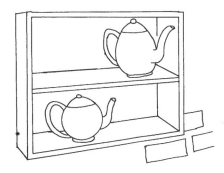

4. Draw a line shorter than Line A.

    Line A _____

5. Draw a stick longer than Stick A.

    Stick A

Singapore Math Practice Level 1A

6. Draw a ruler longer than Ruler A.

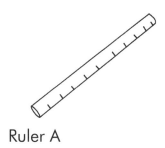

Ruler A

7. Draw a kite flying higher than Kite A.

Kite A

8. Color the tallest building.

9. Color the shortest pencil.

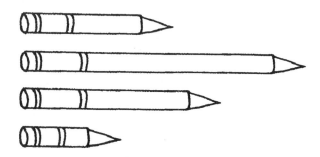

Singapore Math Practice Level 1A

Fill in the blanks with the words taller, tallest, shorter, **and** shortest.

10. Amelia is the _____ girl.

11. Lily is _____ than Mira but _____ than Amelia.

12. Lauren is the _____ girl.

Fill in the blanks with higher **or** highest.

13. Takashi is standing on the _____ level.

14. Zachary is standing on a _____ level than Jonah.

Singapore Math Practice Level 1A

Count the units. Fill in each blank with the correct answer.

15.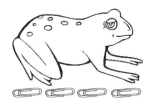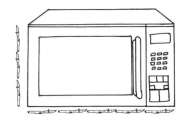

The frog is _____ 🖇 long.

16.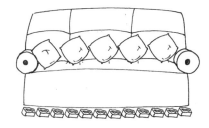

The microwave oven is _____ long and _____ tall.

17.

The sofa is as long as _____ 🧽.

18. Each ⬭ stands for 1 unit.

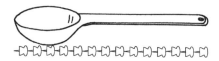

The file is _____ units long.

19. Each stands for 1 unit.

The ladle is _____ units long.

Singapore Math Practice Level 1A

Each ☐ stands for 1 unit. Fill in each blank with the correct answer.

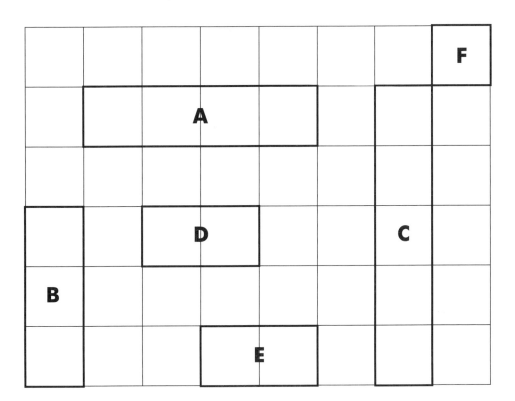

20. Strip _____ is the longest.

    It is _____ units long.

21. Strip _____ is the shortest.

    It is _____ unit long.

22. Strip _____ is as long as Strip _____.

23. Color the strip that is 4 units long.

Singapore Math Practice Level 1A

REVIEW 4

Write the correct number on each line.

1.

2.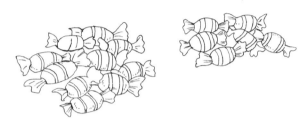

_____   _____

3. Study the lines below. Answer the questions that follow.

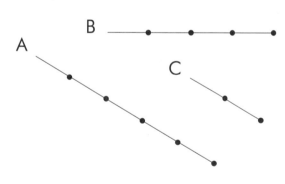

(a)   Line A is _____ units long.

(b)   Line B is _____ units long.

(c)   Line C is _____ units long.

(d)   Line D is _____ units long.

(e)   Line _____ is the longest.

(f)   Line _____ is the shortest.

(g)   Line B is longer than Line _____ by 2 units.

Singapore Math Practice Level 1A

Fill in the missing numbers.

4.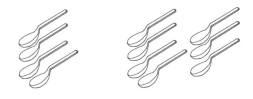

    $4 + \underline{} = \underline{}$

6.

    $\underline{} - 6 = \underline{}$

5.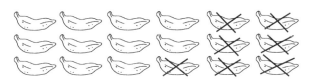

    $18 - \underline{} = \underline{}$

7.

    $\underline{} + 9 = \underline{}$

8. Circle the smaller number.

    14   17

9. Cross out the larger number.

    11   13

Complete the number patterns.

10. 13, 14, ____, 16, ____

11. 19, 18, ____, ____, 15, 14

12. Arrange the following numbers from the largest to the smallest.

    11   20   15   18   14

    ____   ____   ____   ____   ____
    largest

13. Arrange the following numbers from the smallest to the largest.

    11   19   16   13   17

    ____   ____   ____   ____   ____
    smallest

Singapore Math Practice Level 1A

Fill in each blank with the correct answer.

14. 14 = _____ ten _____ ones

15. 1 ten 6 ones = _____

16. 20 = _____ tens _____ ones

Solve each story problem. Show your work in the space below.

17. Ari has 16 markers. Sam has 5 markers fewer than Ari. How many markers does Sam have?

Sam has _____ markers.

18. Jack pays $12 for his toy robot. Natalie pays $8 more for her toy. How much does Natalie pay for her toy?

Natalie pays $_____ for her toy.

Singapore Math Practice Level 1A

19. Alejandro saved $10 in January. He saved $18 in February. How much more did he save in February?

He saved $_____ more in February.

20. Sydney keeps 13 guppies in her tank. Amina has 5 guppies fewer than Sydney. How many guppies does Amina have?

Amina has _____ guppies.

Singapore Math Practice Level 1A

FINAL REVIEW

Count the frogs. Write the number on the line.

1.

_____

Write the number in words on the line.

2. 17 _____

Look at the pictures carefully. Fill in each blank with the correct answer.

3.

_____ + _____ = _____

Singapore Math Practice Level 1A

4.

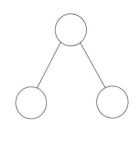

_____ – _____ = _____

5. Color the 8th insect.

1st

6. Draw a star above the 3rd girl from the left.

Fill in each blank with the correct answer.

7. _____ – 5 = 15

8. _____ + 7 = 12

9. 3 + _____ = 9

10. 16 – _____ = 12

11. 11 – _____ = 0

Singapore Math Practice Level 1A

Fill in the missing numbers on the lines.

12. 4, _____, 6, _____, 8, 9, 10

Name the shapes.

13.

_____

14.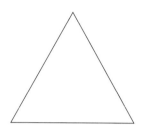

_____

Write the correct ordinal number or symbol on the lines.

15. second   _____

16. 10th   _____

Fill in each blank with the correct answer.

17. 2 tens = _____

18. 13 = _____ ten _____ ones

19. Circle the object that is exactly the same as the one in the box.

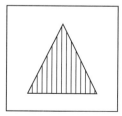   

Singapore Math Practice Level 1A

20.

(a) _____ is the longest.

(b) E is longer than _____.

(c) D is _____ units long.

(d) C is _____ units longer than B.

(e) Add _____ units to E to make it as long as A.

Solve the story problems. Show your work in the space below.

21. Suzanna has 13 apples. She gives 6 apples to her friends. How many apples does she have left?

    She has _____ apples left.

22. Marcos saves $8 in March and $11 in April.

    (a) How much does he save altogether?

    He saves $_____ altogether.

Singapore Math Practice Level 1A

(b) How much more does he save in April than in March?

He saves $_____ more in April than in March.

23. Thomas has collected 7 toy planes. He wants to have a collection of 20 toy planes. How many more toy planes does he need to collect?

He needs to collect _____ more toy planes.

24. A doll costs $15. Bailey has only $9 now. How much more money does she need in order to buy the doll?

She needs $_____ more.

25. Alicia made 12 bookmarks for her friends. She made 4 bookmarks for her teachers. How many bookmarks did she make altogether?

She made _____ bookmarks altogether.

CHALLENGE QUESTIONS

Read each of the following questions carefully. Fill in the blanks with your answers.

1. Fill in the blanks with numbers from 1 to 5 so that the sum of the 3 circles along each line is 10. Use each number only ONCE.

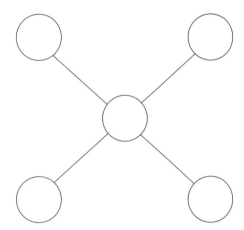

2. Six students were sitting in a school auditorium. They were seated facing the stage.

    *   Cameron sat next to Sean.
    *   Jonathan sat next to Sean.
    *   Rosa sat farther away from the stage.
    *   Antwon sat behind Jonathan.
    *   Cameron sat in front of Kayla.

    Fill in each box with the correct name.

		Cameron

STAGE

3. Mei has a ruler.
    Nicholas's ruler is longer than Mei's.
    Ivana has a ruler longer than Mei's but shorter than Nicholas's.
    Simon's ruler is shorter than Mei's.
    Who has the longest ruler?

    _____ has the longest ruler.

4. A group of boys went to the movies. They sat in the first row. Rashid, one of the boys, was seated 4th from the left and 3rd from the right. How many boys went to the movies?

    _____ boys went to the movies.

5. Fill in each circle with numbers from 1 to 9 to make the addition sentence true. Use each number only ONCE.

    $\bigcirc$ + $\bigcirc$ + $\bigcirc$ = 17

6. Find the mystery 2-digit number based on these hints.

    *   The first digit is smaller than 3.
    *   The first digit is an odd number.
    *   The second digit is an even number.
    *   The difference between the first digit and the second digit is 5.

    The 2-digit number is _____.

Singapore Math Practice Level 1A

7. How many routes can the mouse take in order to get the cheese? The mouse must travel along the dotted lines within the shortest time.

The mouse can take _____ routes in order to get the cheese.

8. Study the patterns below and draw the correct shape in each box.

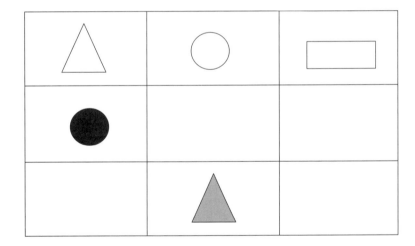

9. 9 students are standing in line at a drinking fountain during recess. Joel comes along and joins the line. There are 6 students between Joel and Mia. In which position is Mia from the fountain?

Mia is _____ from the drinking fountain.

Singapore Math Practice Level 1A

10. Fill in each shaded box with numbers from 0 to 9. The numbers in the 3 boxes along each side should add up to 10. Use each number only ONCE. Which numbers are not used?

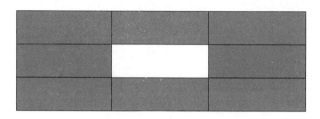

Numbers _____ and _____ are not used.

11. I am a 2-digit number. My 2 digits and the sum of my 2 digits are in sequence. What number am I?

I am _____.

12. How many triangles can be formed from the shape below? The triangles must be of the same size.

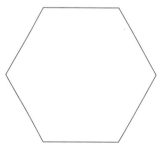

_____ triangles can be formed from the shape.

Singapore Math Practice Level 1A

SOLUTIONS
Singapore Math Practice Level 1A

Unit 1: Numbers 1–10

1. **3**

2. **6**

3. **4**

4. **1**

5. **8**

6. **2**

7. **5**

8. **7**

9. **9**

10. **10**

11.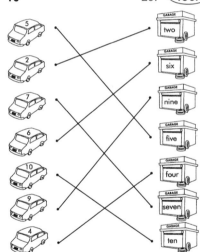

12.

13.

14.

15.

16. (three)

17. (eight)

18. (five)

19. (seven)

20. (four)

21.

22. | 3 apples | 🍎🍎🍎 |
23. | 6 balls | 🏀🏀🏀🏀🏀🏀 |
24. | 8 fish | |
25. | 7 stars | ☆☆☆☆☆ ☆☆ |
26. | 10 pencils | |

27. **more**, **fewer**
There are 6 boys and 4 bicycles.

28. **flowers**, **trees**
trees, **flowers**
There are 3 trees and 6 flowers.

29. **more**, **fewer**
There are 6 oranges and 4 apples.

30. **fewer**, **more**
There are 3 shirts and 4 skirts.

31. **boys**, **girls**
girls, **boys**
There are 3 girls and 7 boys.

32. (**4**)
4 is smaller than 6.

33. (**8**)
8 is smaller than 10.

34. (**1**)
1 is smaller than 3.

35. (**7**)
7 is smaller than 9.

36. (**2**)
2 is smaller than 5.

37. Color **8**
8 is greater than 6.

38. Color **4**
4 is greater than 3.

39. Color **9**
9 is greater than 7.

40. Color **5**
5 is greater than 2.

41. Color **8**
8 is greater than 1.

42. **4, 8**
Count 4, 5, 6, 7, and 8.

43. **3, 4**
Count 2, 3, 4, 5, and 6.

44. **7, 5**
Count 8, 7, 6, 5, and 4.

45. **5, 1**
Count 5, 4, 3, 2, and 1.

46. 2 + 1 = **3**

47. 7 + 1 = **8**

48. 3 + 1 = **4**

49. 1 + 1 = **2**

50. 4 + 1 = **5**

51. 8 + 1 = **9**

52. 5 + 1 = **6**

53. 2 + 1 = **3**

54. 7 − 1 = **6**

55. 4 − 1 = **3**

56. 8 − 1 = **7**

57. 2 − 1 = **1**

58. 3 − 1 = **2**

59. 6 − 1 = **5**

60. 9 − 1 = **8**

61. 5 − 1 = **4**

62. **10, nine, 8, seven, 6, five, 4, three, 2, one, 10**

117

1.

2. 6 — 3, 3

3. 8 — 3, 5

4. 5 — 0, 5

5. 10 — 4, 6

7. 7 — 5, 2

8. 10 — 3, 7

16.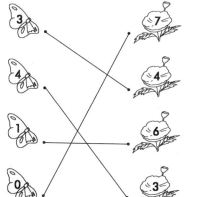

17.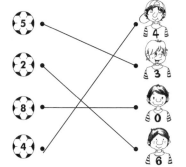

18.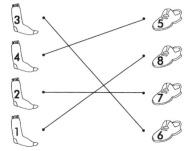

9. 6 — 2, 4

10. 8 — 0, 8

11. 9 — 2, 7

12. 5 — 1, 4

13. 8 — 2, 6

14. 10 — 3, 7

15. 7 — 2, 5

19.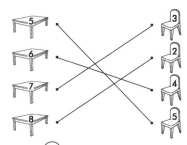

20. 5 — 3, 2   3 and 2 make 5.

21. 8 — 6, 2   6 and 2 make 8.

22. 10 — 3, 7   3 and 7 make 10.

23. 5 — 5, 0   5 and 0 make 5.

24. 9 — 8, 1   8 and 1 make 9.

25. 2 — 0, 2   0 and 2 make 2.

26. 6 — 2, 4   2 and 4 make 6.

27. 10 — 0, 10   0 and 10 make 10.

Review 1

1. **8**
2. **2**
3. **9**
4. 9 — 3, 6

5. 8 — 4, 4

6.

7. (tree)

8.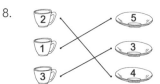

9. (nine)
10. (four)
11. (seven)

118

Singapore Math Practice Level 1A

12. **more**, **fewer**
    There are 8 books and 4 pencils.
13. **ladybugs**, **leaves**
    leaves, **ladybugs**
    There are 9 ladybugs and 3 leaves.
14. (**9**)

    9 is greater than 7.
15. (**3**)

    3 is smaller than 5.
16. **5**, **6**
    Count 5, 6, 7, 8, and 9.
17. 1 + 9 = **10**
18. (7) — (3) / (**4**)   3 and 4 make 7.
19. (**5**) — (1) / (4)   1 and 4 make 5.
20. (10) — (3) / (**7**)   3 and 7 make 10.

Unit 3: Adding Numbers up to 10

1. 4 + 2 = **6**
   4,   5,   6
2. 3 + 5 = **8**
   3,   4,   5,   6,   7,   8
3. 6 + 4 = **10**
   6,   7,   8,   9,   10
4. 2 + 1 = **3**
   2,   3
5. 5 + 4 = **9**
   5,   6,   7,   8,   9
6. 4 + 3 = **7**
   4,   5,   6,   7
7. 3 + 6 = **9**
   3,   4,   5,   6,   7,   8,   9
8. 5 + 5 = **10**
   5,   6,   7,   8,   9,   10
9. 1 + 6 = **7**
   1,   2,   3,   4,   5,   6,   7
10. 4 + 6 = **10**
    4,   5,   6,   7,   8,   9,   10
11. 2 + 5 = **7**
    2,   3,   4,   5,   6,   7
12. **5**
    3,   4,   5
13. 5 + 4 = **9**
    5,   6,   7,   8,   9

14. **6 + 3 = 9**
    6,   7,   8,   9
15. **2 + 1 = 3**
    2,   3
16. **0 + 5 = 5**
    0,   1,   2,   3,   4,   5
17. (2) — (5) / (3)

    5 girls are performing on stage.
18. (4) — (9) / (5)

    There are **9** penguins in all.
19. (2) — (7) / (5)

    There are **7** boys altogether.
20. (4) — (8) / (4)

    There are **8** flowers altogether.
21. (5) — (10) / (5)

    There are **10** rabbits altogether.

22.
23.
24.
28.
29.

25.
26.
27.
30.
31.

32. 4 + 5   4 + 5 = 9
33. 7 + 0   7 + 0 = 7
34. 3 + 2   3 + 2 = 5
35. 3 + 3   3 + 3 = 6
36. 0 + 4   0 + 4 = 4

37. **3** + 6 = 9

3, 4, 5, 6, 7, 8, 9

38. 1 + **7** = 8

1, 2, 3, 4, 5, 6, 7, 8

39. 3 + **2** = 5

3, 4, 5

40. **4** + 4 = 8

4, 5, 6, 7, 8

41. 5 + **1** = 6

5, 6

42. **2** + 7 = 9

2, 3, 4, 5, 6, 7, 8, 9

43. **4** + 6 = 10

4, 5, 6, 7, 8, 9, 10

44. **0** + 3 = 3

0, 1, 2, 3

45. 3 + **4** = 7

3, 4, 5, 6, 7

46. **0** + 2 = 2

0, 1, 2

47. **4 + 2 = 6**
    4, 2, 6

48. **5 + 4 = 9**
    5, 4, 9

49. **6 + 2 = 8**
    6, 2, 8

50. **4 + 5 = 9, 9**
51. **2 + 5 = 7, 7**
52. **3 + 6 = 9, 9**
53. **3, 3, 6, 6**
54. **5 + 2 = 7, 7**
55. **5 + 1 = 6, 6**
56. **4 + 6 = 10, 10**
57. **6 + 1 = 7, 7**

Unit 4: Subtracting Numbers up to 10

1.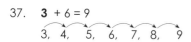

5 − 2 = **3**

2.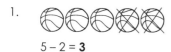

10 − 6 = **4**

3.

8 − 3 = **5**

4.

9 − 4 = **5**

5.

6 − 5 = **1**

6.

7 − 1 = **6**

7.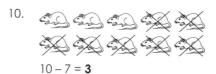

5 − 0 = **5**

8. ⊗ ⊗ ⊗ ⊗ ⊗ ◯ ◯ ◯

8 − 5 = **3**

9.

7 − 3 = **4**

10.

10 − 7 = **3**

11. **5, 5**
12. **7 − 3 = 4, 4**
13. **10 − 5 = 5, 5**
14. **5 − 0 = 5, 5**
15. **9 − 2 = 7, 7**
16. **6**

3, 4, 5, 6, 7, 8, 9

17. **5**

1, 2, 3, 4, 5, 6

18. **1**

2, 3

19. **2**

6, 7, 8

20. **6**

4, 5, 6, 7, 8, 9, 10

21. **3**

5, 4, 3

22. **5**

10, 9, 8, 7, 6, 5

23. **6**

7, 6

24. **7**

9, 8, 7

25. **1**

4, 3, 2, 1

26. 8 — 2, 6

27. 9 — 3, 6

28. 8 — 4, 4

29. 6 — 2, 4

Singapore Math Practice Level 1A

30.

31.

Diego has **1** toy car left.

32.

Mr. Johnson has **7** telephones left.

33.

2 trains remained at the station.

34.

Ella has **6** starfish left.

35.

There are **2** rocking horses left.

36.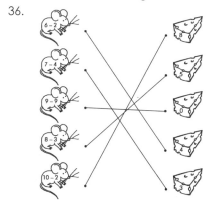

37. **4**
8, 7, 6, 5, 4

38. **2**

39. **1**
7, 6, 5, 4, 3, 2, 1

40. **7**
9, 8, 7

41. **4**
5, 4

42. **0**
6, 5, 4, 3, 2, 1, 0

43. **1**
4, 3, 2, 1

44. **7**
10, 9, 8, 7

45. **6**
8, 7, 6

46. **5**
10, 9, 8, 7, 6, 5

47. **8, 3, 5, 5**
48. **6, 4, 6, 2, 2**
49. **9, 3, 9, 6, 6**
50. **5, 2, 5, 3, 3**
51. **6 − 2 = 4, 4**
52. **10 − 3 = 7, 7**
53. **5 − 3 = 2 , 2**
54. **2 + 6 = 8**
     6 + 2 = 8
     8 − 2 = 6
     8 − 6 = 2

55. **5 + 4 = 9**
     4 + 5 = 9
     9 − 5 = 4
     9 − 4 = 5

56. **3 + 2 = 5**
     2 + 3 = 5
     5 − 3 = 2
     5 − 2 = 3

Review 2

1. **3 + 4 = 7**

3, 4, 5, 6, 7

2. **2 + 8 = 10**

2, 3, 4, 5, 6, 7, 8, 9, 10

3.

4 − 4 = **0**

4.

8 − 6 = **2**

5. **5**

6. **6 − 2 = 4**

7. **9 − 0 = 9**

8. **4 + 5 = 9**

9. **4 + 2 = 6**

10. **7**

11. **0**

12. **7**

121

Singapore Math Practice Level 1A

13. **9**

14. **6, 3**
    6 + 3 = 9
    9
15. **7, 3**
    7 − 3 = 4
    4
16. **3 + 4 = 7**
    4 + 3 = 7
    7 − 3 = 4
    7 − 4 = 3
17. **7 + 2 = 9, 9**
18. **10 − 5 = 5, $5**
19. **4 + 2 = 6, 6**
20. **8 − 3 = 5, 5**

Unit 5: Shapes and Patterns

1. **circle**
2. **rectangle**
3. **triangle**
4. **square**

5. – 8.

9.

10.

11.

12.

13.

14. *Possible answer:*

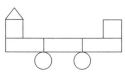

15. Shapes should be colored according to the key.

16. △ ☐
    A change in shape; △ comes after ○, and ☐ comes after △ in the pattern.

17. ▭ ▯
    A change in position; ▭ comes after the preceding ▭, and ▯ comes after ▭.

18. ▽ ◺
    A change in types of triangles; ▽ comes after ◿, and ◺ comes after ▽.

19. ▥ ▨
    A change in shapes and sizes; ▥ comes after ▤, and ▨ comes after ▥.

20. ▭ ▯
    A change in position of rectangles and dots; ▭ comes after ▯, and ▯ comes after ▭.

21. ○
    A change in shape; ○ comes after ☐.

22. △
    A change in position of the rectangle in the triangle; △ comes after △.

23. ▦
    A change in direction of the shaded box; ▦ comes after ▦.

24. ◪
    A change in shape; ◪ comes after ▤.

25. ▷
    A change in shape; ▷ comes after cylinder.

26. ▢ (the biggest cube)
    A change in size

27. ▽
    A change in direction of the base of the cone; ♀ comes after ▷.

28. ▢
    A change in direction of dot on the cube; ▢ comes after ▢.

Singapore Math Practice Level 1A

Unit 6: Ordinal Numbers

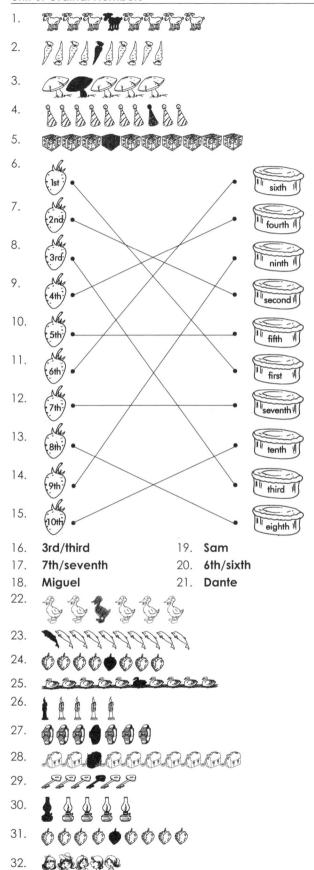

1.
2.
3.
4.
5.
6. – 15. (matching strawberries 1st–10th to containers)

16. **3rd/third** 19. **Sam**
17. **7th/seventh** 20. **6th/sixth**
18. **Miguel** 21. **Dante**

22.
23.
24.
25.
26.
27.
28.
29.
30.
31.
32.
33. DOUGHNUT

Review 3

1.

2. tri<u>an</u>gle 5. **1st**
3. re<u>cta</u>ngle 6. **3rd**
4. **sixth** 7. **eighth**

8. □ ○ △
   A change in shape; □ comes after △, ○ comes after □, and △ comes after ○.

9.
   A change in the lines in the circle; ⦷ comes after ⊜, and ⦸ comes after ⦷.

10. △ △
   A change in the dot in the triangle; △ comes after △ , and △ comes after △.

11.
12.
13.
14.
15.
16.
17. **Carmen**
18. **Alyssa**
19. **Maddy**
20. **Alyssa**

Unit 7: Numbers 1–20

1. **15** 10 and 5 make 15.
2. **13** 10 and 3 make 13.
3. **18** 10 and 8 make 18.
4. **11** 10 and 1 make 11.
5. **seventeen** 10 and 7 make 17.
6. **fourteen** 10 and 4 make 14.
7. **thirteen** 10 and 3 make 13.
8. **eleven** 10 and 1 make 11.
9. **eleven**
10. **18**
11. **twenty**
12. **12**
13. **fourteen**
14. **twelve**
15. **13**
16. **sixteen**
17. **17**
18. **nineteen**
19. **16**
20. **14**
21. **18**

22.	**13**	10 + 3 = 13
23.	**17**	10 + 7 = 17
24.	**14**	10 + 4 = 14
25.	**11**	10 + 1 = 11
26.	**20**	10 + 10 = 20
27.	**16**	10 + 6 = 16
28.	**12**	10 + 2 = 12
29.	**19**	10 + 9 = 19
30.	**15**	10 + 5 = 15
31.	**18**	10 + 8 = 18

32.

1 ten **5** ones = **15**

33.

1 ten **10** ones = **20**

34.

1 ten **6** ones = **16**

35.

1 ten **3** ones = **13**

36. **1** ten and **8** ones = **18**
37. **1** ten and **1** one = **11**
38. **1** ten and **7** ones = **17**
39. **1** ten and **2** ones = **12**
40. **1** ten and **5** ones = **15**
41. **1** ten and **9** ones = **19**
42. Color **14**; 14, 16
43. Color **11**; 11, 20
44. Color **15**; 15, 17
45. Color **19**; 19, 13
46. Color **20**; 20, 15
47. Color **18**; 18, 14
48.
49.
50.
51.
52.
53.

54. **11, 12**
   The pattern increases by 1.
55. **17, 15**
   The pattern decreases by 1.
56. **14, 12**
   The pattern decreases by 1.
57. 1 + 16 = **17**
58. 3 + 11 = **14**
59. 13 − 2 = **11**
60. 19 − 3 = **16**
61. 20 − 4 = **16**
62. **20, 18, 16, 15, 11**
63. **19, 17, 13, 11, 10**
64. **14, 16, 18, 19, 20**
65. **10, 12, 13, 14, 17**

Unit 8: Adding and Subtracting Numbers up to 20

1. **8, 13**
2. **4, 16**
3. **3, 13**
4. **9, 17**
5.

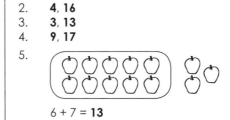

6 + 7 = **13**

6.

8 + 3 = **11**

7.

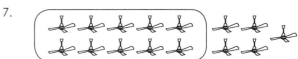

8 + 7 = **15**

8.

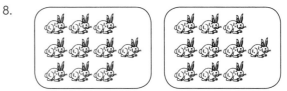

12 + 8 = **20**

9. 6 + 5 = **11**   6 + 4 = 10
                      10 + 1 = 11
      (4) (1)

10. 7 + 7 = **14**   7 + 3 = 10
                      10 + 4 = 14
      (3) (4)

11. 7 + 8 = **15**   7 + 3 = 10
                      10 + 5 = 15
      (3) (5)

12. 9 + 9 = **18**   9 + 1 = 10
                      10 + 8 = 18
      (1) (8)

Singapore Math Practice Level 1A

13.   12 + 5 = **17**

    (10) (2)

14.   9 + 4 = **13**

    (1) (3)

15.   11 + 4 = **15**

    (10) (1)

16.   7 + 8 = **15**

    (5) (2)

17.   5 + 12 = **17**

    (2) (10)

18. **15** – 4 = **11**
19. **16** – 5 = **11**
20. 18 – **8** = **10**
21. **16** – 3 = **13**

22.   18 – 6 = **12**   8 – **6** = **2**
                          10 + 2 = **12**

    (10) (8)

23.   17 – 4 = **13**   7 – **4** = **3**
                          10 + 3 = **13**

    (10) (7)

24.   15 – 4 = **11**   5 – **4** = **1**
                          10 + 1 = **11**

    (10) (5)

25.   14 – 4 = **10**   4 – **4** = **0**
                          10 + 0 = **10**

    (10) (4)

26.   16 – 5 = **11**

    (10) (6)

27.   12 – 3 = **9**

    (2) (10)

28.   19 – 8 = **11**

    (10) (9)

29.   11 – 7 = **4**

    (1) (10)

30.   15 – 9 = **6**

    (5) (10)

31.   17 – 9 = **8**

    (7) (10)

32.   20 – 3 = **17**

    (10) (10)

33.   6 + 7 = **13**

    (3) (3)

34.   **3** + 8 = 11   (11)
                          (3) (8)

35.   **13** – 4 = 9   (13)
                          (9) (4)

36.   12 – **5** = 7   (12)
                          (5) (7)

37.   16 + **0** = 16   (16)
                         (16) (0)

38.   9 + **9** = 18   (18)
                          (9) (9)

39.   15 – **6** = 9   (15)
                          (6) (9)

40.   13 + **5** = 18   (18)
                          (5) (13)

41.   **+**

    6, 7, 8, 9, 10, 11, 12, 13

42.   **–**

    15, 14, 13, 12, 11, 10, 9, 8, 7

43.   **+**

    17, 18, 19

44.   **–**

    11, 10, 9, 8, 7, 6

45.   **+**

    8, 9, 10, 11, 12, 13, 14, 15, 16, 17

46.   **8 + 6 =** 10 + 4 = **14**

    (2) (4)

    Eliza has **14** dolls altogether.

47.   **18 – 9 = 9**

    (8) (10)

    Imani has **9** stickers now.

Singapore Math Practice Level 1A

48. **6 + 7 = 13**

Mike colors **13** stars altogether.

49. **4 + 10 = 14**
Sarah bought **14** flowers in 2 days.

50. **15 − 8 = 7**

Peter has **7** more toy cars than Sam.

Unit 9: Length

1.

2.

3.

4. *Possibe answer:*
Line A ―――――――――

5. *Possible answer:*

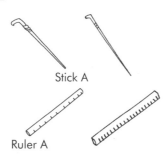

Stick A

6. *Possible answer:*

Ruler A

7. *Possible answer:*

Kite A

8.

9.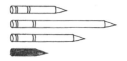

10. **tallest**
11. **taller, shorter**
12. **shortest**
13. **highest**
14. **higher**
15. **4**
16. **5, 3**

17. **12**
18. **13**
19. **14**
20. **C, 5**
21. **F, 1**
22. **D, E or E, D**
23. [| A |]

Review 4

1. **15** 10 and 5 make 15.
2. **16** 10 and 6 make 16.
3. (a) **5**   (e) **D**
   (b) **4**   (f) **C**
   (c) **2**   (g) **C**
   (d) **6**

4. 4 + 7 = **11**

6. **13** − 6 = 7

5. 18 − 7 = **11**

7. 5 + 9 = **14**

8. ⑭

9. ✗

10. **15, 17**
11. **17, 16**
12. **20, 18, 15, 14, 11**
13. **11, 13, 16, 17, 19**
14. **1** ten **4** ones
15. 10 + 6 = **16**
16. 10 + 10 = 20 = **2** tens **0** ones
17. **16 − 5 = 11**

⑩ ⑥

Sam has **11** markers.

18. **12 + 8 = 20**

⑩ ②

Natalie pays $**20** for her toy.

19. **18 − 10 = 8**

⑧ ⑩

He saved $**8** more in February.

20. **13 − 5 = 8**

③ ⑩

Amina has **8** guppies.

Final Review

1. **7**
2. **seventeen**
3. **6 + 8 = 14**

⑭
⑥ ⑧

4. **19 − 6 = 13**

⑲
⑥ ⑬

5.

6.

Singapore Math Practice Level 1A

7. **20** − 5 = 15

10. 16 − **4** = 12

8. **5** + 7 = 12

11. 11 − **11** = 0

9. 3 + **6** = 9

12. **5**, **7**
The pattern increases by 1.
13. **square**
14. **triangle**
15. **2nd**
16. **tenth**
17. **20**
18. **1** ten **3** ones
19.

20. (a) **A**   (c) **5**
    (b) **F**   (d) **2**   7 − 5 = 2
       E: 3 units (e) **5**   8 − 3 = 5
       F: 1 unit

21. 13 − 6 = 7

   She has **7** apples left.

22. (a) 11 + 8 = 19

   He saves **$19** altogether.

   (b) 11 − 8 = 3

   He saves **$3** more in April than in March.

23. 20 − 7 = 13

   He needs to collect **13** more toy planes.

24. 15 − 9 = 6

   She needs **$6** more.

25. 12 + 4 = 16

   She made **16** bookmarks altogether.

Challenge Questions

1. *Possible answer:*

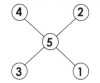

   Check: 3 + 5 + 2 = 10
          4 + 5 + 1 = 10

2.

Antwon	Rosa	Kayla
Jonathan	Sean	Cameron

STAGE

3. Mei
   Nicholas
   Ivana
   Simon

   Nicholas has the longest ruler.

4.

			Rashid	

   6 boys went to the movies.

5. *Possible answer:*
   4 + 6 + 7 = 17 or
   1 + 9 + 7 = 17 or
   2 + 8 + 7 = 17

6. The first digit is smaller than 3 so it is either 1 or 2.
   The first digit is an odd number so it is 1.
   The difference between the first and second digits is 5.

   first digit = 1
   second digit = unknown
   difference = 5

   ▢ − 1 = 5

   The 2-digit number is **16**.

7. The mouse can travel **5** routes in order to get the cheese.

8.

9.

   Mia is **3rd** from the drinking fountain.

10. *Possible answer:*

   Numbers **8** and **9** are not used.

11. 1 + 2 = 3
    I am **12**.

12.

   12 triangles can be formed from the shape.

Singapore Math Practice Level 1A

Notes

Colette Laberge

Toute ma 2e année

Français • Mathématique • Anglais • Science

CAR ACT ÈRE

Toute ma 2e année

Colette Laberge

© 2020 Les Éditions Caractère inc.

Auteure de la section Anglais : Audrey Faille
Auteur de la section Mathématique : Stéphane Vallée
Correction d'épreuves : Cynthia Cloutier Marenger
Conception graphique et conception de la couverture : Julie Deschênes
Mise en page et infographie : Bruno Paradis

Sources iconographiques
Illustrations : Shutterstock
Couverture : Ellie Oshea / Advocate-Art

5800, rue Saint-Denis, bureau 900
Montréal (Québec) H2S 3L5 Canada
Téléphone : 514 273-1066
Télécopieur : 514 276-0324 ou 1 800 814-0324
caractere@tc.tc

ISBN : 978-2-89742-938-6

Dépôt légal : 1er trimestre 2020
Bibliothèque et Archives nationales du Québec
Bibliothèque et Archives Canada

Imprimé au Canada

1 2 3 4 5 M 24 23 22 21 20

Ce projet est financé en partie par le gouvernement du Canada

Table des matières

Mot aux parents

Pour les élèves, les cahiers d'exercices sont très utiles. Mais, lorsque certaines notions sont mal assimilées, il est difficile de trouver l'information nécessaire pour comprendre et poursuivre l'apprentissage. Pour votre part, parents qui tentez d'expliquer ces notions, vous vous heurtez soit à la barrière du langage utilisé à l'école, soit à la difficulté de vous rappeler ces notions apprises il y a longtemps.

Les marqueurs sur les pages d'exercices vous permettent d'accéder aux notions vues en classe. Votre enfant peut les lire avant de commencer la série d'exercices ou s'y référer en cas de besoin. Quant à vous, parents, vous pourrez vous rafraîchir la mémoire en les consultant. Par contre, si par manque de temps vous n'étiez pas en mesure d'aider votre enfant, il pourrait quand même se débrouiller seul en consultant les explications et en vérifiant ses réponses à l'aide du corrigé.

TÉLÉCHARGEZ L'APPLI i+RA, GRATUITEMENT !

Français

Je me présente

Sers-toi de cette page pour te présenter.

Nom : Éthan

Sexe : F garçon

Âge : 7

Couleur des yeux : noirs

Couleur des cheveux : nors

Grandeur :

Poids :

Surnom : Zoh

Plat préféré : des poisson

Couleur préférée : doré

Adresse : 7 park gelhi

Numéro de téléphone : 647 369 8323

Adresse courriel :

Ma famille

Le prénom de ma mère : Lid

Le prénom de mon père : Wenbin

Le prénom de mes frères et sœurs : Nla

Les animaux qui vivent chez nous : les poison

Français 11

L'alphabet

Regarde bien comment on écrit les lettres de l'alphabet.
Si tu oublies comment faire, tu peux venir consulter cette page.

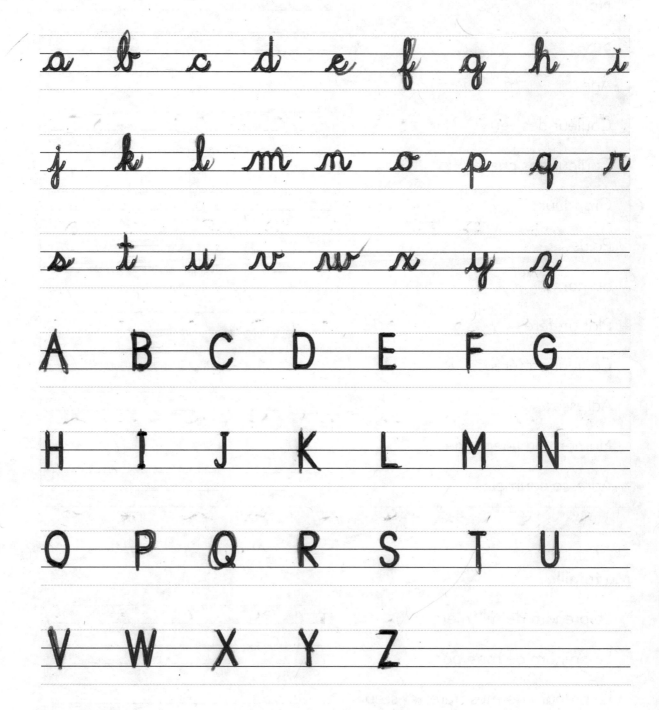

La calligraphie

Suis les traits sans lever ton crayon.

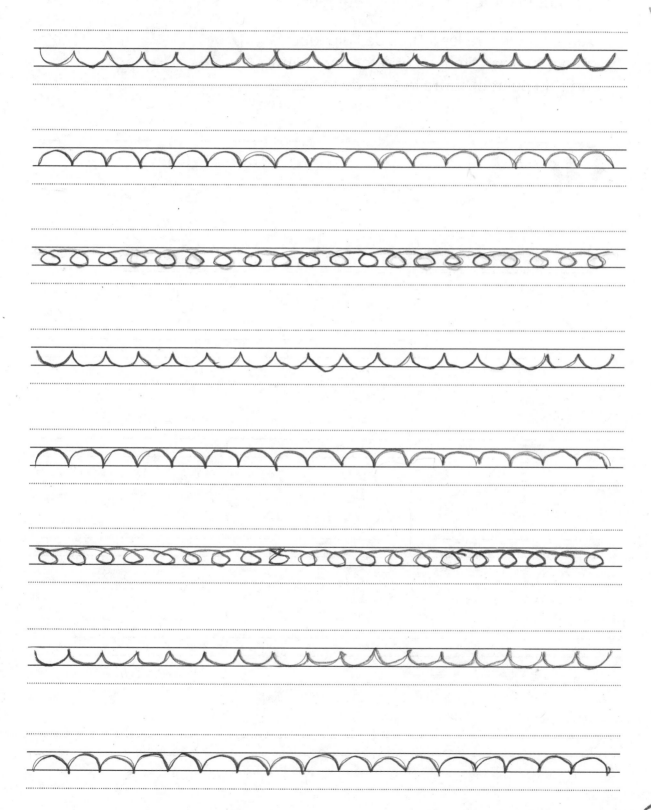

La calligraphie

J'écris la lettre **a**.  autobus

Exerce-toi à écrire les lettres de l'alphabet.
Attention, tu dois commencer à former la lettre
à partir du point et suivre le sens de la flèche.

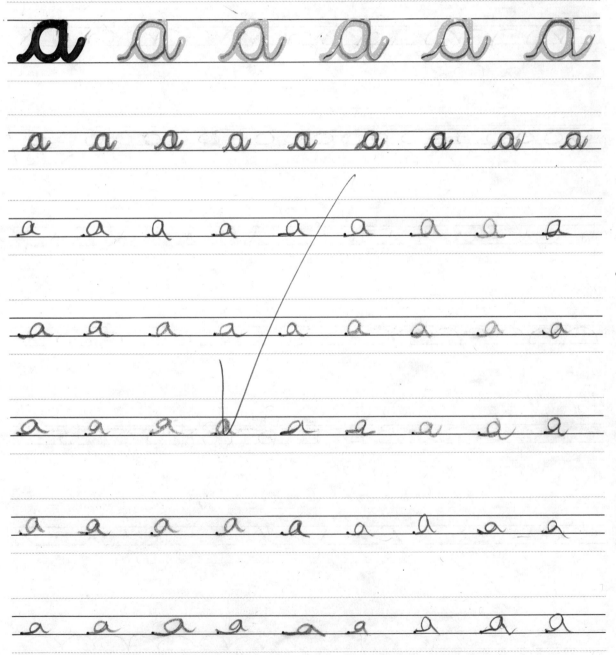

La calligraphie

Suis les traits sans lever ton crayon.

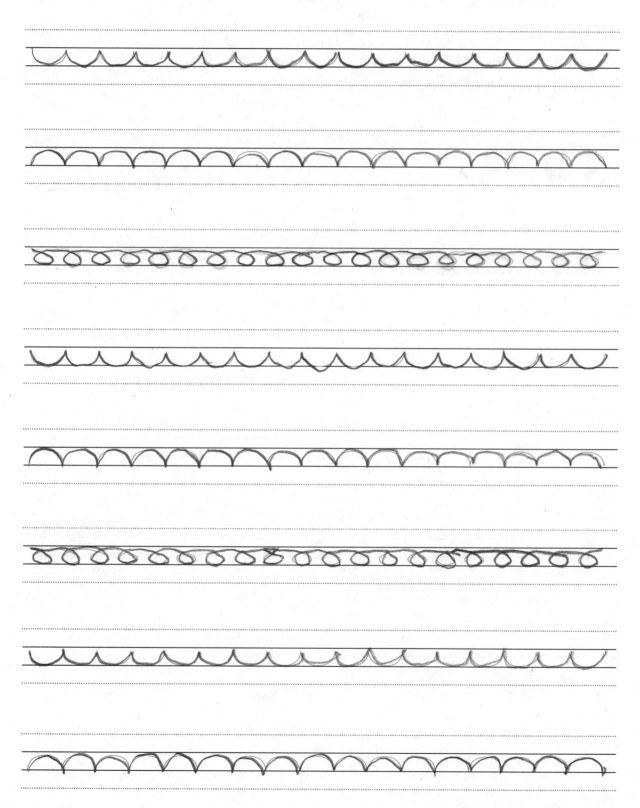

La calligraphie

J'écris la lettre **a**.  autobus

Exerce-toi à écrire les lettres de l'alphabet.
Attention, tu dois commencer à former la lettre
à partir du point et suivre le sens de la flèche.

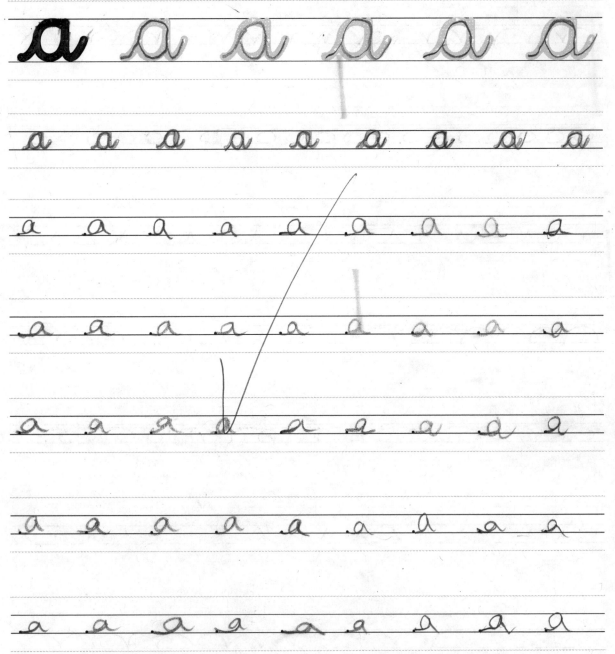

La calligraphie

J'écris la lettre **b.** bateau

Exerce-toi à écrire les lettres de l'alphabet.
Attention, tu dois commencer à former la lettre
à partir du point et suivre le sens de la flèche.

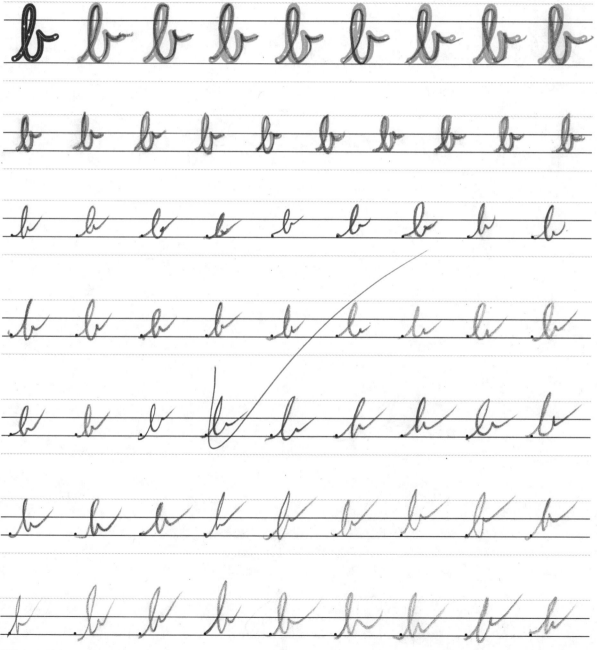

La calligraphie

J'écris la lettre **c.** canard

Exerce-toi à écrire les lettres de l'alphabet.
Attention, tu dois commencer à former la lettre
à partir du point et suivre le sens de la flèche.

𝒸 𝒸 𝒸 𝒸 𝒸 𝒸 𝒸 𝒸

𝒸 𝒸 𝒸 𝒸 𝒸 𝒸 𝒸 𝒸 𝒸

La calligraphie

J'écris la lettre **d**.  dinosaure

Exerce-toi à écrire les lettres de l'alphabet.
Attention, tu dois commencer à former la lettre
à partir du point et suivre le sens de la flèche.

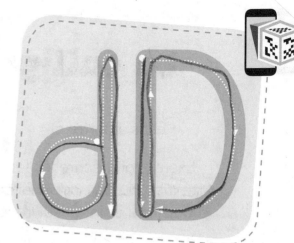

d d d d d d d

d d d d d d d d

La calligraphie

J'écris la lettre **e**.  éléphant

Exerce-toi à écrire les lettres de l'alphabet.
Attention, tu dois commencer à former la lettre
à partir du point et suivre le sens de la flèche.

La calligraphie

J'écris la lettre **f.** fleur

Exerce-toi à écrire les lettres de l'alphabet.
Attention, tu dois commencer à former la lettre
à partir du point et suivre le sens de la flèche.

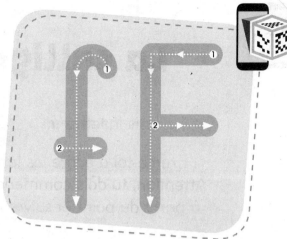

f *f* *f* *f* *f* *f* *f* *f* *f*

f *f* *f* *f* *f* *f* *f* *f* *f*

La calligraphie

J'écris la lettre **g**. grenouille

Exerce-toi à écrire les lettres de l'alphabet.
Attention, tu dois commencer à former la lettre
à partir du point et suivre le sens de la flèche.

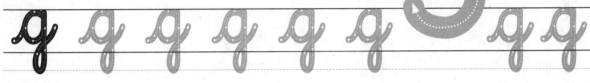

La calligraphie

J'écris la lettre **f**.  fleur

Exerce-toi à écrire les lettres de l'alphabet.
Attention, tu dois commencer à former la lettre
à partir du point et suivre le sens de la flèche.

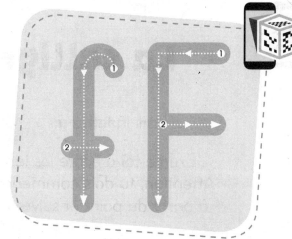

La calligraphie

J'écris la lettre **g**. grenouille

Exerce-toi à écrire les lettres de l'alphabet.
Attention, tu dois commencer à former la lettre
à partir du point et suivre le sens de la flèche.

g g g g g g g g g

g g g g g g g g g

La calligraphie

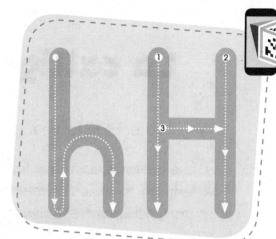

J'écris la lettre **h.**  harfang

Exerce-toi à écrire les lettres de l'alphabet.
Attention, tu dois commencer à former la lettre
à partir du point et suivre le sens de la flèche.

h h h h h h h h

h h h h h h h h

La calligraphie

J'écris la lettre *i.* île

Exerce-toi à écrire les lettres de l'alphabet.
Attention, tu dois commencer à former la lettre
à partir du point et suivre le sens de la flèche.

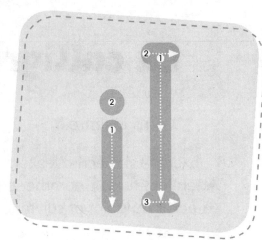

La calligraphie

J'écris la lettre **j**. journal

Exerce-toi à écrire les lettres de l'alphabet.
Attention, tu dois commencer à former la lettre
à partir du point et suivre le sens de la flèche.

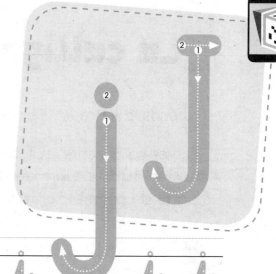

La calligraphie

J'écris la lettre **k**.  kangourou

Exerce-toi à écrire les lettres de l'alphabet.
Attention, tu dois commencer à former la lettre
à partir du point et suivre le sens de la flèche.

k k k k k k k k k k

k k k k k k k k k k

La calligraphie

J'écris la lettre **l**.  ☆ lune

Exerce-toi à écrire les lettres de l'alphabet.
Attention, tu dois commencer à former la lettre
à partir du point et suivre le sens de la flèche.

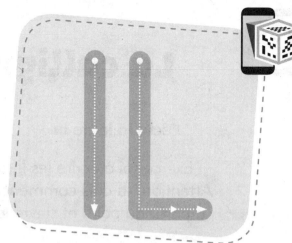

l l l l l l l l l l

l l l l l l l l l

La calligraphie

J'écris la lettre **m**.  mouffette

Exerce-toi à écrire les lettres de l'alphabet.
Attention, tu dois commencer à former la lettre
à partir du point et suivre le sens de la flèche.

La calligraphie

J'écris la lettre **n**.  nid

Exerce-toi à écrire les lettres de l'alphabet.
Attention, tu dois commencer à former la lettre
à partir du point et suivre le sens de la flèche.

La calligraphie

J'écris la lettre **o**.  orange

Exerce-toi à écrire les lettres de l'alphabet.
Attention, tu dois commencer à former la lettre
à partir du point et suivre le sens de la flèche.

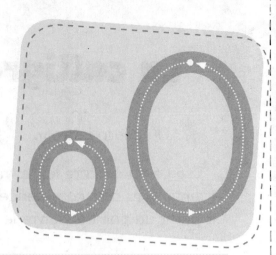

La calligraphie

J'écris la lettre **p**. 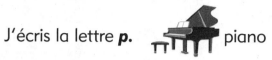 piano

Exerce-toi à écrire les lettres de l'alphabet.
Attention, tu dois commencer à former la lettre
à partir du point et suivre le sens de la flèche.

La calligraphie

J'écris la lettre **q.** quille

Exerce-toi à écrire les lettres de l'alphabet.
Attention, tu dois commencer à former la lettre
à partir du point et suivre le sens de la flèche.

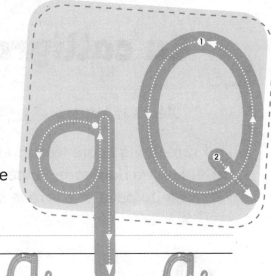

q q q q q q q

q q q q q q q q q

La calligraphie

J'écris la lettre **p**.  piano

Exerce-toi à écrire les lettres de l'alphabet.
Attention, tu dois commencer à former la lettre
à partir du point et suivre le sens de la flèche.

La calligraphie

J'écris la lettre **q**. quille

Exerce-toi à écrire les lettres de l'alphabet.
Attention, tu dois commencer à former la lettre
à partir du point et suivre le sens de la flèche.

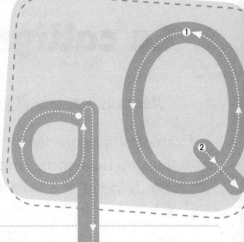

La calligraphie

J'écris la lettre **r.** renard

Exerce-toi à écrire les lettres de l'alphabet.
Attention, tu dois commencer à former la lettre
à partir du point et suivre le sens de la flèche.

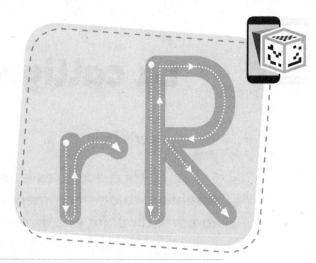

La calligraphie

J'écris la lettre **s.** souris

Exerce-toi à écrire les lettres de l'alphabet.
Attention, tu dois commencer à former la lettre
à partir du point et suivre le sens de la flèche.

La calligraphie

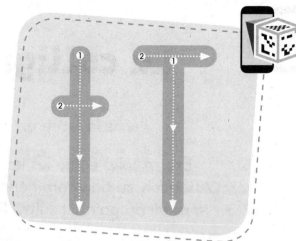

J'écris la lettre **t**.  toupie

Exerce-toi à écrire les lettres de l'alphabet.
Attention, tu dois commencer à former la lettre
à partir du point et suivre le sens de la flèche.

La calligraphie

J'écris la lettre **u**.

 un

Exerce-toi à écrire les lettres de l'alphabet.
Attention, tu dois commencer à former la lettre
à partir du point et suivre le sens de la flèche.

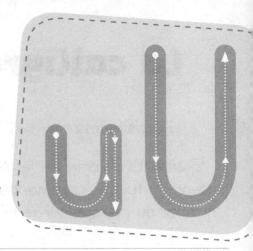

La calligraphie

J'écris la lettre **v.** vache

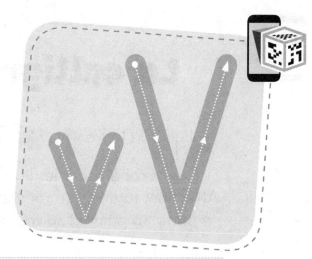

Exerce-toi à écrire les lettres de l'alphabet.
Attention, tu dois commencer à former la lettre
à partir du point et suivre le sens de la flèche.

La calligraphie

J'écris la lettre **w.**  wagon

Exerce-toi à écrire les lettres de l'alphabet.
Attention, tu dois commencer à former la lettre
à partir du point et suivre le sens de la flèche.

La calligraphie

J'écris la lettre **x.** xylophone

Exerce-toi à écrire les lettres de l'alphabet. Attention, tu dois commencer à former la lettre à partir du point et suivre le sens de la flèche.

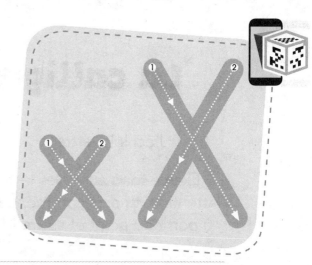

La calligraphie

J'écris la lettre **y.** yoyo

Exerce-toi à écrire les lettres de l'alphabet.
Attention, tu dois commencer à former la lettre
à partir du point et suivre le sens de la flèche.

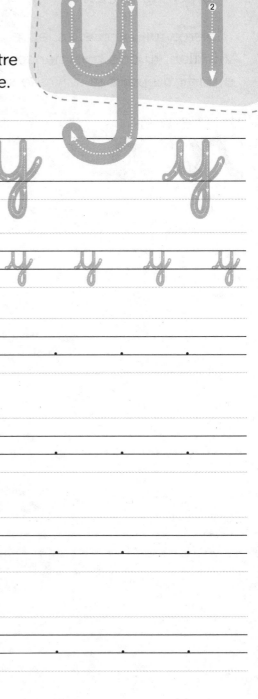

La calligraphie

 J'écris la lettre **z.** zèbre

Exerce-toi à écrire les lettres de l'alphabet. Attention, tu dois commencer à former la lettre à partir du point et suivre le sens de la flèche.

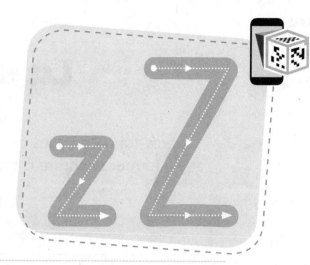

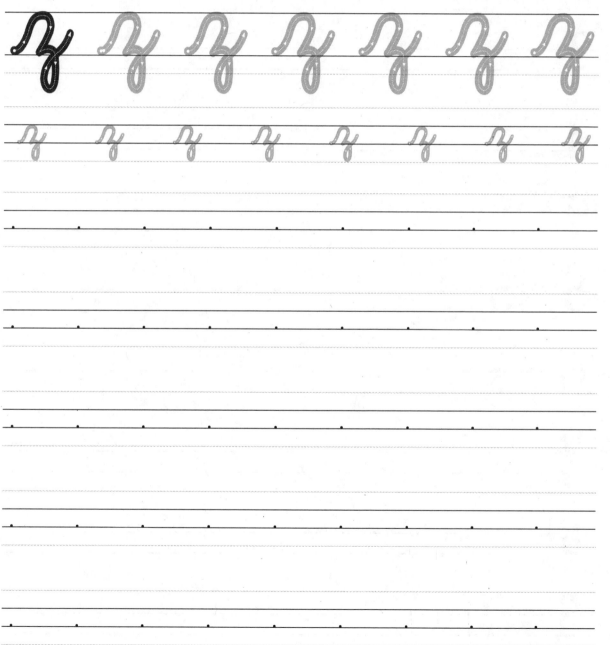

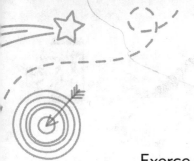

La calligraphie

J'écris les chiffres de 1 à 9.
Exerce-toi à écrire les chiffres de 1 à 9. Attention, tu dois commencer
à former le chiffre à partir du point et suivre le sens de la flèche.

1   1

2   2

3   3

4   4

5   5

6   6

7   7

8   8

9   9

La calligraphie

Recopie la comptine suivante en lettres cursives.

Une souris verte

qui courait dans l'herbe,

je l'attrape par la queue,

je la montre à ces messieurs.

Ces messieurs me disent :

« Trempez-la dans l'huile,

trempez-la dans l'eau ;

ça fera un escargot tout chaud. »

Je la mets dans mon chapeau ;

elle me dit qu'il fait trop chaud.

Je la mets dans mon tiroir ;

elle me dit qu'il fait trop noir.

Je la mets dans ma culotte ;

elle me fait trois petites crottes.

Je la mets dans ma chemise ;

elle me fait trois petites bises.

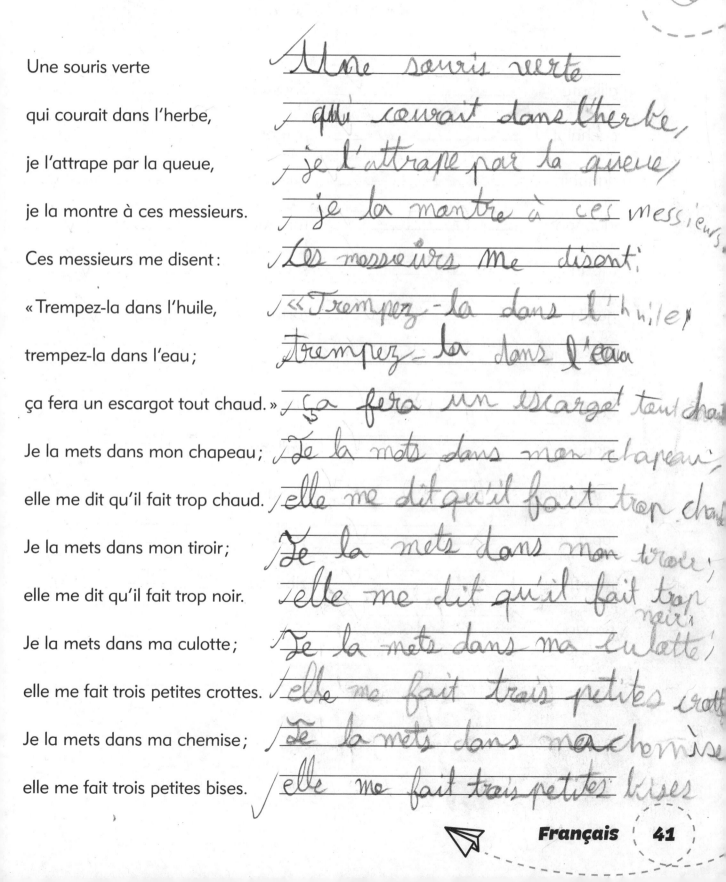

La calligraphie

Recopie en lettres cursives le nom des animaux suivants.

alligator	*alligator* ✓	opossum	*opossum*
cachalot	*cachalot* ✓	python	*python* ✓
dauphin	*dauphin* ✓	quiscale	*quiscale* ✓
éléphant	*éléphant* ✓	rorqual	*rorqual* ✓
faisan	*faisan* ✓	souris	*souris* ✓
gorille	*gorille* ✓	tortue	*tortue* ✓
hirondelle	*hirondelle* ✓	urubu	*urubu* ✓
iguane	*iguane* ✓	vison	*vison* ✓
jaguar	*jaguar* ✓	wallaby	*wallaby* ✓
kangourou	*kangourou* ✓	xénique	*xénique* ✓
lapin	*lapin* ✓	yack	*yack* ✓
mouffette	*mouffette* ✓	zibeline	*zibeline* ✓
nandou	*nandou* ✓		

Les voyelles

1. Colorie les voyelles en bleu et les consonnes en rouge.

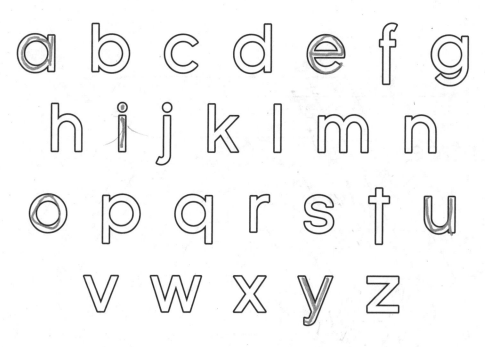

a b c d e f g
h i j k l m n
o p q r s t u
v w x y z

2. Écris les voyelles manquantes dans les mots suivants.

a) l _e_ ttre ✓

b) _a_ vril ✓

c) cr _o_ codile ✓

d) _y_ ack ✓

e) éc _eu_ reuil ✓

f) pr _u_ ne ✓

g) brocol _i_ ✓

h) écol _e_ ✓

i) ch _i_ en ✓

j) p _o_ mme ✓

k) ch _i_ ffre ✓

l) vo _y_ elle ✓

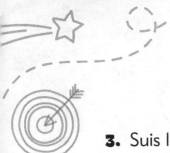

Les voyelles

3. Suis le chemin des voyelles pour te rendre à l'arrivée.

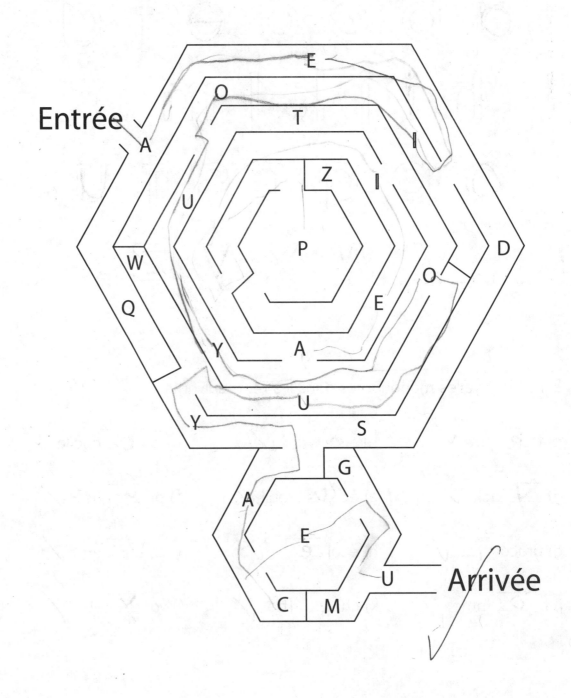

L'ordre alphabétique

1. Relie les points dans l'ordre alphabétique pour trouver l'image mystère.

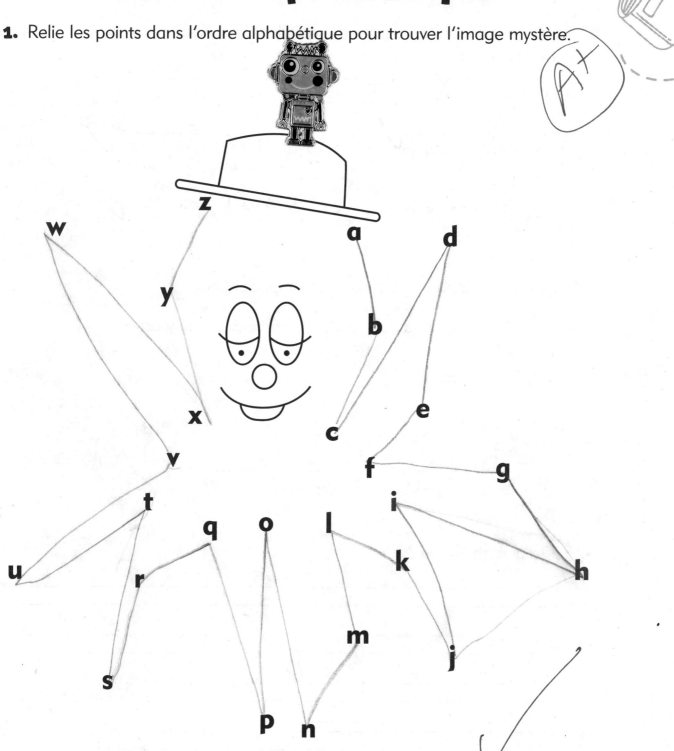

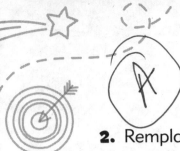

L'ordre alphabétique

2. Remplace chaque lettre par celle qui vient immédiatement avant dans l'alphabet.

a) b r y o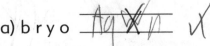

b) p q n e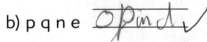

c) n v r p

d) g h r i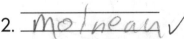

e) z q g t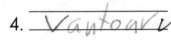

f) m c o l

3. Classe les mots suivants dans l'ordre alphabétique.

moineau   geai   vautour   pigeon

1. _geai_ ✓   2. _moineau_ ✓

3. _pigeon_ ✓   4. _vantour_ ✓

4. Écris l'alphabet de **a** à **z**.

A,B,C,D,E,F,G,H,I,J,K,l,m,n,o,p,q,
S,t,a,v,w,x,y,z ✓

L'ordre alphabétique

5. Classe les mots suivants dans l'ordre alphabétique.

demain   visage   ordinateur   téléphone   écran   maman
stylo   trottinette   calendrier   zèbre   peinture   autobus

1. autobus ✓
2. calendrier ✓
3. demain ✓
4. écran ✓
5. maman ✓
6. ordinateur ✓
7. peinture ✓
8. stylo ✓
9. téléphone ✗
10. trottinette ✓
11. visage ✓
12. zèbre ✗

"Les accents à apprendre"

6. Réponds par vrai ou faux.

a) *b* est la deuxième lettre de l'alphabet.   (vrai) faux ✓

b) *u* est la vingt-deuxième lettre de l'alphabet.   vrai (faux) ✓

c) *f* est la cinquième lettre de l'alphabet.   vrai (faux) ✓

d) *k* est la onzième lettre de l'alphabet.   (vrai) faux

7. Replace les lettres dans l'ordre alphabétique pour découvrir les mots.

a) imlf   film ✓

b) otrf   ~~flxo~~ fort

c) ruc   cru ✓

d) ilf   fil ✓

L'ordre alphabétique

8. Sers-toi du code secret pour découvrir les mots ci-dessous.

a	b	c	d	e	f	g	h	i	j	k	l	m	n
1	2	3	4	5	6	7	8	9	10	11	12	13	14

o	p	q	r	s	t	u	v	w	x	y	z	é	è	ê
15	16	17	18	19	20	21	22	23	24	25	26	27	28	29

a) | 1 | 14 | 1 | 14 | 1 | 19 |
ananas ✓

b) | 13 | 1 | 14 | 4 | 1 | 18 | 9 | 14 | 5 |
mandarine ✓

c) | 3 | 5 | 18 | 9 | 19 | 5 |
cerise ✓

d) | 6 | 18 | 1 | 13 | 2 | 15 | 9 | 19 | 5 |
framboise ✓

e) | 3 | 1 | 14 | 14 | 5 | 2 | 5 | 18 | 7 | 5 |
canneberge ✓

f) | 7 | 18 | 15 | 19 | 5 | 9 | 12 | 12 | 5 |
groseille ✓

Les graphies du son *s*

Le son *s* peut s'écrire comme dans **souris**, **leçon** ou comme dans **Luce**.

1. Classe les mots selon l'orthographe du son *s*.

c < e i = s
y

s	ç	c
absenT ✓	balançoire ✓	audace ✓
castor ✓	garçon ✓	balance ✓
suis · ✓	façon ✓	cerveau ✓
Souris ✓	ø açon ✓	glace ✓
singe ✓	ço ✓	menXnce menace.
dastin ✓	✓ français	décembre ✓
serpent ✓	Leçon ✓	ces ✓
sept ✓	maçon ✓	citrouille ✓

absent   audace   balance   balançoire   castor

cerveau   ces   citrouille   décembre   façon

destin   français   garçon   glace   glaçon

leçon   sept   menace   maçon   serpent

singe   souris   ça   suis

Le son *je* qui s'écrit *g* et *j*

1. Écris **g** ou **j** pour compléter les mots.

a) bon_jour_

b) _g_enou

c) _J_aponais

d) ca_g_e

e) éta_j_ère

f) froma_g_e

g) _g_êne

h) _j_upon

i) au_j_ourd'hui

j) _g_éant

k) _j_aune

l) _j_eudi

m) _j_anvier

n) _j_upe

o) _j_olie

p) bi_j_ou

q) _g_entil

r) liè_g_e

s) boulan_g_ère

t) _g_énie

u) jou_j_ou

S qui se prononce comme z

1. Passe seulement sur les mots qui contiennent le son **s** qui se prononce comme **z** pour te rendre à la ruche.

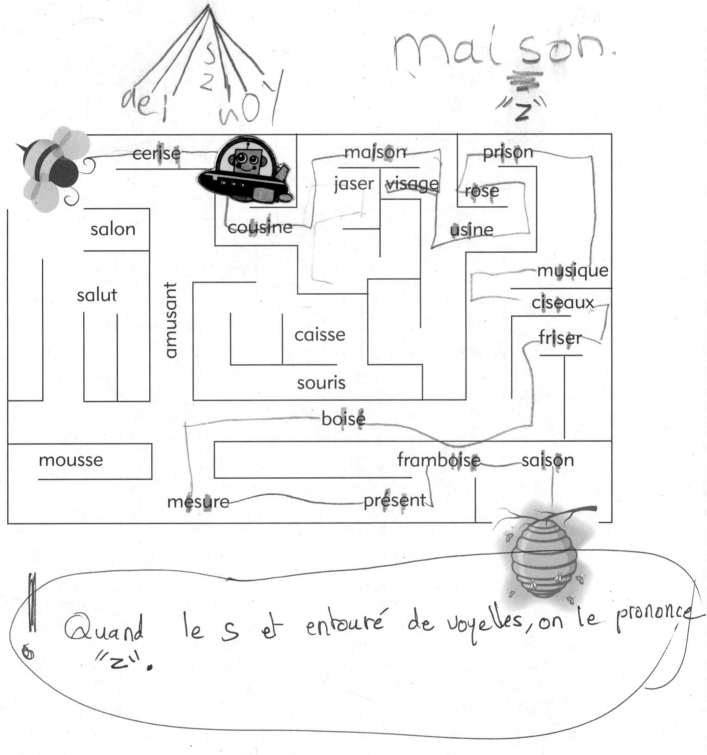

de s z no
maison
"z"

cerise · maison · prison
jaser · visage · rose
cousine · usine
salon
salut · amusant · musique
ciseaux
caisse · friser
souris
boisé
mousse · framboise · saison
mesure · présent

Quand le S et entouré de voyelles, on le prononce "z".

 AT

Le son *ou*

1. Trouve le mot caché parmi tous les mots avec le son *ou*.

Perfect

M	O	U
C	O	U
L	O	U	P

O	U	I
F	O	U
S	O	U	S

R O U E B T O U T O
T O U T O U U T
S O U V E N T I Q
T R O U V E R R O U T E
P O U A M O U R U N O U S
T A B O U R E T H O U S S E
N O U V E L L E M O U L I N S
C H O U K A N G O U R O U S
H I B O U X É T O U P I E S
L O U P E C A N T A L O U P
M O U C H O I R O U T I L
P E L O U S E O U R S

amour ✓   loup ✓   oui ✓   sous ✓
cantaloup ✓   loupe ✓   ours ✓   souvent ✓
chou ✓   mou ✓   outil ✓   tabouret ✓
cou ✓   mouchoir ✓   pelouse ✓   toupie ✓
fou ✓   moulins ✓   pou ✓   tout ✓
hiboux ✓   nous ✓   roue ✓   toutou ✓
housse ✓   nouvelle ✓   route ✓   trouver ✓
kangourous ✓

Mot caché de 9 lettres : __b o u t i q u e s__

Le son *in*

1. Complète les mots dans les crocodiles en utilisant **in**, **ain**, **ein** ou **im**.

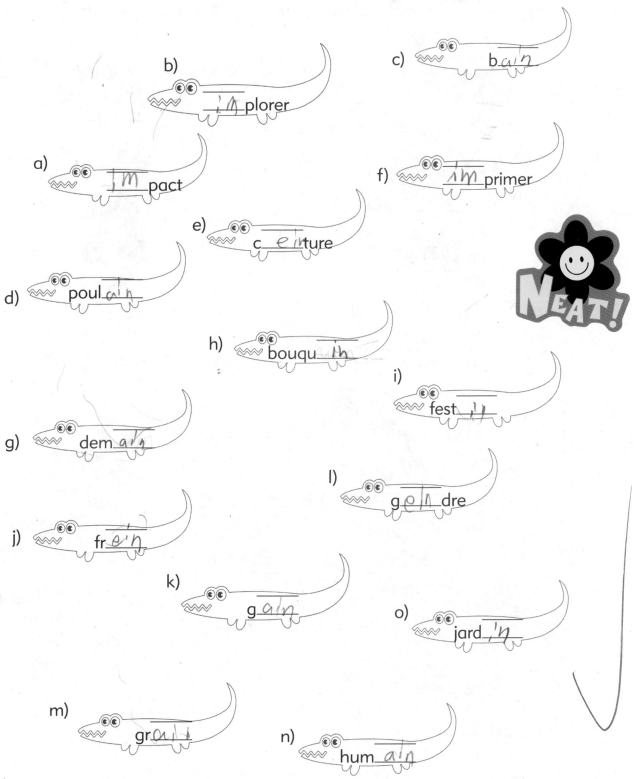

b) __im__plorer

c) b__ain__

a) __im__pact

f) __im__primer

e) c__ein__ture

d) poul__ain__

h) bouqu__in__

i) fest__in__

g) dem__ain__

l) g__ein__dre

j) fr__ein__

k) g__ain__

o) jard__in__

m) gr__ain__

n) hum__ain__

Les sons *ill* et *il*

1. Complète les mots sous les poissons en te servant de **ill** ou **il**. Ensuite, relie les poissons à l'enfant qui tient la canne à pêche correspondant au bon son.

a) béta____

b) b____e

c) ca____ou

g) chanda____

f) ra____

e) déta____

d) éventa____

j) pap____on

i) past____e

h) croust____es

k) épouvanta____

m) jonqu____e

l) coqu____age

n) trava____

Le son *f*

1. Complète les mots en te servant de **f**, **ff** ou **ph**. Ensuite, recopie ces mots dans la colonne correspondante.

bou_____on   télé_____one   gira_____e   chau_____er

chi_____on   nénu_____ar   _____ilet   _____oto

co_____ret   _____enêtre   _____oque   _____ête

F	FF	PH

Le son *eu*

1. Colorie en rouge les pommes qui contiennent des mots avec le son **eu** qui se prononce comme dans **peur** et en bleu celles qui ont des mots avec le son **eu** qui se prononce comme dans **feu**.

adieu

baladeur

bleu

chaleur

deuxième

douleur

intérieur

jeudi

jongleur

joyeux

malheureux

meilleur

ordinateur

peu

extérieur

professeur

queue

silencieux

vapeur

vieux

Le son k

1. Recopie les mots ci-dessous sur la bonne feuille.

k

c

qu

kiwi   bouquet   klaxon   pélican

équipe   caramel   kimono   jonquille

kaki   canard   écureuil   kilomètre

pourquoi   karaté   raconte   licorne

quand   quatre   écurie   bibliothèque

koala   quai   école   kangourou

Le son *o*

1. Trace le chemin que doit parcourir chaque grenouille pour se rendre à la mouche qui porte la même graphie du son **o**. Attention, la grenouille **o** ne peut passer que sur des mots avec **o**, la grenouille **eau** sur des mots avec **eau** et la grenouille **au** sur des mots avec **au**.

Le son *o* peut s'écrire *o*, *au* ou *eau*.

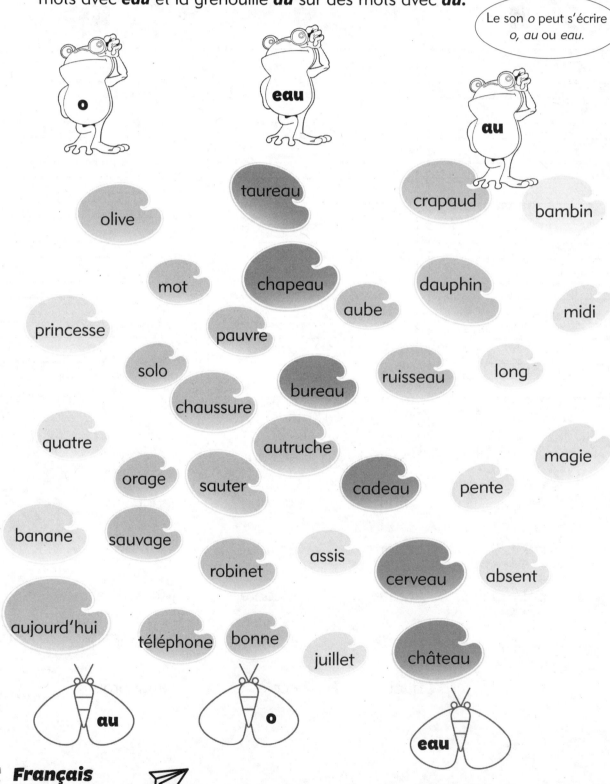

Le son *o*

2. Colorie en jaune les mots qui contiennent le son o qui s'écrit **eau**, en brun ceux qui ont le son **o** qui s'écrit **o** et en vert ceux qui ont le son **o** qui s'écrit **au**.

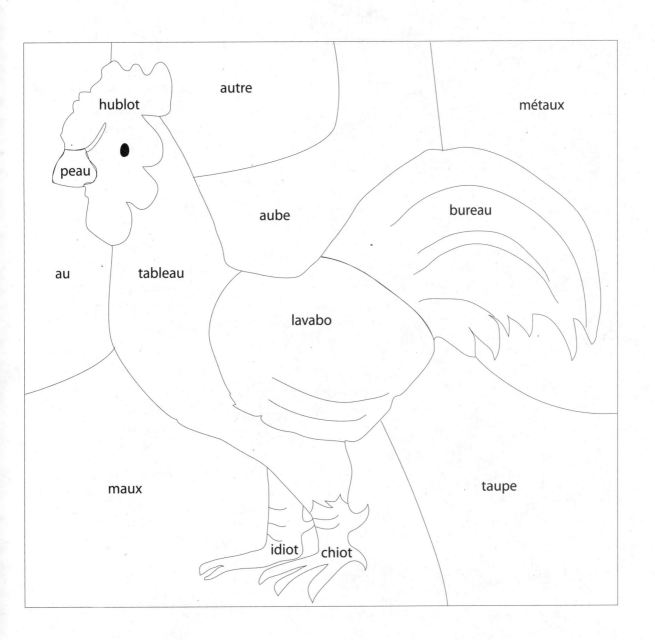

autre

métaux

hublot

peau

aube

bureau

au   tableau

lavabo

maux

taupe

idiot   chiot

Le son é

1. Complète les mots en utilisant **è**, **ê**, *ai* ou *ei*.

a) __mer

b) bal__ne

c) l__t

d) ch__vre

e) él__ve

f) ép__s

g) étag__re

h) f__te

i) for__t

j) fr__se

k) l__ne

l) n__ge

m) t__te

n) r__ne

o) m__re

Le son é

2. Complète les mots en utilisant **è**, **ê**, *ai* ou *ei*.

arr__t

capit__ne

m__son

bout__lle

libr__rie

com__te

corn__lle

__tre

b__te

fr__re

b__ge

p__che

r__sin

r__gle

rivi__re

sem__ne

Le son *é*

1. Remplace le symbole par la ou les lettres correspondantes.

é = ✪   er = ✳   ez = ❖

a) b✪b✪ _____   b) n❖ _____   c) calendri✳ _____

d) ch❖ _____   e) cin✪ma _____   f) colli✳ _____

g) derni✳ _____   h) ✪l✪phant _____   i) escali✳ _____

j) ski✳ _____   k) ✪toile _____   l) f✪vri✳ _____

m) nag✳ _____   n) cahi✳ _____   o) rêv✳ _____

p) ✪t✪ _____   q) mang✳ _____   r) ✪coli✳ _____

s) ✪curie _____   t) dans✳ _____   u) ru✳ _____

v) ✪criv❖ _____   w) poup✪e _____   x) tap✳ _____

Le son *é*

2. En te servant de la banque de mots, trouve le mot dont on te donne la définition.

> céleri, congélation, décembre, déjeuner,
> délicieux, écolier, éléphant, épicerie, étoile,
> géant, hérisson, océan, salé, zéro

a) Rien. _____

b) Douzième mois de l'année. _____

c) Premier repas de la journée. _____

d) Endroit où l'on va faire ses courses. _____

e) Légume vert. _____

f) Étendue d'eau salée. _____

g) Enfant qui va à l'école. _____

h) Très grand. _____

i) Action de faire congeler quelque chose. _____

j) Animal avec des piquants. _____

k) Bon. _____

l) Très gros animal. _____

m) Brille dans le ciel. _____

n) Qui goûte le sel. _____

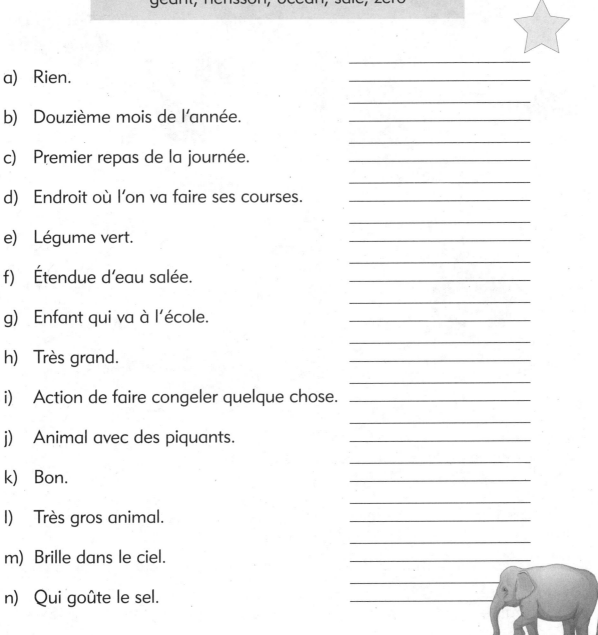

Le son *i*

1. Encercle les illustrations dont le nom contient le son **i**.

Le son **i** peut s'écrire **i** ou **y**.

2. Encercle le ou les **y** dans les mots suivants.

analyse	bicyclette	curry	cycliste	cygne
lyre	motocyclette	lys	tricycle	paralysie
rallye	style	syllabe	synonyme	système

Le son *an*

1. Trouve dans la grille tous les mots de la liste.

l	a	m	p	e	s	i	l	e	n	c	e
c	a	m	p	h	a	b	i	t	a	n	t
p	e	n	t	e	f	a	n	f	a	r	e
e	n	f	i	n	p	a	t	i	e	n	t
g	r	a	n	d	a	m	p	o	u	l	e
a	m	b	u	l	a	n	c	i	e	r	e
s	e	n	s	s	e	r	v	a	n	t	e
c	e	n	t	n	o	v	e	m	b	r	e
d	i	m	a	n	c	h	e	v	e	n	t
d	e	n	t	e	n	s	e	m	b	l	e
m	a	n	d	a	r	i	n	e	a	n	s
a	v	e	n	t	u	r	i	e	r	e	s

ambulancière	enfin	patient	ampoule
ensemble	pente	ans	fanfare
sens	aventurières	grand	servante
camp	habitant	silence	cent
lampe	vent	dent	mandarine
dimanche	novembre		

Le son *an*

2. Écris le nom du personnage ou de l'objet illustré. Encercle ceux qui contiennent le son **an**.

a) _____

b) _____

c) _____

d) _____

e) _____

f) _____

g) _____

h) _____

i) _____

j) _____

k) _____

l) _____

m) _____

n) _____

o) _____

p) _____

q) _____

M devant p et b

Devant **p** et **b**, on trouve un **m** au lieu d'un **n**, sauf dans certains mots comme **bonbon**.

1. Encercle la lettre qui précède le **p** ou le **b**.

tempête	nombre	imprimer	concombre
jambon	imperméable	tomber	important
campagne	chambre	tambour	compter

2. Trouve le mot mystère.

c	c	o	m	p	t	e	r
e	n	s	e	m	b	l	e
g	r	i	m	p	e	h	a
b	a	m	b	o	u	a	m
l	a	m	p	i	o	n	p
m	c	r	a	m	p	e	l
c	a	m	p	a	g	n	e
p	o	m	p	i	e	r	p

ample	compter	grimpe
bambou	crampe	lampion
campagne	ensemble	pompier

Mot mystère : _____

3. Ajoute la lettre manquante.

a) po__pier   b) tro__pette   c) em__ener   d) o__bre

e) gri__per   f) com__encer   g) co__pote   h) i__portance

Les lettres muettes

1. Écris le nom des animaux suivants. Ensuite, encercle la lettre muette. Si tu ne sais pas comment écrire un nom, tu peux regarder la liste.

> Parfois, dans un mot, une ou plusieurs lettres ne se prononcent pas. Elles sont muettes.

canard, cerf, chat, escargot, guépard, hibou, homard, lézard, loup, porc, rat, renard, souris

a) _____

b) _____

c) _____

d) _____

e) _____

f) _____

g) _____

h) _____

i) _____

j) _____

k) _____

l) _____

m) _____

Les lettres accentuées

L'accent grave (`) se met sur le *a*, le e et le *u*.

L'accent aigu (´) se met sur le e seulement.

L'accent circonflexe (^) se met sur le *a*, le e, le *i*, le o et le *u*.

Le tréma (¨) se met sur le e, le *i* et le *u*.

1. Recopie les mots dans la bonne colonne.

âge	bientôt	château	connaît	goût	voilà
flûte	guêpe	haïr	hôtel	île	
Joëlle	là	légume	maïs	métal	
Noël	où	règle	tête	très	

ï	ë	é	ô
___	___	___	___
___	___	___	___
___	___	___	___

ù	è	ê	à
___	___	___	___
___	___	___	___
___	___	___	___

î	û	â
___	___	___
___	___	___
___	___	___

Les lettres accentuées

2. Suis le chemin qui te mène à la bonne lettre accentuée. Ensuite, ajoute l'accent manquant.

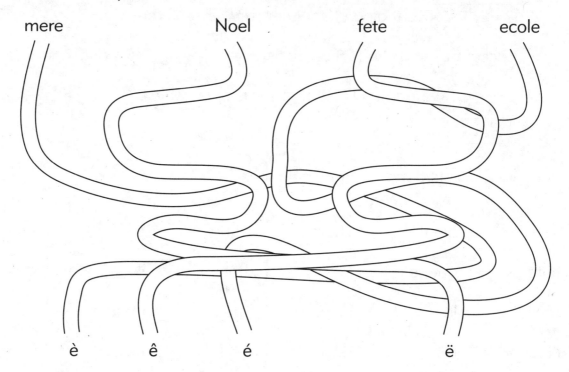

mere   Noel   fete   ecole

è   ê   é   ë

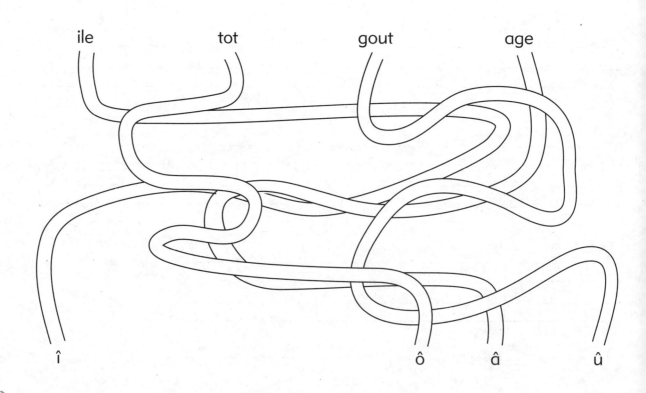

ile   tot   gout   age

î   ô   â   û

Les syllabes

1. Écris la syllabe manquante pour compléter les mots.

a)

| si | voi | am | uit |

fr _____ boise   mu _____ que   _____ sine   fr _____

b)

| ra | tail | seau | sou |

mu _____   pa _____ pluie   _____ rire   éven _____

c)

| til | lo | fant | hi |

en _____ .   gen _____   _____ ver   co _____ rier

d)

| chot | lo | mi | mi |

_____ gnon   _____ gis   man _____   _____ di

e)

| con | ces | pleu | tion |

ques _____   ra _____ ter   _____ voir   prin _____ se

f)

| ju | rei | ma | boi |

_____ re   _____ meau   _____ ne   _____ re

g)

| çon | sau | se | teau |

_____ terelle   gar _____   cou _____   ro _____

Les syllabes

2. Écris le mot illustré. Ensuite, compte le nombre de syllabes de chaque mot et écris-le dans l'encadré.

a) _____

b) _____

c) _____

d) _____

e) _____

f) _____

g) _____

h) _____

i) _____

j) _____

k) _____

l) _____

m) _____

n) _____

o) _____

p) _____

Les syllabes

3. Sépare les syllabes des mots suivants.

a) ambulance

b) autobus

c) avion

d) fusée

e) camion

f) hélicoptère

g) train

h) motocyclette

i) voiture

j) canot

k) bateau

l) tricycle

m) bicyclette

n) trottinette

o) motoneige

p) scooter

Le nom

un, le, l' (devant une voyelle)
mon, ton, son
ce
cet (devant une voyelle)
notre, votre, leur
féminin
une, la, l' (devant une voyelle)
ma, ta, sa
cette, notre, votre, leur

1. Colorie la fleur si son mot est un nom. Si tu veux savoir si c'est un nom, ajoute **le** ou **la** devant.

ruban
Masculin

fleur
Féminin

roue
Féminin

wagon
Nom Masculin

manger
Verbe

chambre
n, Féminin

quille
n, Féminin

rouge
adjectif

pompier
n, Masculin

pleuvoir
verbe

bulle
Féminin

treize
Nombre

74 **Français**

Le nom

2. Colorie la fleur si son mot est un nom propre. N'oublie pas qu'un nom propre est un prénom, un nom de pays, de ville, le nom d'un animal (comme Fido), etc. Un nom propre commence toujours par une majuscule.

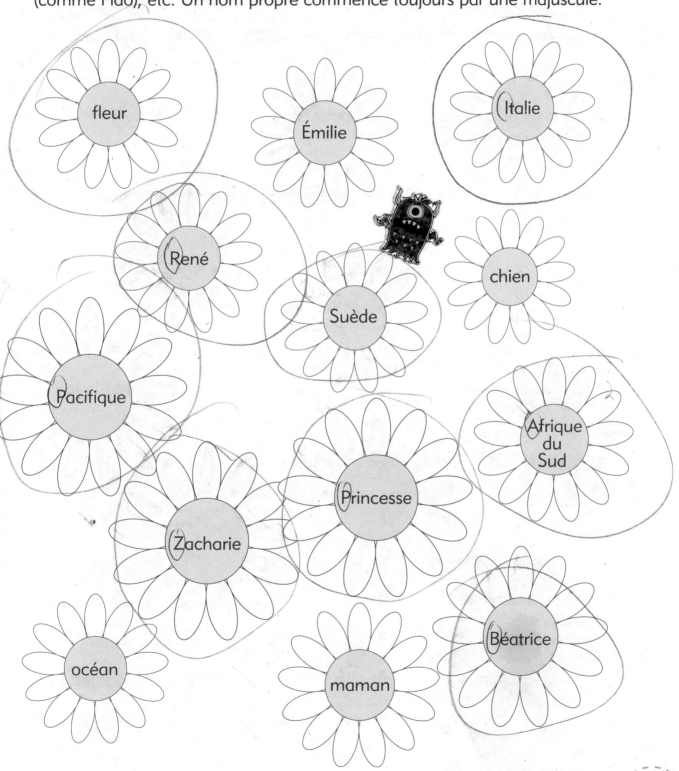

fleur

Émilie

Italie

René

Suède

chien

Pacifique

Afrique du Sud

Princesse

Zacharie

océan

maman

Béatrice

Les déterminants

Un déterminant accompagne un nom.

Voici une liste de déterminants : le, l', la, les, un, une, de, d', des, du, au, aux, ce, cet, cette, ces, mon, ma, mes, ton, ta, tes, son, sa, ses, notre, nos, votre, vos, leur, leurs, un, deux, trois, quatre, etc.

1. Écris un déterminant différent pour chaque mot. Sers-toi des mots dans la banque ci-dessous.

mon ton son notre votre leur ce cet cette ma ta sa un une l' la le

a) le chaton (n, m) b) sa poule (n, f) c) une mère (n, f)

d) cet automne (n, m) e) ce champ (n, m) f) ce journal (n, m)

g) ta piscine (n, f) h) son camion (n, m) i) sa robe (n, f)

j) votre poisson (n, m) k) une sœur (n, f) l) sa musique (n, f)

2. Écris *le*, *la* ou *l'* devant les mots suivants.

a) la locomotive b) l' école c) le fruit

d) le téléphone e) le policier f) le roi

g) le prince h) la tulipe i) le magicien

j) l' eau k) la roue l) l' œuf

m) la dinde n) la fenêtre o) le garage

p) la horloge q) l' omelette r) la nuit

Les déterminants

3. Relie le déterminant en gras au nom qu'il accompagne. Écris-les ensuite au bas de la page.

La corneille et le renard
D'après Ésope

Perchée sur **les** branches d'**un** arbre, **une** corneille mangeait **un** délicieux fromage. Pendant ce temps, attiré par **l'**odeur **du** fromage, **un** renard très intelligent rôdait sous **l'**arbre. **Le** renard a commencé à flatter **la** corneille pour obtenir **le** fromage. « Bonjour, madame **la** Corneille, comme vous avez de belles plumes ! Ce sont les plus belles que j'aie jamais vues. Qui peut ignorer tant de beauté ? » **La** corneille, incapable de résister à **la** flatterie, ne pouvait pas rester silencieuse. Elle a répondu : « Merci, monsieur **le** Renard. Bonne journée. » Mais, en ouvrant **son** bec pour remercier **le** renard, elle a laissé tomber **le** délicieux fromage et **le** renard l'a mangé.

Les, an, une, un, du, un, l', le, la, le, la, la, la, le, son, le, le, le

Les déterminants

4. Colorie les cases qui contiennent un déterminant. Quel mot se cache dans la grille ? "Le".

le	mou	café	oui	été	main	notre	nos	votre	vos	leur
l'	pou	élan	lire	pain	main	leurs	lapin	ours	gros	jus
la	caille	doré	non	mardi	lune	un	long	être	jolie	soirée
les	valise	lundi	merci	obéir	neuf	des	ami	hiver	lancer	juin
un	bébé	neige	mai	nez	noir	cet	cour	jouer	assis	amour
une	chéri	nom	œil	petit	seul	aux	hibou	banane	août	aucun
des	soir	gelée	vache	tu	vert	ma	fille	baron	fête	beau
au	patte	yeux	aimer	œuf	air	ton	auto	bois	espace	froide
du	aller	papa	avoir	cahier	boa	le	deux	la	du	les
aux	haut	héros	képi	pied	lire	trois	après	cesser	ballon	bobo
des	vite	creux	mars	douce	tête	un	brin	durant	calme	carte
ce	ballon	élève	gazon	beau	fou	mon	clown	brune	gai	peau
cet	gros	elle	midi	jupe	ciel	une	judo	céleri	aussi	colis
cette	porte	avion	étoile	sac	collet	cette	pluie	fuir	juillet	cire
ces	doigt	caillou	droit	héros	mieux	aux	auto	fin	fille	jour
mon	bonbon	il	boisé	cher	coller	le	jadis	jungle	lait	joue
ma	mer	tombe	malin	elle	mignon	ses	oncle	nous	pêche	peu
mes	juron	loup	père	lancer	mais	la	maison	ortie	pente	orage
ton	joie	lait	mardi	manie	luire	mon	photo	poumon	poil	perdu
ta	tes	son	sa	ses	moule	quatre	mes	une	mon	aux

Le groupe du nom

Le groupe du nom est un nom seul (propre ou commun)
ou plusieurs mots dont le noyau est un nom.
Un déterminant peut faire partie du groupe du nom.

1. Complète les phrases suivantes en ajoutant le groupe du nom.

| Mon père | la radio | son chien | L'arbre |

a) Lisa écoute _la radio_. ✓   b) _Mon père_ rénove son garage.

c) Sophie promène _son chien_, d) _L'arbre_ du voisin donne de l'ombre.

2. Souligne les groupes du nom dans les phrases suivantes.

a) Mes amis sont partis faire une promenade.

b) Mon professeur de danse s'est cassé la jambe.

c) Ma sœur et mon frère regardent un match de hockey.

d) L'ordinateur est un outil très utile.

e) J'écris une lettre à ma tante.

3. Compose deux phrases et souligne le groupe du nom.

Mon poisson a mangé son dîner.

Mon ordinateur est le plus grand
dans ma maison.

La majuscule

1. Ajoute les majuscules aux bons endroits dans le texte suivant.

mon père et ma mère ont décidé de s'acheter une nouvelle voiture. ils vont chez un concessionnaire de québec. le vendeur, earl, leur présente toutes sortes de modèles. mes parents ne sont pas certains. ils décident d'attendre encore un peu avant de changer de voiture.

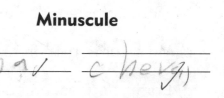

2. Recopie les noms ci-dessous dans la bonne colonne.

espagne   papa

crayon   europe

valérie   cheval

martin   professeur

Majuscule		**Minuscule**	
Espagne	Europe	papa	cheval
Valérie	Martin	crayon	Professeur

3. Écris la lettre **F** si le mot prend une lettre majuscule ou la lettre **f** s'il prend une lettre minuscule.

a) _F_ rance   b) _F_ arandole (danse) une   c) _f_ ermier

d) _F_ rédéric   e) _f_ usil   f) _F_ rancesca

Le point

1. Il y a deux erreurs dans la phrase suivante. Peux-tu les trouver ?
Recopie la phrase correctement.

arthur est mon meilleur ami

Arthour est mon meilleur ami. ✓

2. Place le point dans la phrase suivante.

Tristan a remporté la médaille d'or en plongeon .

3. Quelle phrase ne contient pas d'erreur ? Recopie-la.

a) Anne et Cédric font du ski de fond. *(il manque un point)*

b) Omar est fâché contre son ami.

c) J'ai visité l'aquarium de québec.

Anne et Cédric font du ski de ✗ fond.
Omar est fâché contre son ami.

4. Écris trois phrases de ton choix. N'oublie pas la majuscule en début
de phrase et le point à la fin.

J'aime le poisson qui et grand. ✓

Je suis un garçon intelligent.

La montagne est très grande à côté
(montagne)

de mon maison. ✗
(ma)

Le point d'interrogation et le point d'exclamation

1. Comment s'appellent les signes de ponctuation suivants?

a) . *un point*   .   (A)

b) ! *un point d'exclamation*   !

c) ? *un point d'interrogation*   (?)

2. Encercle les points d'exclamation et fais un **✗** sur les points d'interrogation dans le texte suivant.

Zut! Pourquoi n'ai-je pas réussi cette dictée? J'avais étudié très fort. Comment ai-je fait pour oublier comment écrire *toujours*? Ensuite, tout a été de travers. Quelle journée! J'ai hâte à demain. Peut-être que ça ira mieux?

3. Ajoute un point (.), un point d'interrogation (?) ou un point d'exclamation (!) pour compléter les phrases.

a) Quelle magnifique sculpture !

b) As-tu vu mon crayon bleu ?

c) J'ai lu le dernier album des aventures d'Astérix .

d) J'ai gagné un prix à l'école .

e) As-tu reçu ton bulletin ?

f) Quelle belle journée !

Les mots invariables

1. Choisis le bon mot.

a) J'ai mis ma balle _____ à / ~~dans~~ _____ ma poche. ✓
(dans)

b) J'ai mis mon habit de neige _____ pour / contre _____ aller jouer dehors. ✓

c) J'ai mis tous mes animaux en peluche _____ et / (sur) _____ mon lit. ✓

d) Je me brosse _____ toujours / jamais _____ les dents avant d'aller me coucher. ✓

e) Je mets mon imperméable _____ par / (quand) _____ il pleut. ✓

f) Je lis _____ (souvent) / pour _____ un livre avant d'aller dormir. ✓

g) Ma mère est _____ (comme) / jamais _____ moi : elle n'aime pas les piments forts.

h) Notre maison est _____ souvent / (près) _____ de l'école. ✓

Les mots invariables

2. Complète les phrases suivantes avec les mots de la banque ci-dessous.

| peu   mais   dans   pour   sur   très   jamais   souvent   et   quand |

a) _Quand_ j'aurai 11 ans, je suivrai le cours Gardiens avertis.

b) Je voudrais bien aller au cinéma, _mais_ mes parents ne veulent pas.

c) J'ai mis les assiettes _sur_ la table.

d) Je ne traverse _jamais_ la rue sans regarder à gauche et à droite avant.

e) Je voudrais un nouveau vélo _pour_ mon anniversaire.

f) Il y a _peu_ de fleurs dans la cour d'école.

g) Je vais _souvent_ jouer chez mon ami après l'école.

h) J'ai mis _dans_ mon pupitre mes cahiers et mes livres.

i) Je voudrais une pomme _et_ une banane pour ma collation.

j) J'ai _très_ hâte à mon anniversaire.

3. Complète le texte suivant en utilisant le bon mot invariable de la banque.

| jamais   dans   très   parce que   quand   à |

J'ai mis _dans_ mon coffre tous mes petits trésors. _Quand_ il pleut, je joue avec eux. Je ne m'ennuie _jamais_. C'est toujours _très_ amusant _parce que_ mes trésors me font rêver _à_ des aventures extraordinaires.

Les pronoms

1. Remplace les mots soulignés par *il, elle, nous, ils* ou *elles*.

Ⓑ

a) <u>Nathalie</u> prépare soigneusement son voyage en Australie.

    Elle prépare soigneusement son voyage en Australie.

b) <u>Félix et Étienne</u> font partie de l'équipe de soccer de l'école.

    Ils font partie de l'équipe de soccer de l'école.

c) <u>Mon chat</u> s'est enfui de la maison.

    Il s'est enfui de la maison.

d) <u>Mon amie</u> déménage à Québec le mois prochain.

    Elle déménage à Québec le mois prochain.

e) <u>Ma sœur et moi</u> irons acheter des homards pour souper.

    Nous irons acheter des homards pour souper.

f) <u>Fabien et Simon</u> suivent des cours de karaté.

    Ils suivent des cours de karaté.

g) <u>Mon père et moi</u> faisons une promenade au bord de la mer.

    Nous faisons une promenade au bord de la mer.

h) <u>Mon père et ma mère</u> préparent le souper.

    Ils préparent le souper.

 N'oublie pas de mettre une majuscule au début d'une phrase!

Les pronoms

A

2. Complète les phrases en utilisant *je*, *tu*, *nous*, *vous* ou *elles*

a) _Elles_ mangent une glace à la vanille.

b) _Tu_ es le meilleur joueur de ton équipe.

c) _Je_ suis la troisième enfant de ma famille.

d) _Vous_ êtes une très bonne danseuse.

e) _Nous_ marchons sous la pluie.

3. Colorie les étoiles qui contiennent un pronom.

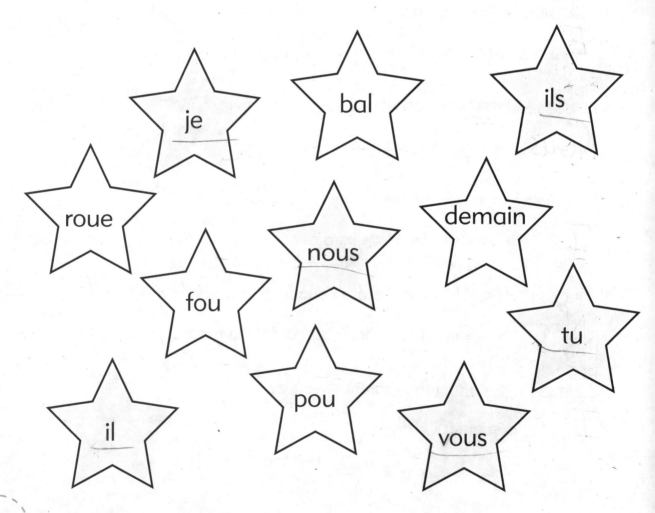

je · bal · ils · roue · nous · demain · fou · tu · il · pou · vous

Le genre

1. Relie l'illustration au bon déterminant.

a) La
   Le

b) La
   Le

c) La
   Le

d) La
   Le   bougie

✗ e) La
     Le   bibliothèque

f) La   la balle
   Le   le ballon

✗ g) La   guitare
     Le

h) La
   Le

le feu

Le genre

2. Écris les noms suivants au féminin.

a) cousin — _cousine_ ✓

X c) danseur — _danseuse_

X e) loup — _loupve_

g) prince — _princesse_

X i) chirurgien — _chirurgienne_

k) un — _une_

m) le — _la_

b) marchand — _le marchand_

d) ami — _amie_

X f) ambulancier — _ambulancière_

h) gérant — _gérante_

j) écrivain — _e crivaine_

X l) maire — _mairesse_

n) député — _dé puté_

3. Encercle en rouge les mots qui sont féminins et en bleu ceux qui sont masculins.

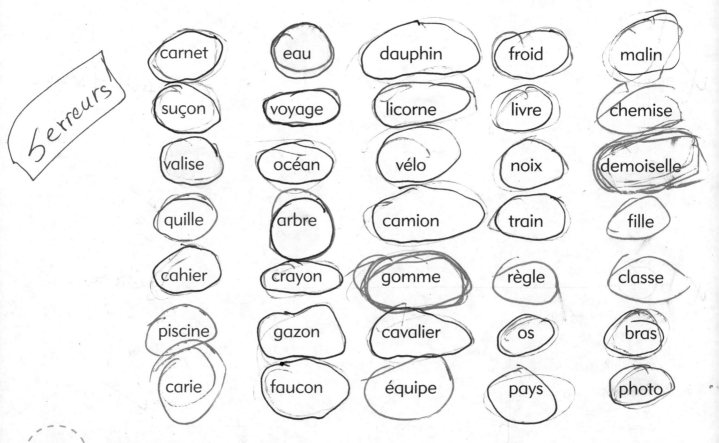

5 erreurs

carnet	eau	dauphin	froid	malin
suçon	voyage	licorne	livre	chemise
valise	océan	vélo	noix	demoiselle
quille	arbre	camion	train	fille
cahier	crayon	gomme	règle	classe
piscine	gazon	cavalier	os	bras
carie	faucon	équipe	pays	photo

Le genre

4. Relie le masculin à son féminin.

bon   chienne

doux   mignonne

mignon   blanche

blond   bonne

blanc   blonde

chien   douce

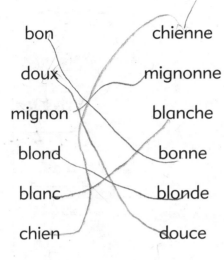

bleu   chatte

homme   comédienne

heureux   méchante

comédien   bleue

chat   femme

méchant   heureuse

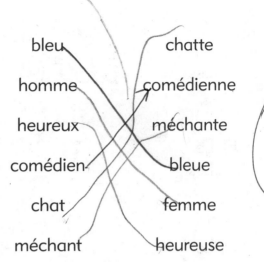

5. Parmi les mots soulignés, encercle les mots au féminin et fais un **✗** sur les mots au masculin.

Au clair de la lune,

Mon ami Pierrot.

Prête-moi ta plume

Pour écrire un mot.

Ma chandelle est morte.

Je n'ai plus de feu.

Ouvre-moi ta porte,

Pour l'amour de Dieu !

Au clair de la lune,

Pierrot répondit :

« Je n'ai pas de plume.

Je suis dans mon lit.

Va chez la voisine.

Je crois qu'elle y est

Car dans la cuisine,

On bat le briquet. »

À revoir avec Madame Sacco !

A+

Le nombre

1. Relie l'illustration au bon déterminant.

a) Le
   Les

b) Le
   Les

c) Le
   Les

d) Le
   Les

e) Le
   Les

f) Le
   Les

g) Le
   Les

h) Le
   Les

Le nombre

(handwritten: B⁻)

2. Encercle en rouge les mots qui sont au singulier et en bleu ceux qui sont au pluriel.

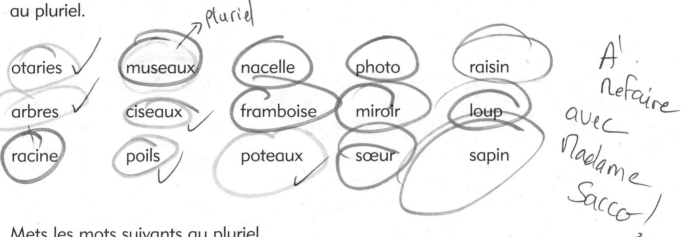

(handwritten: pluriel)

otaries ✓   museaux   nacelle   photo   raisin

arbres ✓   ciseaux ✓   framboise   miroir   loup

racine   poils   poteaux ✓   sœur   sapin

(handwritten right margin: À refaire avec Madame Sacco !)

3. Mets les mots suivants au pluriel.

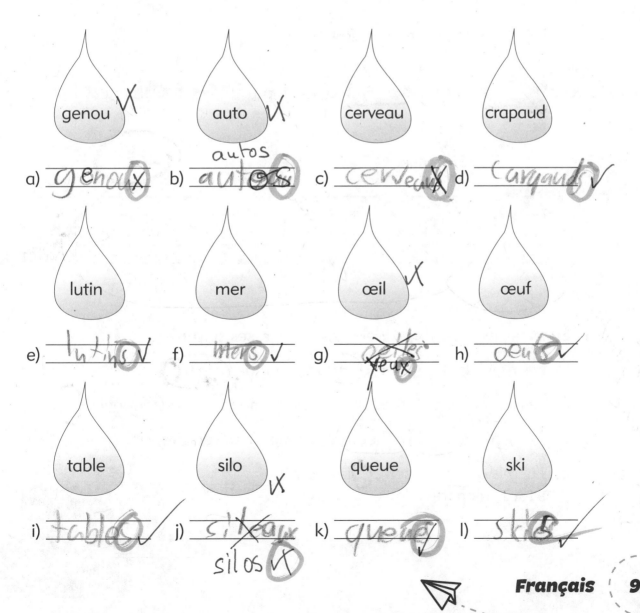

genou   auto   cerveau   crapaud

a) genoux ✗   b) autos   c) cerveaux ✗   d) crapauds ✓

(handwritten: autos)

lutin   mer   œil   œuf

e) lutins ✓   f) mers ✓   g) yeux   h) œufs ✓

table   silo   queue   ski

i) tables ✓   j) silos ✓   k) queues ✓   l) skis ✓

Le nombre

4. Relie les mots à leur pluriel.

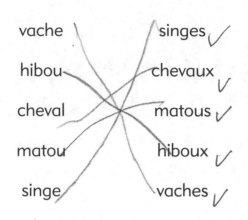

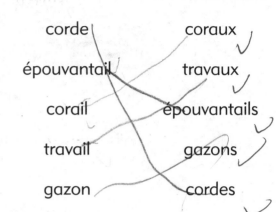

5. Écris les mots suivants dans la bonne colonne.

chaîne jolies caribous bâton bateau travaux serpent châteaux

Singulier **Pluriel**

bâton   chaîne   jolies   caribous

serpent   bateau   travaux   châteaux

château

6. Encercle les mots au pluriel dans les phrases suivantes.

a) Les amis de ma classe n'ont pas peur des orages.

b) Les fleurs qui poussent dans le jardin de ma mère sont belles.

c) J'ai reçu de beaux cadeaux pour mon anniversaire.

d) J'ai mis des chaussettes, des barrettes et des salopettes dans ma valise.

5 mots qui manquent? À refaire avec Madame Sacco.

Le genre et le nombre

3 erreurs.
À expliquer avec Madame Sacco!

1. Remplis la grille en indiquant si le mot est féminin ou masculin et singulier ou pluriel. Nous avons rempli la première ligne pour toi.

		Masculin	Féminin	Singulier	Pluriel
a)	divans	x			x
b)	gant	X ✓		X ✓	
c)	cerise		X ✓	X ✓	
d)	poissons	X ✓			X ✓
e)	bicyclette		X ✓	X ✓	
f)	fleurs	~~X~~ X	X		X
g)	princesse		X	X	
h)	barons	X ✓			X ✓
i)	fenêtre		X ✓	X ✓	
j)	chevaux	X ✓		~~X~~ X	X
k)	téléviseur	X ✓		X ✓	
l)	castors	X ✓			X ✓
m)	mobylettes		X ✓		X ✓
n)	claviers	X ✓			X ✓
o)	clôtures		X ✓		X ✓

Excet f)

Les adjectifs

1. Ajoute l'adjectif qui convient pour te décrire.

Mes yeux sont _____bruns___ ✓ (bruns, bleus, verts, pers).

J'ai les cheveux _____courts_✓ (courts, longs) et ✓ _raides_ (bouclés, raides).

Ils sont _____noirs___ ✓ (bruns, blonds, roux, noirs).

Je suis _____grand___ ✓ (grand(e), petit(e)).

Je suis très _____intelligent___✓. (Choisis une qualité qui te représente bien.)

2. Certains adjectifs qualificatifs décrivent positivement une personne ou une chose. D'autres les décrivent de façon négative. Mets un + à côté de l'adjectif s'il est positif ou un – s'il est négatif.

a) brave __+_ ✓   b) cruelle __–_ ✓   c) méchant __–_ ✓

d) gentille __+_ ✓   e) gourmande __–_ ✓   f) peureuse __–_ ✓

g) généreux __+_ ✓   h) affectueux __+_ ✓   i) jaloux __+–__ ✗

j) merveilleuse __+_ ✓   k) respectueux __+_ ✓   l) impolie __–_ ✓

3. Encercle les adjectifs parmi les mots suivants.

(bleu)   (laid)   ami   (mauvais)   (jolie)

cahier   manteau   (long)   (gros)   (grand)

(blanc)   ordinateur   (noir)   (bon)   écran

Les adjectifs

(A)

4. Classe les mots soulignés dans la bonne colonne.

Ma meilleure <u>amie</u> a les <u>cheveux</u> <u>blonds</u> et les <u>yeux</u> <u>bleus</u>. Elle est très <u>gentille</u>. Aujourd'hui, elle porte une <u>belle</u> <u>robe</u> <u>rouge</u> et <u>bleue</u>. Elle a aussi mis son <u>chapeau</u> et son <u>imperméable</u>.

Adjectifs	Noms
blonds ✓	amie ✓
bleus ✗	cheveux ✓
gentille ✓	yeux ✓
belle ✓	robe
rouge ✓	chapeau ✓
blene ✓	imperméable ✓

5. Encercle les adjectifs et trace une flèche vers le mot qu'ils qualifient.

Voici un exemple : J'ai de grands yeux. ✓

a) J'ai mangé une délicieuse glace à la vanille.

b) J'ai mis mon manteau bleu. ✓

c) J'ai vu un bon documentaire sur les chimpanzés.

d) J'ai vu une grande girafe au zoo.

e) J'ai peur des grosses araignées. ✓

f) Mon ami est grand. ✓

Le verbe

1. Encercle les verbes dans les phrases suivantes.

a) Je (mange) une collation bonne pour la santé.

b) Le singe (grimpe) aux arbres.

c) Mon amie Martine (est allée) au Costa Rica.

d) Pietro et Maria (viennent) d'Italie.

> Pour savoir si c'est un verbe, demande-toi s'il s'agit d'une action.

2. Comment fais-tu pour savoir si un mot est un verbe ?

a) J'ajoute un déterminant comme *le* ou *la* devant le mot.

b) Je me demande si c'est une action.

c) C'est un verbe si le mot décrit quelqu'un ou une situation.

Réponse : ___b___

3. Trouve et souligne les huit verbes dans le texte suivant.

La fermière (se lève) très tôt. Elle (ramasse) les œufs que les poules (ont pondus.) Ensuite, elle (trait) les vaches. Elles (donnent) du bon lait. Quand la fermière (a faim,) elle (mange) un morceau, puis elle (continue) ses tâches.

4. Écris trois verbes différents.

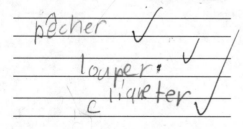

pêcher

louper

cliqueter

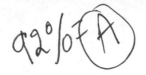

Le verbe

5. Indique si les événements suivants surviennent dans le passé, le présent ou le futur.

		Passé	Présent	Futur
1)	Mathieu clavarde avec ses amis.		✓	
2)	J'attends l'autobus.			✗
3)	Ma mère me donnera un cadeau pour mon anniversaire.			✓
4)	Je regarde la télévision.		✓	
5)	Ce soir, je lirai un livre.			✓
6)	Je n'ai pas aimé l'émission de télé d'hier soir.	✓		
7)	J'aurai une nouvelle paire de patins.			✓
8)	Je suis malade aujourd'hui.		✓	
9)	Elles font partie de la troupe de théâtre.	✗		
10)	Maude travaillera à la pharmacie cet été.			✓
11)	Je tape un texte à l'ordinateur.		✓	
12)	L'hiver dernier, je suis allée à Cuba.		✓	
13)	La directrice sonne la cloche pour la récréation.		✓	
14)	Quand je serai grand, je serai pompier.			✓
15)	Thomas et Félix ont lu un livre sur l'Australie.	✓		
16)	Ma mère achète des chaussettes de laine à mes frères.		✓	
17)	Mon père et moi avons marché dans la forêt.		✓	
18)	Je ne veux pas aller jouer chez mon ami. *vouloir*			✗ ✓
19)	Nous regarderons les étoiles ce soir.			✓
20)	Pour mes dix ans, j'aurai une nouvelle bicyclette.			✓
21)	J'ai fondu en larmes en écoutant cette chanson.		✓	
22)	Mon cheval était très gentil.		✓	
23)	Tu seras en troisième année l'an prochain.			✓
24)	Maintenant, je range mon vélo dans le garage.		✓	
25)	Mes amis m'ont donné des billes.		✓	

Le verbe

6. Remplace le verbe au pluriel par le verbe au singulier.

a) Les acrobates sont très agiles.

L'acrobate _____est_____ très agile. ✓

b) Les clowns font rire la foule.

Le clown _____X_____ rire la foule.

fait _page 29_
Dic

c) Les dompteurs de tigres sont très courageux.

Le dompteur de tigres _____est_____ très courageux. ✓

d) Les fildeféristes exécutent des sauts périlleux sur un fil de fer.
   er

Le fildeflériste _____X_____ un saut périlleux sur un fil de fer.

exécute

7. Colorie en bleu le verbe qui complète le mieux la phrase.

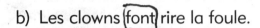

a) Pamela mange du brocoli cuit à la vapeur. ✓

dort → dormir

b) Xavier des papillons de tous les pays.

joue → jouer

collectionne → collectionner

attacher

attacher

c) Claire beaucoup son chat Merlin.

aime

aimer

Le verbe

8. Encercle les verbes pour réussir chaque jeu de tic-tac-toe.

a)

dormir	livre	réponse
lire	délicat	cahier
respirer	étagère	février

b)

élever	savon	sapin
aucun	descendre	cahier
mirage	régal	admirer

c)

magie	manger	cerisier
sale	rêver	oncle
merise	monter	douzaine

d)

quel	encore	quitter
zéro	faux	présenter
long	infinité	savoir

e)

stylo	danser	crayon
assiette	agacer	dentiste
ballon	voir	soleil

f)

lisent	enfant	vélo
respirent	chaise	tondeuse
dorment	brin	pot

g)

filet	portons	chèque
toile	changeons	bourgeon
midi	bougeons	fleur

h)

avez	mur	bain
dalle	finissez	fontaine
fente	corde	poussez

Français 99

Le verbe

9. Complète les phrases suivantes avec le verbe *manger* au présent.

> (je) mange, (tu) manges, (il ou elle) mange, (nous) mangeons

a) Victoria ___Mange___ ✓ du gâteau.

b) Nous ___mangeons___ ✓ des fruits.

c) Je ___mange___ ✓ des muffins.

d) Tu ___manges___ ✓ de la confiture.

10. Complète les phrases suivantes avec le verbe *manger* au passé composé.

> (j') ai mangé, (tu) as mangé, (il ou elle) a mangé, (nous) avons mangé

a) Victoria ___a mangé___ ✓ du gâteau.

b) Nous ___avons mangé___ ✓ des fruits.

c) J' ___ai mangé___ ✓ des muffins.

d) Tu ___as mangé___ ✓ de la confiture.

11. Complète les phrases suivantes avec le verbe *manger* au futur.

> (je) mangerai, (tu) mangeras, (il ou elle) mangera, (nous) mangerons

a) Victoria ___mangera___ ✓ du gâteau.

b) Nous ___mangerons___ ✓ des fruits.

c) Je ___mangerai___ ✓ des muffins.

d) Tu ___mangeras___ ✓ de la confiture.

Le verbe

12. Colorie en bleu les glands ramassés par l'écureuil. Il n'a ramassé que ceux sur lesquels sont écrits des verbes à l'infinitif.

écrire ✓

cuire ✓

prêter

jus

table

billet

nager ✓

biscuit

café

divan

skier ✓

étudier ✓

éclair

patiner ✓

voler ✓

donner ✓

admirer ✓

regarder ✓

verre

armoire

lutter ✓

bouteille

photo

porte

Le verbe

13. Souligne le verbe. Ensuite, trace une flèche pour relier le verbe à celui ou celle qui fait l'action.

Voici un exemple : Le chien <u>est</u> le meilleur ami de l'homme.

a) Marika <u>dessine</u> un beau paysage d'été.

b) Les bernaches <u>sont arrivées</u> aujourd'hui. *arriver = passé composé*

c) Le concierge <u>fait</u> le ménage à l'école. ✓

d) Sébastien <u>joue</u> du saxophone. ✓

e) Jade ne veut pas aller <u>vis</u>iter le musée. ✓

f) Yannick <u>ira</u> à La Ronde avec son ami. ✓

g) Eva <u>fait</u> ses devoirs avec son amie Tatiana. ✓

h) Émile et moi <u>voulons</u> aller voir un film. ✓ *Nous*

14. Décris un événement qui aura lieu dans le futur.

Yannick ira à La Rond avec son ami ✓

15. Décris un événement qui a eu lieu dans le passé.

Les bernachos sont arrivées aujord'hui ✓

-ER _IR _RE _OIR

Le verbe

A+

16. Encercle les verbes à l'infinitif parmi les mots suivants.

lire	regarder	disque	pousser
filmer	souris	photographier	tasse
conduire	chaussette	donner	mensonge
feuille	courir	mentir	manger
téléphoner	dormir	radio	hôpital

17. Complète les phrases suivantes avec le verbe approprié de la banque.

sourit   lance   décorent   lisent   sommes   es   dansez   vais   finis

a) Je ___vais___ au zoo avec toute ma famille.

b) Ma sœur ___lance___ une balle de neige.

c) Elle ___sourit___ de toutes ses dents.

d) Tu ___es___ en première position.

e) Nous ___sommes___ partis en dernière position.

f) Vous ___dansez___ la valse.

g) Elles ___décorent___ la maison pour l'Halloween.

h) Je ___finis___ mes devoirs avant d'aller jouer dehors.

i) Ils ___lisent___ des romans d'aventures.

Le verbe

18. Relie le verbe à l'illustration qui lui correspond.

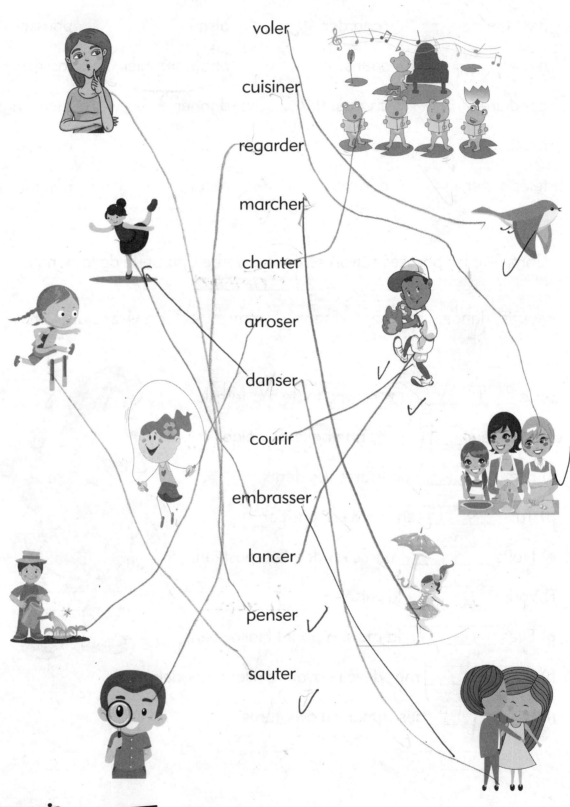

voler

cuisiner

regarder

marcher

chanter

arroser

danser

courir

embrasser

lancer

penser

sauter

Le verbe

19. Écris le bon verbe sous chaque illustration. Utilise la banque de mots pour t'aider.

boire	dormir	étudier	glisser
laver	lire	manger	nager	parler
pêcher	pédaler	peindre	

a) _boire_ ✓

b) _dormir_ ✓

c) _peindre_ ✓

d) _parler_ ✓

e) _lire_ ✓

f) _étudier_ ✓

g) _manger_ ✓

h) _laver_ ✓

i) _pêcher_ ✓

j) _glisser_ ✓

k) _pédaler_ ✓

l) _nager_ ✓

Les antonymes / Contraires

1. Trouve le contraire des mots suivants.

Ethan you should check your answer in the dictionnary! we will have a test next week !

a) léger — lourd ✓ b) sale — propre ✓

c) travaillant — paresseux ✓ d) désagréable — agréable ✗

e) dernier — premier ✓ f) triste — content ✓

g) blanc — noir ✓ h) homme — femme ✓

i) facile — difficile ✓ j) déçu — content ✓

k) heureux — triste ✓ l) grand — petit ✓

m) bon — mauvais / mal ✗ *(mal)* n) comique — sérieux ✗

o) jour — nuit ✓ p) différent — même / semblab ✗

q) guerre — paix ✓ r) fille — garçon ✓

s) faible — fort ✓ t) chaud — froid ✓

u) fermé — ouvert / ouvre ✗ v) dehors — intérieur ✓

w) avec — sans ✓ x) beau — laid ✓

y) masculin — féminin ✗ z) mou — dur ✓

Les antonymes

2. Remplace le mot souligné par son antonyme.

a) Stéphanie <u>aime</u> aller au zoo.

Stéphanie ~~déteste~~ aller au zoo.   *"détester"*

b) Le cheval de mon ami est très <u>grand</u>.

Le cheval de mon ami est très _petit_ . ✓

c) Mon ballon est <u>mou</u>.

Mon ballon est _dure_ .

d) La montgolfière descend.

Elle
La montgolfière _monter_ ✗ . ✓

e) Le pot de biscuits est <u>plein</u>.

Le pot de biscuits est _vide_ ✗ . adjectif

f) Le film que j'ai vu hier était très <u>drôle</u>.

Le film que j'ai vu hier était très ~~ennuyeux~~   ennuyeux ou triste

g) J'ai mis mon manteau <u>blanc</u>.

J'ai mis mon manteau _noir_ . ✓

h) J'ai lu un livre vraiment <u>intéressant</u>.

J'ai lu un livre vraiment ~~inintéressant~~   ennuyant

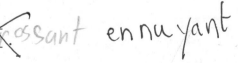

Les synonymes

1. Dans chaque bouquet de ballons, souligne les mots qui veulent dire la même chose.

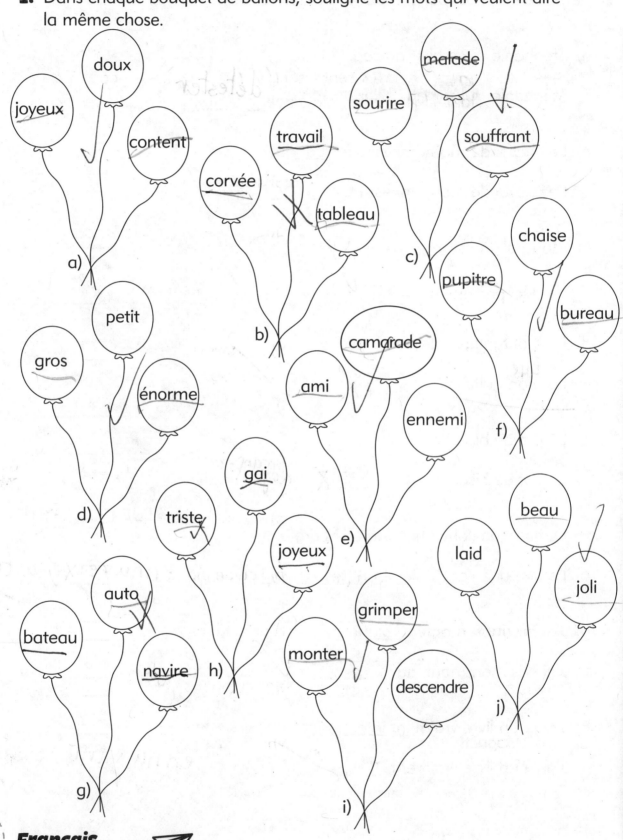

a) joyeux — doux — content

b) travail — corvée — tableau

c) sourire — malade — souffrant

d) gros — petit — énorme

e) gai — triste — joyeux

f) camarade — ami — ennemi — chaise — pupitre — bureau

g) bateau — auto — navire

h) triste — gai — joyeux

i) monter — grimper — descendre

j) beau — laid — joli

Les homophones

1. Lis la définition et écris le bon mot. Sers-toi de la banque de mots pour t'aider.

ailes	elle	ancre	encre	cent	sang	chaîne	chêne	cou	coup
eau	haut	laid	lait	pain	pin	poing	point	scie	si	ver	vert

a) arbre : _chêne_

b) suite d'anneaux : _chaîne_

c) partie du corps : _cou_

d) synonyme de *claque* : _coup_

e) pronom personnel : _Elle_

f) servent à voler : _ailes_

g) liquide incolore : _eau_

h) synonyme de *grand* : _haut_

i) outil : _scie_

j) condition : _si_

k) aliment : _pain_

l) conifère : _pin_

m) chiffre : _cent_

n) liquide rouge : _sang_

o) pas beau : _laid_

p) liquide blanc : _lait_

q) pour écrire : _encre_

r) partie d'un bateau : _ancre_

s) couleur : _vert_

t) petit animal : _ver_

u) signe de ponctuation : _point_

v) main fermée : _poing_

Les homophones

2. Choisis le bon homophone (mot qui se prononce de la même manière qu'un autre, mais qui s'écrit différemment).

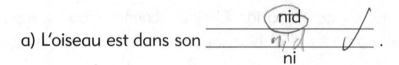

a) L'oiseau est dans son _____ nid / ni _____ .

b) Mes camarades _____ son / sont _____ dans la cour de l'école.

c) J'ai rempli un _____ seau / sot _____ d'eau.

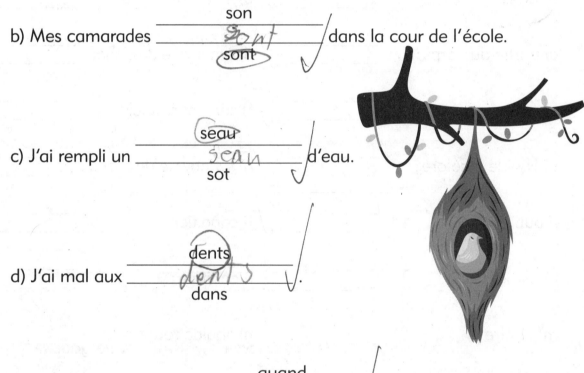

d) J'ai mal aux _____ dents / dans _____ .

e) Cet été, j'irai dans un _____ quand / camp _____ de vacances.

f) La veille du jour de l'_____ An / en _____ , mes parents reçoivent leurs amis.

Les mots de même famille

Les mots de même famille sont des mots qui sont formés à partir d'un mot simple. Par exemple, à partir du mot *fleur,* on peut former des mots comme *fleuriste, fleurir, fleurette,* etc.

1. Raye le mot qui ne fait pas partie de la même famille.

a) discussion   discuter   discutable   disgracieux

b) sale   propre   propreté   impropre

c) poésie   roman   poème   poétique

d) raison   raisonnable   raté   raisonner

2. Cherche dans ton dictionnaire le mot **égal** et écris le plus de mots de la même famille.

également ✓   égaler ✓   égalisation ✓

égaliser ✓   égalité ✓

3. Relie les mots de même famille des colonnes de droite et de gauche à la colonne du centre.

jambière	lingerie	équilibré
chanceux	prison	linge
nageur	jambette	malchance
lingette	équilibre	jambe
hiverner	hiver	hivernal
équilibrage	chance	prisonnier
emprisonner	natation	nage

Les mots de même famille

4. Encercle le mot qui n'est pas de la même famille.

a) corde, cordelette, cordage, corder, (cornage) ✓

b) diviser, (divinité,) diviseur, division, divisible ✓

c) éléphant, éléphanteau, (olifant,) éléphantesque ✓

d) (roncier,) rond, rondelle, rondelette, rond-point

e) avion, aviateur, aviaire, (hydravion,) porte-avions ✓

f) francophone, français, (franche,) franco-manitobain ✓

g) école, scolaire, écolier, scolarisation, (éclore) ✓

5. Trouve des mots de la même famille.

a) poisson : *poissonnerie* ✓

b) arbre : *arbuste* ✓

c) sorcier : *sortilège* ✓

d) lune : *lunette* ✓

e) peur : *peureux* ✓

Les mots de même famille

6. Souligne le petit mot dans le grand mot. Écris-le ensuite.
Voici un exemple : dans **imprudent**, il y a le mot **prudent**.

a) champêtre : _champ_ ✓

b) rebondir : _bondir_ ✓

c) ouverture : _ouvert_ ✓

d) nouveauté : _nouveau_ ✓

e) impur : _pur_ ✓

f) poudrerie : _poudre_ ✓

g) impressionner : _impressionner_

h) jeunesse : _jeune_

i) richesse : _riche_

j) romancier : _roman_ ✓

k) rosette : _rose_ ✓

l) livret : _livre_ ✓

m) platement : _plate_ ✓

n) lionceau : _lion_ ✓

o) tresser : _tresse_ ✓

p) louveteau : _loup_ ✓

q) humainement : _humain_ ✓

r) grisaille : _gris_ ✓

s) forgeron : _forge_ ✓

t) époumoner : _époumon_

u) orangeraie : _orange_ ✓

v) pommette : _pomme_ ✓

w) inexact : _exact_ ✓

x) artisanat : _art_ ✓

y) diablerie : _diable_ ✓

z) oliveraie : _olive_ ✓

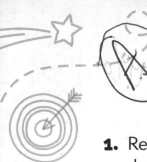

Les jours de la semaine

1. Recopie les jours de la semaine en lettres cursives. Ensuite, exerce-toi dans le reste de la page.

lundi   lundi   lundi   lundi

mardi   mardi   mardi   mardi

mercredi   mercredi   mercredi

jeudi   jeudi   jeudi   jeudi   jeudi

vendredi   vendredi   vendredi

samedi   samedi   samedi   samedi

dimanche   dimanche   dimanche

lundi,   mardi   mercredi,   jeudi

vendredi,   samedi,   dimanche

Les jours de la semaine

2. Place les jours de la semaine en ordre en commençant par lundi.

mardi   samedi   vendredi   mercredi   jeudi   lundi   dimanche

lundi   mardi   mercredi   jeudi   vendredi   samedi, dimanche.

3. Regarde l'horaire de Kim et réponds aux questions.

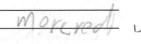

	Lundi	Mardi	Mercredi	Jeudi	Vendredi	Samedi	Dimanche
Avant-midi	Présentation orale					Cours de natation	
Après-midi		Examen de math		Rendez-vous chez le médecin			Match de hockey
Souper					Souper avec grand-papa		
Soir			Cours de peinture	Travail d'équipe chez Joey		Soirée cinéma avec mes amies	

a) Quel jour Kim a-t-elle une soirée cinéma avec ses amies? *Le samedi*

b) Quel soir a-t-elle son cours de peinture? *mercredi*

c) À ton avis, quel soir Kim étudiera-t-elle pour son examen de math? *mardi*

d) Combien de cours Kim suit-elle? *deux*

e) Quels jours ont lieu ses cours? *samedi mercredi*

f) Quand a-t-elle rendez-vous chez le médecin? *jeudi*

g) Avec qui va-t-elle souper vendredi soir? *grand-papa*

Les mois de l'année

1. Réponds aux questions.

a) Quel mois vient entre février et avril ? _mars_

b) Quel mois vient immédiatement après octobre ? _novembre_

c) Quel mois vient immédiatement avant mai ? _avril_

Quel mois vient entre juin et août ? _juillet_

2. Écris les mois de l'année dans l'ordre à partir de janvier.

_Janvier, février, mars, avril, mai, juin,
juillet, août, septembre, octobre, novembre,
décembre_

3. Combien de mois y a-t-il dans une année ? _12 mois_

4. De quel mois à quel mois vas-tu à l'école ? _septembre à juin_

5. Demande à tes ami(e)s ou à ta famille quel mois ils (elles) sont né(e)s.
Écris les réponses dans le tableau.

Nom	Mois
grand-mère	1 décembre
papa	4 novembre
maman	14 juin
frère	28 février
grand-père	17 septembre

Les mois de l'année

6. Recopie les mois de l'année en lettres cursives.

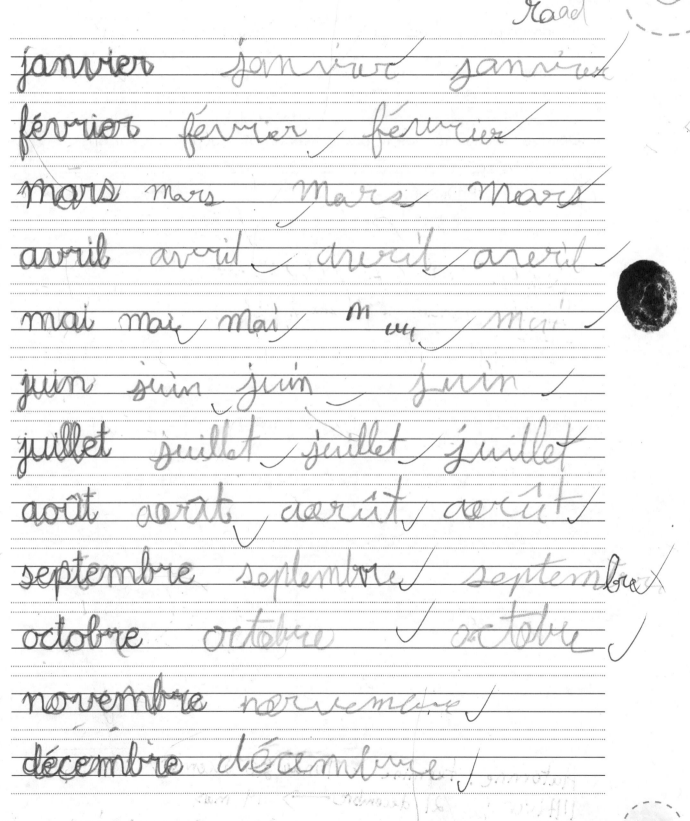

janvier   janvier   janvier

février   février   février

mars   mars   mars   mars

avril   avril   avril   avril

mai   mai   mai   mai   mai

juin   juin   juin   juin

juillet   juillet   juillet   juillet

août   août   août   août

septembre   septembre   septembre

octobre   octobre   octobre

novembre   novembre

décembre   décembre

Les saisons

1. Écris quel mois commencent les saisons.

a) printemps ___2___ ✓   b) été ___1___ ✓

c) automne ___3___ ✓   d) hiver ___4___ ✓

2. Dessine une activité que tu pratiques durant chacune des saisons.

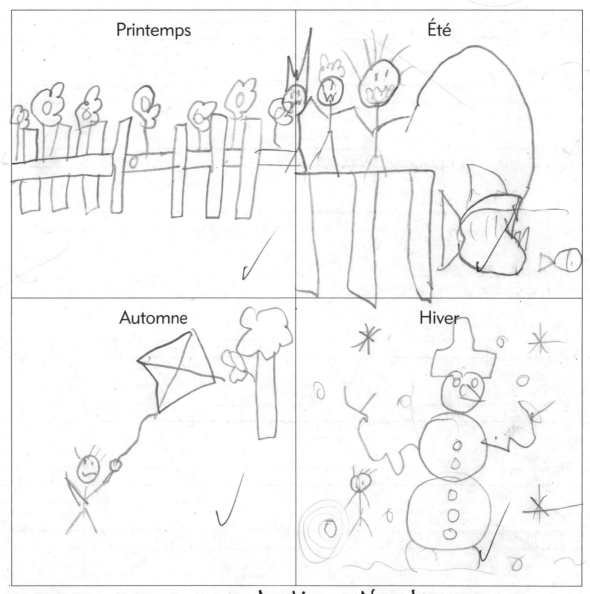

Printemps

Été

Automne

Hiver

Automne : termine le lundi 20 décembre
l'Hiver : 21 décembre ⟶ 19 mars
Printemps ⟶ 20 mars ⟶ 20 juin
L'été ⟶ 21 juins ⟶ 22 septembre

Les saisons

99%

3. Écris de quelle saison il s'agit.

		printemps	été	automne	hiver
a)	Les feuilles tombent.			✓	
b)	Les enfants font un bonhomme de neige.				✓
c)	Les tulipes sortent de terre.	✓			
d)	Les bourgeons apparaissent dans les arbres.	✓			
e)	Les oiseaux s'en vont pour l'hiver.			✓	
f)	Les enfants se baignent dans le lac.		✓		
g)	Pendant le mois d'août, il y a beaucoup d'étoiles filantes.		✓		
h)	L'école est fermée parce qu'il fait tempête.				✓
i)	La journée de la fête nationale du Québec	✓			
j)	Halloween			✓	
k)	Noël				✓
l)	Pâques	✓			
m)	Saint-Valentin				✓
n)	La semaine de relâche	✗	✓		
o)	Les mois où il n'y a pas d'école		✓		
p)	La saison où les cultivateurs sèment des graines	✓			
q)	Les oiseaux font leur nid.	✓			
r)	La saison de la récolte des citrouilles			✓	
s)	Le temps des sucres			✓	
t)	Les jours sont longs.		✓		
u)	Les jours sont courts.				✓

Les rimes

1. Relie les mots qui riment.

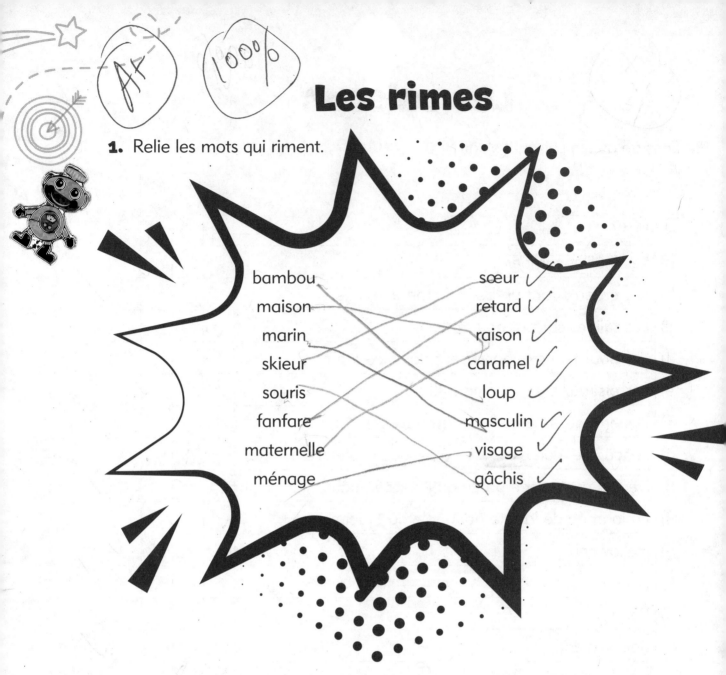

bambou   sœur

maison   retard

marin   raison

skieur   caramel

souris   loup

fanfare   masculin

maternelle   visage

ménage   gâchis

2. Encercle le mot qui rime sur chaque ligne.

a)	*Cahier* rime avec...	mercredi	marché
b)	*Usine* rime avec...	fouine	style
c)	*Tapis* rime avec...	tomate	taudis
d)	*Vapeur* rime avec...	rougeur	joyeux
e)	*Abeille* rime avec...	oreille	quille
f)	*Lapin* rime avec...	matin	maison
g)	*Koala* rime avec...	lait	avocat

Les rimes

3. Trouve des mots qui riment avec les mots suivants.

a) nuage _visage_ b) peau _veau_

c) ourson _menton_ d) koala _la_

e) partout _tout_ f) raisin _bien_

4. Trouve le plus de mots possible qui riment avec les mots suivants.

a) joujou _bisou_

b) leçon _____

c) bateau _____

d) pélican _____

e) tapis _____

5. Relie les mots qui riment ensemble.

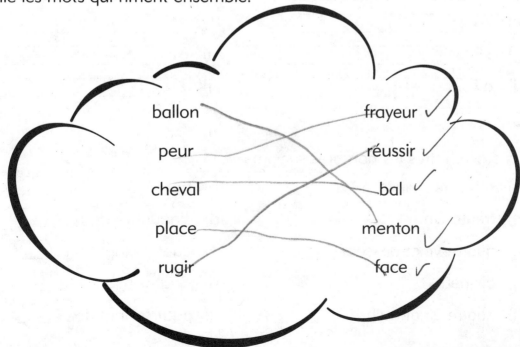

ballon   frayeur ✓

peur   réussir ✓

cheval   bal ✓

place   menton ✓

rugir   face ✓

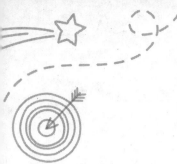

L'écriture des nombres en lettres

1. Relie les nombres écrits en lettres à ceux écrits en chiffres.

vingt-deux	2
onze	53
deux	22
quinze	14
trois	11
trente-quatre	21
cinquante-trois	34
quatorze	90
vingt et un	15
quatre-vingt-dix	3

2. Écris en lettres les nombres suivants.

a) 33 _____   b) 74 _____

c) 57 _____   d) 18 _____

e) 78 _____   f) 46 _____

g) 99 _____   h) 82 _____

i) 69 _____   j) 21 _____

3. Écris en chiffres les nombres suivants.

a) soixante-quinze _____   b) trente _____

c) trente-cinq _____   d) cinquante-deux _____

e) quatre-vingt-dix-sept _____   f) quatre-vingt-huit _____

g) dix-neuf _____   h) vingt-sept _____

i) quatre-vingt-quinze _____   j) quatre-vingt-dix _____

L'écriture des nombres en lettres

4. Écris les nombres en lettres.

0 _____

1 _____

2 _____

3 _____

4 _____

5 _____

6 _____

7 _____

8 _____

9 _____

10 _____

11 _____

12 _____

13 _____

14 _____

15 _____

16 _____

17 _____

18 _____

19 _____

20 _____

30 _____

40 _____

50 _____

60 _____

70 _____

Vocabulaire : les animaux

1. Lis le nom des animaux suivants. Trouve le nom de la femelle et du petit de chacun des animaux.

a) Mâle :   lion

Femelle : _____

Petit : _____

b) Mâle :   chien

Femelle : _____

Petit : _____

c) Mâle :   chat

Femelle : _____

Petit : _____

d) Mâle :   taureau

Femelle : _____

Petit : _____

e) Mâle :   porc

Femelle : _____

Petit : _____

f) Mâle :   coq

Femelle : _____

Petit : _____

g) Mâle :   éléphant

Femelle : _____

Petit : _____

h) Mâle :   cerf

Femelle : _____

Petit : _____

i) Mâle :   lapin

Femelle : _____

Petit : _____

j) Mâle :   mouton

Femelle : _____

Petit : _____

k) Mâle :   loup

Femelle : _____

Petit : _____

l) Mâle :   ours

Femelle : _____

Petit : _____

Vocabulaire : les fruits et les légumes

1. Écris le nom des fruits et des légumes sous chaque illustration. Si tu as besoin d'aide, tu peux regarder la liste suivante :

ananas, aubergine, avocat, banane, brocoli, céleri, chou-fleur, citrouille, courgette, kiwi, melon, oignon, orange, poivron, pomme, pomme de terre, radis, raisins, tomate

a)  _____

b)  _____

c)  _____

d) 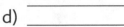 _____

e)  _____

f)  _____

g)  _____

h)  _____

i)  _____

j)  _____

k)  _____

l)  _____

m)  _____

n)  _____

o)  _____

p)  _____

Vocabulaire :
les instruments de musique

1. Relie le nom à l'instrument correspondant.

a)

b)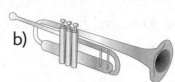

c)

d)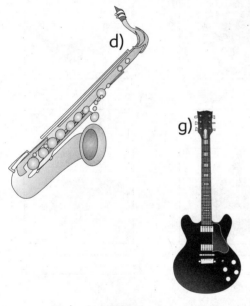

g)

banjo

guitare électrique

guitare acoustique

batterie

bongo

maracas

xylophone

saxophone

sitar

trompette

violon

piano

f)

e)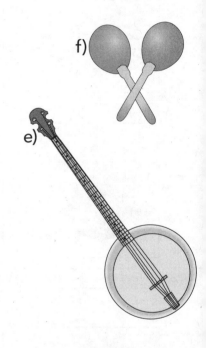

h)

i)

j)

k)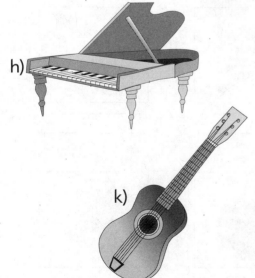

l)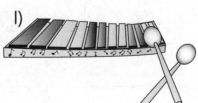

Vocabulaire : les insectes

1. Encercle l'intrus parmi les insectes suivants.

araignée

coccinelle

guêpe

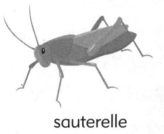

sauterelle

scarabée

mille-pattes

fourmi

papillon

moustique

libellule

Vocabulaire : les sports

1. Écris sous chaque objet à quel sport il te fait penser.

a) _____

b) _____

c) _____

d) _____

e) _____

f) _____

g) _____

h) _____

i) _____

j) _____

k) _____

l) _____

Vocabulaire : les métiers

1. Écris sous chaque personne le métier qu'elle pratique.

a) _____

b) _____

c) _____

d) _____

e) _____

f) _____

g) _____

h) _____

i) _____

Vocabulaire : les aliments

1. Écris le nom des aliments représentés dans la colonne correspondante.

Produits laitiers	Viandes	Fruits et légumes	Produits céréaliers

Vocabulaire : le guide alimentaire

1. Découpe des images d'aliments et colle-les dans les bonnes parties du cercle.

produits céréaliers
à grains entiers

légumes et fruits

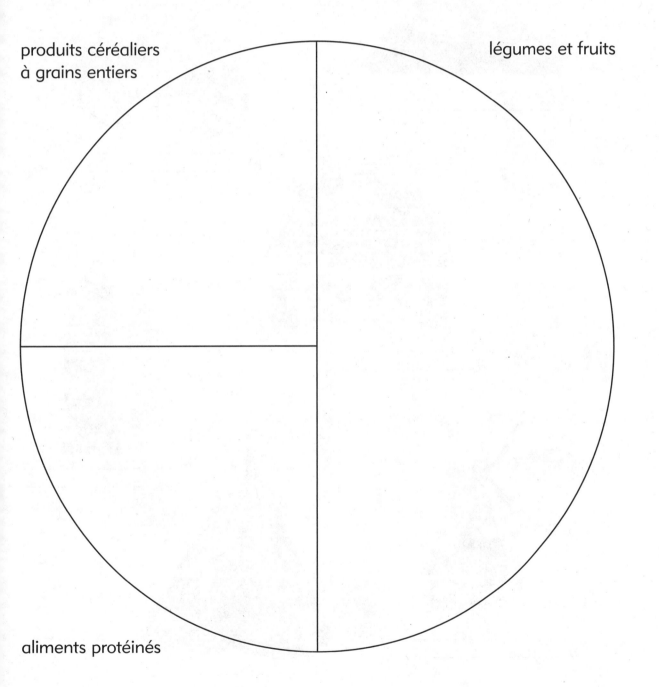

aliments protéinés

Vocabulaire : les habitations

1. Écris le nom de chacune des habitations.

a) _____

b) _____

c) _____

d) _____

e) _____

f) _____

Vocabulaire : l'école

1. Écris le nom de ces objets que l'on peut trouver à l'école.

a) _____

b) _____

c) _____

d) _____

e) _____

f) _____

g) _____

h) _____

i) _____

j) _____

k) _____

l) _____

m) _____

n) _____

o) _____

p) _____

Vocabulaire :
les membres de ta famille

1. Réponds aux questions suivantes. Sers-toi de la banque de mots pour t'aider.

frères et sœurs	mère	oncle	grands-parents
cousins et cousines	neveu ou nièce	tante	père

a) Les enfants de ton oncle et de ta tante sont tes _____ et _____.

b) La sœur de ta mère ou de ton père est ta _____.

c) Le père et la mère de ton père sont tes _____.

d) Le frère de ton père ou de ta mère est ton _____.

e) Le fils de tes grands-parents est ton _____.

f) Les enfants de ton père et de ta mère sont tes _____ et

_____.

g) Pour ton oncle et ta tante, tu es leur _____ ou leur _____.

h) La fille de tes grands-parents est ta _____.

2. Crée ton arbre généalogique en remplissant les cases ci-dessous.

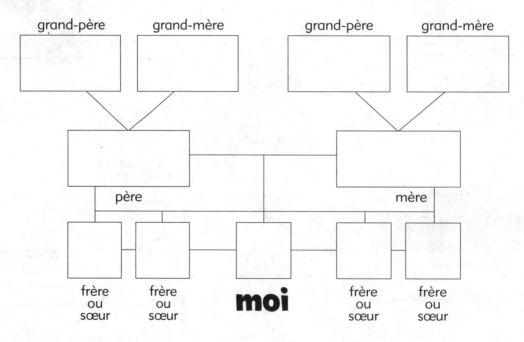

Vocabulaire : les moyens de transport

1. Écris le nom de ces moyens de transport.

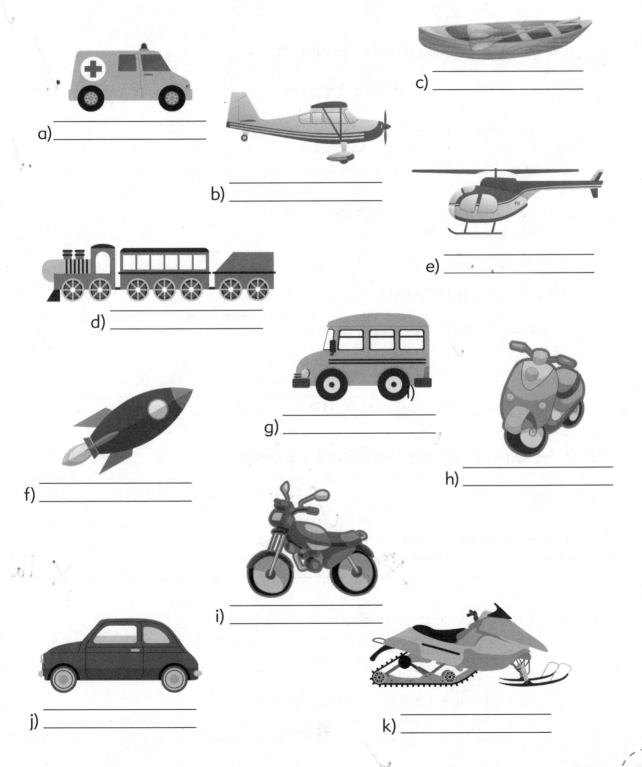

a) _____

b) _____

c) _____

d) _____

e) _____

f) _____

g) _____

h) _____

i) _____

j) _____

k) _____

La phrase

1. Replace les mots dans le bon ordre pour former des phrases qui ont du sens.

a) joue Félix amis au avec hockey ses.

Félix joue au hockey avec ses amis.

b) une mange vanille glace à Marthe la.

Marthe mange une la glace à vanille.

c) amies Sabrina avec clavarde ses.

Sabrina clavarde avec ses amies.

d) rouge Pierre-Paul un a acheté scooter.

Pierre-Paul a acheté un scooter rouge.

e) fait parents Aurélie avec camping du ses.

Aurélie fait du camping ava ses parents.

f) bronze a gagné la Olivier médaille de.

Olivier a gagné la médaille de bronze.

g) des Georges a fruits mangé et légumes des.

Georges a mangé des fruits et des légumes.

h) vaisselle parents faire la mes à J'ai aidé.

J'ai aidé mes parents à faire la vaisselle.

i) soccer regarde la match Victor un de à télé.

Victor regarde un match de soccer à la télé.

j) cherche site autos Internet un sur Mathieu les.

Mathieu cherche un site Internet sur les autos.

La phrase

2. Lis le texte suivant.

La fourmi et le cygne
D'après Ésope

Une fourmi s'est rendue au bord d'une rivière pour étancher sa soif. Elle a été emportée par le courant et était sur le point de se noyer. Un cygne, perché sur un arbre surplombant la rivière, a cueilli une feuille et l'a laissée tomber dans l'eau près de la fourmi. La fourmi est montée sur la feuille et a flotté saine et sauve jusqu'au bord. Peu après, un chasseur d'oiseaux est venu s'installer sous l'arbre où le cygne était perché. Il a placé un piège pour le cygne. La fourmi a compris ce que le chasseur allait faire et l'a piqué au pied. Le chasseur d'oiseaux a hurlé de douleur et a échappé son piège. Le bruit a fait s'envoler le cygne et il a été sauvé.

Combien y a-t-il de phrases dans le texte? _____

3. Compose six phrases en te servant des mots suivants.

Fabien	lit	un gâteau.
Hélène	fabrique	tous les jours.
Simon	regarde	la radio.
Évelyne	écoute	un bonhomme de neige.
Nadine	court	un livre.
Philippe	mange	la télévision.

_____

_____

_____

_____

_____

_____

_____

La phrase

4. Transforme les phrases positives en phrases négatives.

Voici un exemple : J'aime la pluie. Je n'aime pas la pluie.

a) Marie-Chantal fabrique une marionnette.

_____

_____

b) Les ours dorment l'hiver.

_____

_____

c) Les feuilles poussent en été.

_____

_____

d) Ma famille vit à Matane.

_____

_____

e) Carla veut un chat.

_____

_____

f) Isabelle achète un ordinateur.

_____

_____

g) Audrey fait un exposé oral.

_____

_____

h) Ma grand-mère cultive des tomates.

_____

_____

i) Je veux un vélo pour mon anniversaire.

_____

_____

j) J'ai acheté un chapeau rose.

_____

_____

k) C'est une journée brumeuse.

_____

_____

La phrase

5. Transforme les phrases positives en phrases interrogatives.

Voici un exemple : Annie joue au ballon. Est-ce qu'Annie joue au ballon ?

a) Éric fait de la planche à roulettes.

_____

_____

b) Julien fait du plongeon.

_____

_____

c) Natacha fabrique un bonhomme de neige.

_____

_____

d) Le chien surveille les moutons.

_____

_____

e) Annie vit en Angleterre.

_____

_____

f) Un arc-en-ciel illumine le ciel gris.

_____

_____

g) Malika est vétérinaire.

_____

_____

h) Le chien s'appelle Rex.

_____

_____

i) Antoine joue au parc après l'école.

_____

_____

j) La baleine vit dans la mer.

_____

_____

k) Le singe mange une banane.

_____

_____

La phrase

6. Encercle les mots de négation.

a) Émilie n'aime pas le chocolat chaud.

b) N'entrez pas dans la classe avec vos bottes.

c) Tu n'auras pas ton bulletin aujourd'hui.

d) Florence ne fera pas partie de l'équipe de ringuette.

7. Reformule chaque question en une phrase positive et une phrase négative.

a) Est-ce que tu aimes te baigner ?

Phrase positive : _____

Phrase négative : _____

b) As-tu déjà voyagé en avion ?

Phrase positive : _____

Phrase négative : _____

c) Est-ce qu'il pleut aujourd'hui ?

Phrase positive : _____

Phrase négative : _____

d) Est-ce que Pablo a un cheval ?

Phrase positive : _____

Phrase négative : _____

La phrase

8. Fais un ✗ dans la bonne colonne pour indiquer si la phrase est positive, négative ou interrogative.

		Forme positive	Forme négative	Forme interrogative
a)	Est-ce que tu vas à Québec ?			
b)	J'ai reçu un appel de mon père.			
c)	Alex n'aime pas les jours de pluie.			
d)	Est-ce que tu as terminé tes devoirs ?			
e)	Mon oncle ne viendra pas à Noël.			
f)	Mon cousin veut être comédien.			
g)	Ne mange pas dans le salon.			
h)	Christina ne veut pas réciter son poème.			
i)	Es-tu allé cueillir des pommes ?			
j)	Où iras-tu en vacances cet été ?			
k)	Ne jetez pas d'ordures par terre.			
l)	Noémie est élue présidente de sa classe.			
m)	Je ne veux pas aller au magasin avec ma mère.			
n)	Zoé a perdu son livre de mathématique.			

Compréhension de lecture

1. Lis le texte suivant et réponds aux questions.

Jack et le haricot magique

Jack et sa mère vivaient pauvrement dans une ferme. Un jour, sa mère lui demanda d'aller au marché vendre la vieille vache qui ne donnait plus de lait. En chemin, Jack rencontra un drôle d'homme qui lui offrit d'échanger sa vache contre des graines de haricot. Jack accepta.

De retour à la maison, Jack raconta à sa mère ce qu'il avait fait. Furieuse, sa mère jeta les graines de haricot par la fenêtre. Tous deux allèrent se coucher le ventre vide ce soir-là.

Le lendemain matin, quelle ne fut pas leur surprise de voir un immense plant de haricots qui poussait dans le jardin et qui obstruait la fenêtre ! Il était si grand qu'on avait l'impression qu'il touchait le ciel.

Même si sa mère le lui avait interdit, Jack entreprit d'escalader le plant, histoire de voir ce qu'il y avait tout en haut. Il y découvrit un palais digne des plus grands rois du royaume. Un ogre et sa femme y vivaient. L'ogre raffolait de la chair des enfants et son odorat développé lui permettait de les sentir de loin.

Lorsque la femme de l'ogre aperçut Jack dans le palais, elle lui ordonna de s'enfuir le plus rapidement possible, sinon son mari n'en ferait qu'une bouchée. Trop tard, l'ogre arrivait ! Jack se cacha dans un placard. En entrant dans le palais, l'ogre s'écria : « Ça sent la chair de garçon ! » Sa femme lui répondit que ça devait être le vent qui transportait cette odeur. L'ogre, convaincu que sa femme disait vrai, s'attabla devant un véritable festin. Sitôt son repas terminé, il s'endormit.

Jack profita de ce moment pour se sauver. Il aperçut une harpe en or et décida de s'en emparer. Juste comme il allait franchir la porte, le vent fit vibrer les cordes de la harpe. L'ogre s'éveilla et, d'un geste vif, il saisit Jack. Il allait le porter à sa bouche lorsque Jack s'écria : « Attendez, attendez ! Avant de mourir, j'aimerais savoir si c'est vrai qu'un ogre peut prendre la forme qu'il désire. » Pour le lui prouver, l'ogre se transforma en un énorme lion. Ayant repris sa forme initiale, il s'apprêta à dévorer Jack. Celui-ci s'écria : « C'est facile de prendre l'apparence d'un lion, mais êtes-vous capable de vous changer en quelque chose d'aussi petit qu'une mouche ? Je parie que non. » L'ogre, piqué au vif, prit aussitôt l'apparence d'une mouche. Rapide comme l'éclair, Jack l'écrasa sous son talon.

Jack se dépêcha de prendre le plus d'objets précieux et de pièces d'or qu'il le pouvait. Il fit plusieurs allers et retours, les bras chargés de richesses.

Pour s'assurer que personne ne pourrait y descendre, Jack abattit le plant de haricots.

Jack et sa mère n'eurent plus jamais faim grâce au trésor de l'ogre.

a) Comment s'appelle le personnage principal de cette histoire ? Jack ✓

b) Que Jack a-t-il essayé de voler qui a réveillé l'ogre ? une harpe

c) Contre quoi Jack a-t-il échangé sa vache ? contre des graines de haricot des haricot

d) Qu'a fait la mère en voyant les graines de haricot ? Elle les a jetées la haricot.

e) Avec qui l'ogre vivait-il ? Avec sa femme

f) Qu'est-ce que l'ogre pouvait sentir de loin ? La chair des enfants.

g) Qu'a fait Jack pour s'assurer que personne ne pourrait descendre du plant de haricots ?

Il l'a coupé

h) Que fit l'ogre après avoir mangé ? abattit le plant. Il s'endormit.

Compréhension de lecture

2. Maya a demandé à son fils d'aller à l'épicerie pour acheter plusieurs choses. Lis la liste de Maya et encercle seulement ce qu'elle a demandé.

jambon, fromage, pain, lait, petits gâteaux, beurre d'arachide, poulet, papier hygiénique, poire, pomme de terre, poivron, kiwi, melon d'eau, cantaloup, carotte, céleri

Compréhension de lecture

3. Lis le texte suivant et réponds aux questions.

Quand Laurence sera grande, elle veut être vétérinaire pour soigner les animaux malades. Pas seulement les chiens et les chats. Elle aimerait aussi s'occuper des oiseaux.

Ludovic veut être magicien. Il s'exerce tous les jours. Il a appris des tas de nouveaux trucs. Parfois, il donne un spectacle pour sa famille et ses amis. Les spectateurs sont vraiment impressionnés par le talent de Ludovic.

Anaïs rêve de piloter un avion. Elle sait qu'elle devra étudier longtemps pour apprendre à faire voler un gros avion. Elle conduira des voyageurs partout dans le monde. En attendant, Anaïs lit plein de livres sur les avions.

Benjamin est décidé : quand il sera grand, il sera scientifique. Il fera des recherches pour trouver un remède contre le cancer. Il travaillera dans un grand laboratoire en compagnie d'autres chercheurs.

a) Qui veut devenir pilote d'avion ? _Anaïs veut devenir pilote d'avion._

b) Que fait Ludovic tous les jours ? _Ludovic s'exerce tout les jours_

c) Pourquoi Laurence veut-elle devenir vétérinaire ? _Elle aime soigner les animeaux malades_

d) Quel genre de recherches fera Benjamin ? _Benjamin fera des recherches pour trouver un remède conte le cancer_

e) Que fait Anaïs en attendant de devenir pilote d'avion ? _Elle lit des livres sur les avion_

f) Que veut faire Benjamin quand il sera grand ? _Benjamin veux être un scientifiqu_

g) Et toi, que veux-tu faire plus tard ? _Le même que Benjamin._

h) Que font tes parents dans la vie ? _Mon père travaille dans une banque. Ma mère travaille pas pour un an._

Compréhension de lecture

4. Lis le texte suivant et réponds aux questions.

Il était une fois un petit garçon qui vivait avec ses parents dans une forêt lointaine. Le père était parti au village voisin vendre la récolte de bleuets.

Alors que le petit garçon cueillait des champignons pour que sa mère puisse préparer une délicieuse omelette, il entendit un drôle de son qui provenait d'une grotte dissimulée par de hautes herbes.

N'écoutant que son courage, le garçon s'avança prudemment vers la grotte. Le son devenait de plus en plus fort. On aurait dit un chat qui miaulait et un chien qui jappait en même temps.

Le petit garçon risqua un œil dans la sombre caverne. Au début, il ne vit rien du tout. Peu à peu, ses yeux s'habituèrent à la pénombre. Alors, il vit deux boules rondes briller. Une odeur étrange flottait dans l'air. Il voulait savoir à tout prix quel était cet étrange animal. Il s'avança doucement vers l'animal tout en se faisant rassurant sur ses intentions.

Le garçon recula soudain d'un bond. Une pluie d'étincelles venait tout juste de lui lécher les jambes. Il décida de continuer à avancer malgré tout. Et tout au fond de la caverne, il découvrit un tout petit dragon âgé de quelques mois. Le dragon lui expliqua que ses parents étaient partis au loin pour trouver un remède à l'étrange mal qui le rongeait.

Le pauvre petit dragon n'arrivait pas à cracher un vrai jet de feu, mais seulement quelques étincelles. Un dragon digne de ce nom était en effet capable de pulvériser un arbre d'un seul jet de feu. Lui, il n'arrivait même pas à faire brûler un brin d'herbe.

Le jeune garçon venait tous les jours rendre visite à son nouvel ami. Il apprit ainsi que, contrairement à ce qu'on pense, les dragons ne sont pas du tout dangereux. Ils crachent du feu, mais comme ils n'en ont pas toujours le contrôle, il arrive des accidents malheureux.

Au bout de quelques semaines, le petit garçon alla comme d'habitude rendre visite à son ami. Les parents du dragon étaient de retour. Le petit garçon avait peur d'être brûlé accidentellement par les parents de son ami. Ceux-ci lui dirent qu'il n'avait rien à craindre, puisqu'ils contrôlaient maintenant leur feu.

Pendant leur voyage, ils avaient rencontré une gentille fée qui leur avait expliqué qu'il serait beaucoup plus simple s'ils apprenaient à se servir efficacement de leur feu et à l'utiliser pour aider les autres plutôt que de détruire tout ce qu'ils approchaient. Pendant plusieurs jours, ils se sont exercés. Lorsqu'ils ont été prêts à partir, la fée leur a expliqué comment guérir leur fils.

C'est ainsi que les trois dragons allèrent aider le forgeron du village. Celui-ci n'avait plus à entretenir le feu en permanence. Dès qu'il avait besoin de feu, les trois dragons crachaient en même temps sur l'objet que leur désignait le forgeron. Le soir, ils passaient de maison en maison pour allumer les feux nécessaires pour faire cuire le souper. Et ils vécurent ainsi pendant de nombreuses années.

Aujourd'hui, comme plus personne ne cuisine sur des feux, les descendants de ces dragons se cachent dans des forêts profondes à l'abri des regards. Si tu regardes attentivement, parfois, tu peux voir les reflets de leurs feux de joie qui luisent dans la nuit.

a) Qu'a trouvé le petit garçon dans la grotte ? _____

b) Où vivait le jeune garçon ? _____

c) De quoi souffrait le petit dragon ? _____

d) Quelle personne les parents dragons ont-ils rencontrée ? _____

e) Que faisaient les dragons le soir en rentrant chez eux ? _____

f) Pour qui les dragons sont-ils allés travailler ? _____

g) Aujourd'hui, où vivent les dragons ? _____

Compréhension de lecture

5. Dessine les éléments demandés.

a) Dessine une maison au centre du carré.

b) Dessine un soleil, deux oiseaux et trois nuages dans le ciel.

c) Dessine un arbre à gauche de la maison.

d) Dessine des fleurs devant la maison.

e) Dessine un chat à droite de la maison.

Communication orale

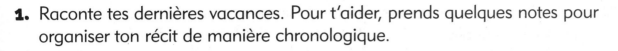

1. Raconte tes dernières vacances. Pour t'aider, prends quelques notes pour organiser ton récit de manière chronologique.

Le mois durant lequel tu as pris tes vacances : _____

Les personnes avec qui tu as pris tes vacances :

_____

_____

Destination : _____

Les endroits où vous dormiez (hôtel, camping, chalet, etc.) :

_____

_____

Les endroits intéressants que tu as visités :

_____

_____

Les activités intéressantes que tu as pratiquées :

_____

_____

Les personnes que tu as rencontrées :

_____

_____

Ce que tu as le plus aimé :

_____

_____

Ce que tu as le moins aimé :

_____

_____

Communication orale

2. Tu dois préparer un exposé oral de deux minutes sur l'animal de ton choix. Pour ne rien oublier, écris quelques mots qui t'aideront à te rappeler ce que tu dois dire.

Nom de l'animal : _____

Habitat : _____

Apparence physique (poids, longueur, hauteur et autres caractéristiques physiques importantes) :

_____

_____

_____

Nombre de petits que la femelle met au monde : _____

Ce qu'il mange :

_____

_____

Autres particularités :

_____

_____

_____

_____

Fais un dessin de cet animal.

Situation d'écriture

B5

1. Regarde les illustrations et compose un texte qui explique la situation.

Elle parle avec
moi cd avec le
Cellalaire, (comme
grammaire, vocabulaire)
grand-mère (dictionnaire)

Elle fait de
la pizza dans
la cuisine pour
la famille.
y

Il mety la
pizza dans
le four.
Il a mis la pizza
dans le four.

Il livre la pizza
à ma maison.

Situation d'écriture

2. Regarde les illustrations et compose un texte qui explique comment préparer des pâtes.

bouillir pour 100°c. ✓

Je mets la patate et le salt, sel

boulllir pour 15 minutes

mets la patate dans le autre plat

C'est fini!

Situation d'écriture

3. Regarde les illustrations et compose un texte qui raconte l'histoire.

Elle voit un grand gland
dans son jardin Elle
prend le gland et va
à la maison.

Elle plante le gland
dans le pot.

attend   attend.
Elle attend et attend
un jour il y a un petit
arbre Elle arrose de l'eau sur la plante.

Finalement, elle a vu
Finalman C'est un sapin
pour Noël. Elle la décoré
Elle est très contente.

Situation d'écriture

4. Regarde l'illustration et compose un texte qui raconte l'histoire.

_____

_____

_____

_____

_____

_____

_____

_____

_____

_____

_____

_____

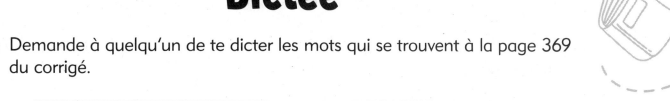

Dictée

1. Demande à quelqu'un de te dicter les mots qui se trouvent à la page 369 du corrigé.

1) _____

2) _____

3) _____

4) _____

5) _____

6) _____

7) _____

8) _____

9) _____

10) _____

11) _____

12) _____

13) _____

14) _____

15) _____

16) _____

17) _____

18) _____

19) _____

20) _____

Dictée

2. Demande à quelqu'un de te dicter les mots qui se trouvent à la page 369 du corrigé.

1) _____

2) _____

3) _____

4) _____

5) _____

6) _____

7) _____

8) _____

9) _____

10) _____

11) _____

12) _____

13) _____

14) _____

15) _____

16) _____

17) _____

18) _____

19) _____

20) _____

Dictée

3. Demande à quelqu'un de te dicter les mots qui se trouvent à la page 369 du corrigé.

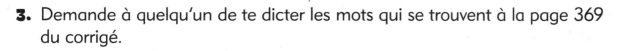

La Cigale et la Fourmi
Jean de La Fontaine

La Cigale, ayant _____

Tout l'été,

Se _____ fort dépourvue

_____ la bise fut venue :

Pas un seul petit _____

De mouche ou de _____.

Elle alla crier _____

_____ la Fourmi sa voisine,

La priant de lui _____

Quelque _____ pour subsister

Jusqu'à la _____ nouvelle.

«Je vous paierai, lui dit-_____,

Avant l'août, foi _____,

Intérêt et _____.»

La Fourmi n'est pas _____:

C'est là son moindre _____.

«Que faisiez-vous au temps _____? »

Dit-elle à _____ emprunteuse.

«_____ et jour à tout venant

Je _____, ne vous déplaise.»

«_____ chantiez? J'en suis fort aise.

Eh bien! _____ maintenant.»

Dictée

4. Demande à quelqu'un de te dicter les mots qui se trouvent à la page 369 du corrigé.

Savez-vous planter les _____,
À la mode, à la mode,
Savez-vous planter les _____,
À la mode de chez nous ?

On les plante avec le _____,
À la mode, à la mode,
On les plante avec le _____,
À la mode de chez nous.

On les plante avec le _____,
À la mode, à la mode,
On les plante avec le _____,
À la mode de chez nous.

On les plante avec le _____,
À la mode, à la mode,
On les plante avec le _____,
À la mode de chez nous.

On les plante avec le _____,
À la mode, à la mode,
On les plante avec le _____,
À la mode de chez nous.

On les plante avec le _____,
À la mode, à la mode,
On les plante avec le _____,
À la mode de chez nous.

Mathématique

Les nombres inférieurs à 1000

1. Observe les nombres suivants.

a) Colorie en rouge la pierre précieuse dont le nombre vient immédiatement avant 750.

b) Colorie en jaune la pierre précieuse dont le nombre vient immédiatement après 345.

c) Colorie en vert la pierre précieuse dont le nombre est compris entre 626 et 628.

d) Colorie en bleu la pierre précieuse dont le nombre est plus grand que 801.

e) Colorie en violet la pierre précieuse dont le nombre est plus petit que 247.

f) Colorie en orange le nombre qui a un 3 à la position des dizaines.

g) Colorie en brun le nombre qui a un 1 à la position des unités.

h) Colorie en rose le nombre qui a un 5 à la position des centaines.

i) Encercle tous les nombres impairs.

j) Fais un ✘ sur tous les nombres pairs.

k) Place tous les nombres en ordre décroissant.

_____ _____ _____ _____ _____ _____

_____ _____ _____ _____ _____ _____

Les nombres inférieurs à 1000

2. Écris les nombres manquants.

a)

699			702		704	705			

b)

428			431			434		436

c)

	300	301			304	305			

d)

272				276					

e)

				560			563	

3. Dans chaque ensemble, encercle en bleu le plus petit nombre et en rouge le plus grand nombre.

a)

508	805	249
492	942	429
361	163	136
725	527	257

b)

564	947	367
275	386	755
446	337	229
801	268	846

c)

623	485	287
869	241	623
452	278	804
256	838	838

d)

746	764	476
674	467	647
593	395	953
935	539	359

e)

168	187	167
193	109	145
137	169	148
132	119	117

f)

907	967	934
918	937	965
990	916	986
933	942	971

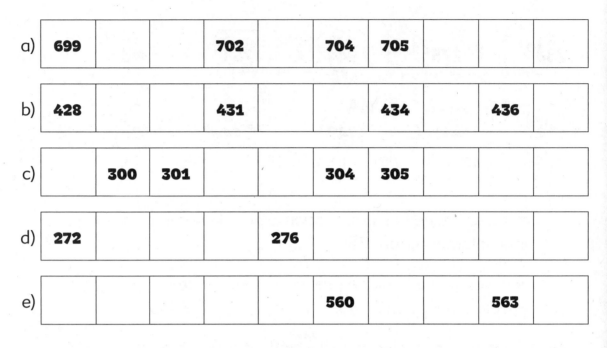

Les nombres inférieurs à 1000

4. Remplis la grille en écrivant les nombres de 10 à 1000 par bonds de 10.

10	20	30			60				
		140				180			
	220		250						300
		330				370			
							490		
			550						
610						680			
		740							
				860					
	920				970				

5. Dans la même grille, encercle chaque nombre dont la somme des chiffres est égale à 5.

6. Dans la même grille, fais un **X** sur chaque nombre dont la somme des chiffres est égale à 7.

Les additions

1. Relie les nombres écrits en lettres à ceux écrits en chiffres.

a) soixante-huit 19

b) quatre-vingt-deux 53

c) dix-neuf 68

d) quarante-sept 14

e) soixante et onze 82

f) trente-quatre 71

g) cinquante-trois 34

h) quatorze 47

2. Écris trois additions pour chaque somme, mais seulement avec les nombres de 5 à 12.

a) 15 _____ + _____   _____ + _____   _____ + _____

b) 18 _____ + _____   _____ + _____   _____ + _____

c) 12 _____ + _____   _____ + _____   _____ + _____

d) 13 _____ + _____   _____ + _____   _____ + _____

3. Écris trois additions pour chaque somme, mais seulement avec les nombres de 3 à 14.

a) 14 _____ + _____   _____ + _____   _____ + _____

b) 13 _____ + _____   _____ + _____   _____ + _____

c) 19 _____ + _____   _____ + _____   _____ + _____

d) 11 _____ + _____   _____ + _____   _____ + _____

Les additions

4. Trouve la somme de chaque addition le plus rapidement possible, et ce, une colonne à la fois. Demande à un adulte de te chronométrer, et inscris ton temps.

a) 8
  + 3

b) 7
  + 5

c) 4
  + 9

d) 9
  + 2

e) 5
  + 8

  7
+ 7

  2
+ 8

  6
+ 5

  3
+ 8

  1
+ 9

  9
+ 6

  5
+ 6

  8
+ 8

  7
+ 6

  4
+ 8

  12
+ 8

  24
+ 6

  27
+ 4

  15
+ 9

  23
+ 6

  25
+ 6

  39
+ 4

  32
+ 9

  22
+ 8

  39
+ 4

  36
+ 9

  45
+ 5

  48
+ 7

  47
+ 3

  34
+ 8

  4
+17

  3
+19

  5
+24

  9
+18

  7
+16

  6
  3
+ 4

  9
  5
+ 5

  8
  5
+ 3

  5
  7
+ 6

  4
  9
+ 2

Temps :

Temps :

Temps :

Temps :

Temps :

_____

_____

_____

_____

_____

_____

_____

_____

_____

_____

Les additions

5. Remplis chaque carré magique afin que chaque rangée et chaque colonne donnent la somme indiquée.

a)

8		4
	5	9
6		

Somme = 15

b)

	2	9
6		8
	12	

Somme = 21

c)

8		4
	5	9
6		

Somme = 30

d)

	2	9
6		8
	12	

Somme = 33

6. Complète les suites de dominos pour obtenir la somme indiquée.

a)   12

b)   11

c)   15

d)   16

e)   10

f)   8

Les additions

7. Représente l'addition sur la droite numérique pour trouver la réponse.

Ex. : 7 + 9 = 16

| 1 | 2 | 3 | 4 | 5 | 6 | 7 | 8 | 9 | 10 | 11 | 12 | 13 | 14 | 15 | 16 | 17 | 18 | 19 |

a) 14 + 8 = _____

| 10 | 11 | 12 | 13 | 14 | 15 | 16 | 17 | 18 | 19 | 20 | 21 | 22 | 23 | 24 | 25 | 26 | 27 | 28 |

b) 35 + 6 = _____

| 32 | 33 | 34 | 35 | 36 | 37 | 38 | 39 | 40 | 41 | 42 | 43 | 44 | 45 | 46 | 47 | 48 | 49 | 50 |

c) 78 + 4 = _____

| 70 | 71 | 72 | 73 | 74 | 75 | 76 | 77 | 78 | 79 | 80 | 81 | 82 | 83 | 84 | 85 | 86 | 87 | 88 |

d) 29 + 12 = _____

| 28 | 29 | 30 | 31 | 32 | 33 | 34 | 35 | 36 | 37 | 38 | 39 | 40 | 41 | 42 | 43 | 44 | 45 | 46 |

Les additions

8. Observe les cartes à jouer et leur valeur, puis trouve la somme des additions en laissant des traces de tes calculs.

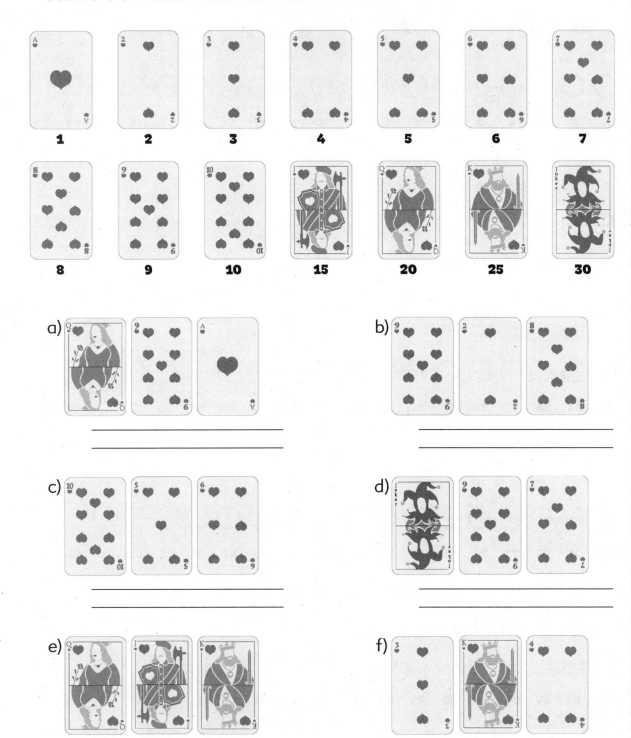

a) _____
_____

b) _____

c) _____

d) _____

e) _____

f) _____

Les additions

9. Résous les équations en les décomposant.

Ex. :   428 =   400 +   20 +   8
      + 31   +   _____ 30 +   1
                400 +   50 +   9   =   459

a)   253 =   ____ + ____ + ____
      + 46   +   ____ + ____ + ____
                ____ + ____ + ____   =   ____

b)   924 =   ____ + ____ + ____
      + 55   +   ____ + ____ + ____
                ____ + ____ + ____   =   ____

c)   735 =   ____ + ____ + ____
      + 62   +   ____ + ____ + ____
                ____ + ____ + ____   =   ____

d)   471 =   ____ + ____ + ____
      + 218 +   ____ + ____ + ____
                ____ + ____ + ____   =   ____

e)   362 =   ____ + ____ + ____
      + 537 +   ____ + ____ + ____
                ____ + ____ + ____   =   ____

f)   374 =   ____ + ____ + ____
      + 303 +   ____ + ____ + ____
                ____ + ____ + ____   =   ____

Les additions

10. Résous les équations en les décomposant.

> u = unité
> d = dizaine
> c = centaine

Ex. : $516 =$ 5c +   1d +   6u
       $+ \underline{72}$ +   7d +   2u
                   5c +   8d +   8u   =   588

a) $249 =$ ——— + ——— + ———
      $+ \underline{50}$ + ——— + ——— + ———
                  ——— + ——— + ———   =   ———

b) $768 =$ ——— + ——— + ———
      $+ \underline{31}$ + ——— + ——— + ———
                  ——— + ——— + ———   =   ———

c) $617 =$ ——— + ——— + ———
      $+ \underline{162}$ + ——— + ——— + ———
                  ——— + ——— + ———   =   ———

d) $555 =$ ——— + ——— + ———
      $+ \underline{234}$ + ——— + ——— + ———
                  ——— + ——— + ———   =   ———

e) $404 =$ ——— + ——— + ———
      $+ \underline{583}$ + ——— + ——— + ———
                  ——— + ——— + ———   =   ———

f) $193 =$ ——— + ——— + ———
      $+ \underline{805}$ + ——— + ——— + ———
                  ——— + ——— + ———   =   ———

Les soustractions

1. Représente la soustraction sur la droite numérique pour trouver la réponse.

Ex. : 14 – 8 = 6

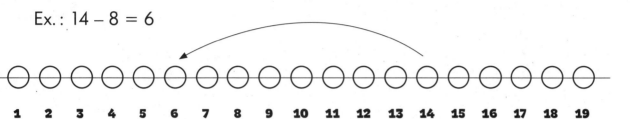

| 1 | 2 | 3 | 4 | 5 | 6 | 7 | 8 | 9 | 10 | 11 | 12 | 13 | 14 | 15 | 16 | 17 | 18 | 19 |

a) 23 – 9 = _____

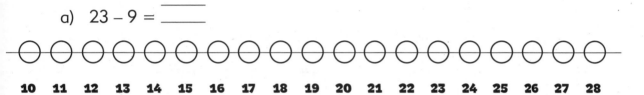

| 10 | 11 | 12 | 13 | 14 | 15 | 16 | 17 | 18 | 19 | 20 | 21 | 22 | 23 | 24 | 25 | 26 | 27 | 28 |

b) 44 – 7 = _____

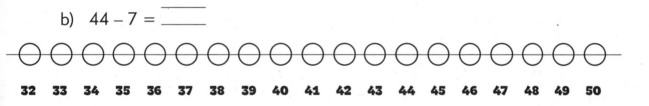

| 32 | 33 | 34 | 35 | 36 | 37 | 38 | 39 | 40 | 41 | 42 | 43 | 44 | 45 | 46 | 47 | 48 | 49 | 50 |

c) 81 – 6 = _____

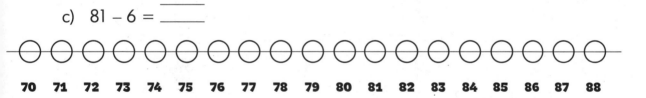

| 70 | 71 | 72 | 73 | 74 | 75 | 76 | 77 | 78 | 79 | 80 | 81 | 82 | 83 | 84 | 85 | 86 | 87 | 88 |

d) 45 – 14 = _____

| 28 | 29 | 30 | 31 | 32 | 33 | 34 | 35 | 36 | 37 | 38 | 39 | 40 | 41 | 42 | 43 | 44 | 45 | 46 |

Les soustractions

2. Trouve la différence de chaque soustraction le plus rapidement possible, et ce, une colonne à la fois. Demande à un adulte de te chronométrer, et inscris ton temps.

a)	b)	c)	d)	e)
9 – 3	8 – 7	5 – 2	7 – 4	6 – 1
17 – 8	14 – 6	12 – 5	10 – 3	18 – 9
15 – 6	17 – 9	11 – 7	13 – 5	16 – 8
14 – 7	13 – 4	17 – 8	15 – 7	10 – 6
21 – 9	25 – 7	29 – 6	23 – 4	22 – 5
28 – 8	20 – 6	24 – 7	26 – 9	27 – 5
35 – 6	39 – 4	33 – 5	37 – 2	34 – 7
32 – 9	38 – 5	31 – 3	36 – 5	30 – 1
Temps :	Temps :	Temps :	Temps :	Temps :
____	____	____	____	____

Les soustractions

3. Résous les équations en les décomposant.

Ex.:
$$857 = 800 + 50 + 7$$
$$- 34 \quad - 30 + 4$$
$$ 800 + 20 + 3 \quad = \quad 823$$

a)
$$976 = \underline{} + \underline{} + \underline{}$$
$$- 42 \quad - \underline{} + \underline{}$$
$$\underline{} + \underline{} + \underline{} \quad = \quad \underline{}$$

b)
$$768 = \underline{} + \underline{} + \underline{}$$
$$- 13 \quad - \underline{} + \underline{}$$
$$\underline{} + \underline{} + \underline{} \quad = \quad \underline{}$$

c)
$$543 = \underline{} + \underline{} + \underline{}$$
$$- 201 \quad - \underline{} + \underline{}$$
$$\underline{} + \underline{} + \underline{} \quad = \quad \underline{}$$

d)
$$777 = \underline{} + \underline{} + \underline{}$$
$$- 654 \quad - \underline{} + \underline{}$$
$$\underline{} + \underline{} + \underline{} \quad = \quad \underline{}$$

e)
$$869 = \underline{} + \underline{} + \underline{}$$
$$- 425 \quad - \underline{} + \underline{}$$
$$\underline{} + \underline{} + \underline{} \quad = \quad \underline{}$$

f)
$$356 = \underline{} + \underline{} + \underline{}$$
$$- 145 \quad - \underline{} + \underline{}$$
$$\underline{} + \underline{} + \underline{} \quad = \quad \underline{}$$

Les soustractions

4. Résous les équations en les décomposant.

u	=	unité	
d	=	dizaine	
c	=	centaine	

Ex.: 849 =   8c +   4d +   9u
      – 23 –   2d +   3u
                 ─────────────────────
               8c +   2d +   6u   =   826

a)   965 =   ____ + ____ + ____
      – 52 –   ____   + ____
               ____ + ____ + ____   =   ____

b)   768 =   ____ + ____ + ____
      – 26 –   ____   + ____
               ____ + ____ + ____   =   ____

c)   584 =   ____ + ____ + ____
      – 231 –   ____ + ____ + ____
               ____ + ____ + ____   =   ____

d)   888 =   ____ + ____ + ____
      – 765 –   ____ + ____ + ____
               ____ + ____ + ____   =   ____

e)   494 =   ____ + ____ + ____
      – 323 –   ____ + ____ + ____
               ____ + ____ + ____   =   ____

f)   657 =   ____ + ____ + ____
      – 200 –   ____ + ____ + ____
               ____ + ____ + ____   =   ____

Les additions et les soustractions

1. Représente l'équation sur la droite numérique pour trouver la réponse.

a) $3 + 5 + 3 + 2 =$ _____

⊖⊖⊖⊖⊖⊖⊖⊖⊖⊖⊖⊖⊖⊖⊖⊖⊖⊖⊖

2 3 4 5 6 7 8 9 10 11 12 13 14 15 16 17 18 19 20

b) $20 - 4 + 7 =$ _____

⊖⊖⊖⊖⊖⊖⊖⊖⊖⊖⊖⊖⊖⊖⊖⊖⊖⊖⊖

14 15 16 17 18 19 20 21 22 23 24 25 26 27 28 29 30 31 32

c) $63 + 14 - 6 =$ _____

⊖⊖⊖⊖⊖⊖⊖⊖⊖⊖⊖⊖⊖⊖⊖⊖⊖⊖⊖

60 61 62 63 64 65 66 67 68 69 70 71 72 73 74 75 76 77 78

d) $32 - 6 - 3 =$ _____

⊖⊖⊖⊖⊖⊖⊖⊖⊖⊖⊖⊖⊖⊖⊖⊖⊖⊖⊖

20 21 22 23 24 25 26 27 28 29 30 31 32 33 34 35 36 37 38

e) $82 + 9 - 15$ _____

⊖⊖⊖⊖⊖⊖⊖⊖⊖⊖⊖⊖⊖⊖⊖⊖⊖⊖⊖

76 77 78 79 80 81 82 83 84 85 86 87 88 89 90 91 92 93 94

Les additions et les soustractions

2. Résous les équations.

a)   25
  + 46
  _____

b)   73
  + 17
  _____

c)   66
  + 29
  _____

d)   392
  + 443
  _____

e)   14
  + 587
  _____

f)   94
  − 27
  _____

g)   80
  − 45
  _____

h)   305
  − 68
  _____

i)   751
  − 127
  _____

j)   480
  − 379
  _____

k)   89
  + 26
  _____

l)   547
  − 365
  _____

m)   238
  + 537
  _____

n)   621
  − 408
  _____

o)   904
  + 76
  _____

3. Trouve les termes manquants dans chaque équation.

a)   3 ☐
  + 4   7
  _____
    8   3

b)   7   8
  + 1   ☐
  _____
    9   6

c)   2 ☐ 6
  + 3   6   9
  _____
    6   1   5

d)   7   0   7
  + 2 ☐ 5
  _____
    9   4   2

e)   5   8   2
  + 2   6 ☐
  _____
    8   4   5

f)   8   5
  − 3 ☐
  _____
    4   9

g)   9 ☐
  − 4   6
  _____
    5   2

h)   4 ☐ 8
  − 2   8   5
  _____
    1   4   3

i)   7   8   9
  − 5 ☐ 3
  _____
    2   4   6

j)   8   6   5
  − 3 ☐ 7
  _____
    5   3   8

Les additions
et les soustractions

4. À partir des nombres qui sont dans la valise, trouve 6 paires dont la somme égale 100.

a) _____ + _____ = 100

b) _____ + _____ = 100

c) _____ + _____ = 100

d) _____ + _____ = 100

e) _____ + _____ = 100

f) _____ + _____ = 100

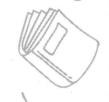

70   50   80   25

60   30   40   50

90   10   75   20

5. À partir des nombres qui sont dans le coffre-fort, trouve 6 paires dont la différence égale 25.

a) _____ – _____ = 25

b) _____ – _____ = 25

c) _____ – _____ = 25

d) _____ – _____ = 25

e) _____ – _____ = 25

f) _____ – _____ = 25

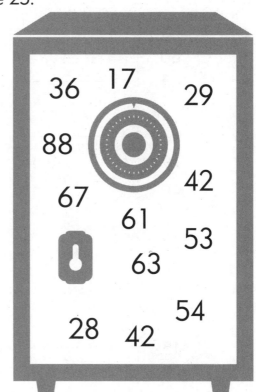

36   17   29

88

67   42

61   53

63

54

28   42

Les additions et les soustractions

6. Écris ce que devient chaque nombre après être passé dans la machine à transformer les nombres.

Ex. :

17	16
21	$+ 5 - 6$	20
34	33

a)

27	
35	$+ 4 + 8$
16	

b)

49	
52	$- 3 - 5$
68	

c)

75	
80	$+ 7 - 4$
28	

d)

93	
79	$- 9 + 2$
56	

e)

67	
48	$+ 5 + 6 - 2$
23	

f)

15	
37	$- 3 + 5 - 7$
24	

Les additions
et les soustractions

7. Dans une animalerie, on vend différentes espèces d'oiseaux. Dans la première volière, on retrouve 24 pinsons. Dans la deuxième volière, on retrouve 37 serins. Combien y a-t-il d'oiseaux si on l'compte 65 perruches dans la troisième volière ?

Équation ou dessin

Réponse : _____

8. Dans la gare du centre-ville, 402 personnes attendent le train A, 393 attendent le train B et 128 personnes attendent le train C. Combien de personnes attendent un train dans cette gare ?

Équation ou dessin

Réponse : _____

9. Dans son microscope, le scientifique à lunettes observe 768 microbes. Dans le sien, le scientifique à barbe en observe 243 de moins que celui à lunettes. Dans le sien, le scientifique à chapeau en observe 355 de moins que celui à barbe. Combien de microbes observe le scientifique à chapeau ?

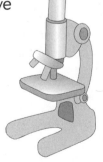

Équation ou dessin

Réponse : _____

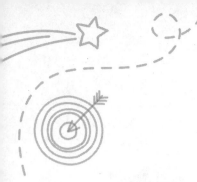

Les additions et les soustractions

10. Complète les suites en sachant que tu dois additionner en montant et soustraire en descendant.

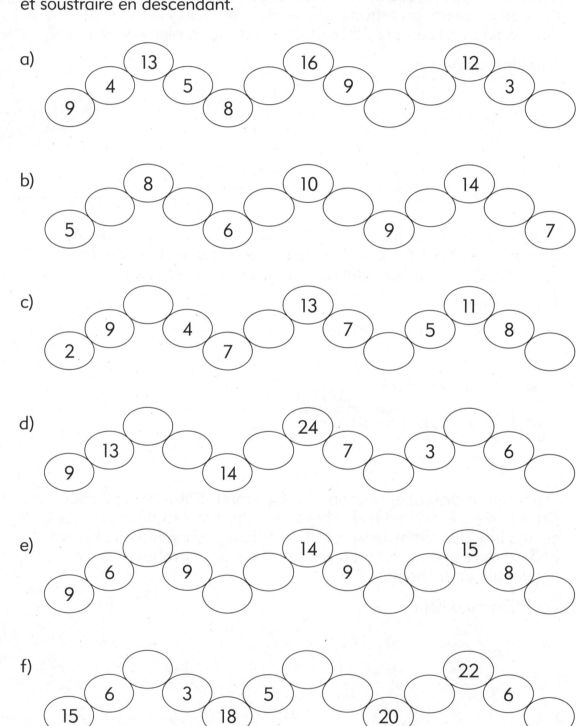

a) 9, 4, 13, 5, 8, ___, 16, 9, ___, ___, 12, 3, ___

b) 5, ___, 8, ___, 6, ___, 10, ___, 9, ___, 14, ___, 7

c) 2, 9, ___, 4, 7, ___, 13, 7, ___, 5, 11, 8, ___

d) 9, 13, ___, ___, 14, ___, 24, 7, ___, 3, ___, 6, ___

e) 9, 6, ___, 9, ___, ___, 14, 9, ___, ___, 15, 8, ___

f) 15, 6, ___, 3, 18, 5, ___, ___, 20, ___, 22, 6, ___

Les additions et les soustractions

11. Résous les équations.

a)
$$\begin{array}{r} 33 \\ + \underline{78} \\ \hline \end{array}$$

b)
$$\begin{array}{r} 49 \\ + \underline{36} \\ \hline \end{array}$$

c)
$$\begin{array}{r} 55 \\ + \underline{17} \\ \hline \end{array}$$

d)
$$\begin{array}{r} 246 \\ + \underline{245} \\ \hline \end{array}$$

e)
$$\begin{array}{r} 707 \\ + \underline{184} \\ \hline \end{array}$$

f)
$$\begin{array}{r} 88 \\ - \underline{43} \\ \hline \end{array}$$

g)
$$\begin{array}{r} 71 \\ - \underline{36} \\ \hline \end{array}$$

h)
$$\begin{array}{r} 970 \\ - \underline{58} \\ \hline \end{array}$$

i)
$$\begin{array}{r} 482 \\ - \underline{104} \\ \hline \end{array}$$

j)
$$\begin{array}{r} 663 \\ - \underline{181} \\ \hline \end{array}$$

k)
$$\begin{array}{r} 15 \\ + \underline{85} \\ \hline \end{array}$$

l)
$$\begin{array}{r} 634 \\ + \underline{278} \\ \hline \end{array}$$

m)
$$\begin{array}{r} 59 \\ + \underline{474} \\ \hline \end{array}$$

n)
$$\begin{array}{r} 305 \\ + \underline{11} \\ \hline \end{array}$$

o)
$$\begin{array}{r} 567 \\ + \underline{67} \\ \hline \end{array}$$

12. Trouve les termes manquants dans chaque équation.

a)
$$\begin{array}{r} 2\ \square \\ + 6\ 5 \\ \hline 9\ 4 \end{array}$$

b)
$$\begin{array}{r} \square\ 9 \\ + 3\ 6 \\ \hline 7\ 5 \end{array}$$

c)
$$\begin{array}{r} 7\ \square\ 4 \\ + 1\ 5\ 8 \\ \hline 9\ 2\ 2 \end{array}$$

d)
$$\begin{array}{r} 2\ 0\ \square \\ + 5\ 2\ 4 \\ \hline 7\ 3\ 2 \end{array}$$

e)
$$\begin{array}{r} \square\ 9\ 1 \\ + 3\ 5\ 6 \\ \hline 6\ 4\ 7 \end{array}$$

f)
$$\begin{array}{r} 7\ 9 \\ - 6\ \square \\ \hline 1\ 2 \end{array}$$

g)
$$\begin{array}{r} 8\ \square \\ - 7\ 4 \\ \hline 1\ 5 \end{array}$$

h)
$$\begin{array}{r} 6\ 4\ 9 \\ - \square\ 3\ 6 \\ \hline 2\ 1\ 3 \end{array}$$

i)
$$\begin{array}{r} 8\ 9\ 5 \\ - 4\ \square\ 2 \\ \hline 4\ 7\ 3 \end{array}$$

j)
$$\begin{array}{r} 7\ 8\ 6 \\ - 5\ \square\ 4 \\ \hline 2\ 1\ 2 \end{array}$$

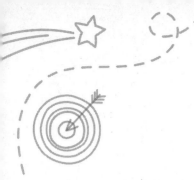

Les additions et les soustractions

13. Dans un jeu, on retrouve 52 cartes. Simon les échappe au sol et il en perd 19 lorsque le vent les souffle. Combien de cartes reste-t-il dans le jeu de Simon ?

Équation ou dessin

Réponse : _____

14. Mélodie collectionne les insectes. Dans une boîte, elle a 88 papillons ; dans l'autre, elle a 46 scarabées de plus que de papillons. Combien de scarabées Mélodie a-t-elle ?

Équation ou dessin

Réponse : _____

15. Dans un aquarium, on peut apercevoir 37 poissons rouges. On constate aussi qu'il y a 12 hippocampes de plus que de poissons rouges. Combien d'hippocampes y a-t-il dans l'aquarium ?

Équation ou dessin

Réponse : _____

16. Dans son muffin, Océane a trouvé 61 raisins secs. Dans le sien, son amie Alexia en a trouvé 15 de moins. Combien de raisins secs y avait-il dans le muffin d'Alexia ?

Équation ou dessin

Réponse : _____

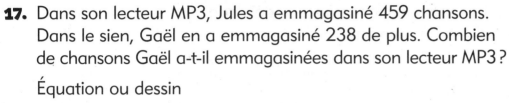

17. Dans son lecteur MP3, Jules a emmagasiné 459 chansons. Dans le sien, Gaël en a emmagasiné 238 de plus. Combien de chansons Gaël a-t-il emmagasinées dans son lecteur MP3 ?

Équation ou dessin

Réponse : _____

18. Au premier spectacle des élèves, 772 parents étaient dans l'assistance. À leur second, il y en avait 425 de moins. Combien de parents ont assisté au second spectacle des élèves ?

Équation ou dessin

Réponse : _____

19. Dans son champ, un fermier a récolté 506 concombres. Il a aussi récolté 167 tomates. Combien de légumes le fermier a-t-il récoltés en tout ?

Équation ou dessin

Réponse : _____

20. Dans une forêt, on a dénombré 690 sapins. On a aussi recensé 84 érables de moins que de sapins. Combien d'érables ont été dénombrés ?

Équation ou dessin

Réponse : _____

 Mathématique 183

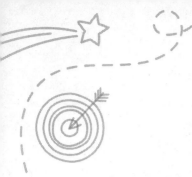

Les additions et les soustractions

21. Complète les suites en sachant que tu dois additionner 7 en montant et soustraire 4 en descendant.

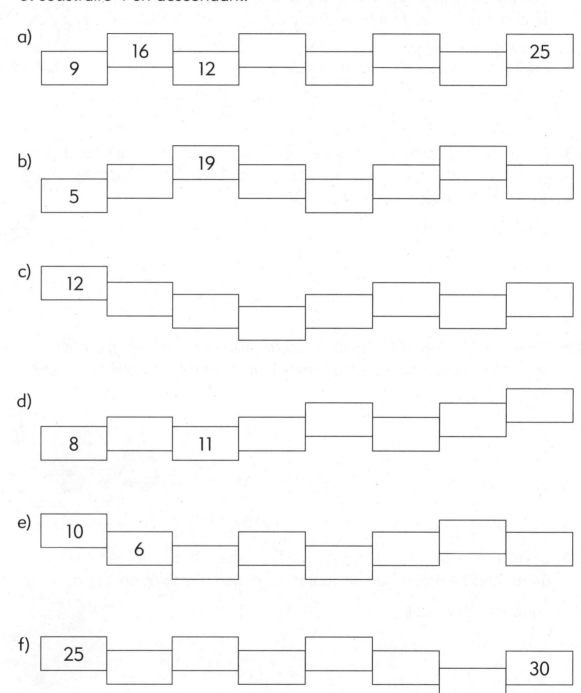

a)

| | 16 | | | | | 25 |
| 9 | | 12 | | | | |

b)

| | | 19 | | | | |
| 5 | | | | | | |

c)

| 12 | | | | | | |

d)

| | | | | | | |
| 8 | | 11 | | | | |

e)

| 10 | | | | | | |
| | 6 | | | | | |

f)

| 25 | | | | | | |
| | | | | | | 30 |

Les unités, les dizaines et les centaines

1. Décompose chaque nombre de deux façons.

Ex. : 468 = 400 + 60 + 8 ou 4c + 6d + 8u

u	=	unité
d	=	dizaine
c	=	centaine

a) 572 = _____ ou _____

b) 390 = _____ ou _____

c) 746 = _____ ou _____

d) 182 = _____ ou _____

e) 935 = _____ ou _____

f) 207 = _____ ou _____

2. Trouve le nombre qui a été décomposé.

Ex. : 4d + 2u + 3c = 342

a) 700 + 8 + 30 = _____

b) 5u + 5c + 0d = _____

c) 6d + 400 + 7 = _____

d) 9 + 7c + 80 = _____

e) 2 + 90 + 500 = _____

f) 3d + 0u + 1c = _____

g) 4u + 600 + 2d = _____

h) 5d + 7 + 900 = _____

Les unités, les dizaines et les centaines

3. Observe les nombres suivants, puis fais ce qui est demandé.

269	358	745	923	807	492
450	126	639	562	913	767
215	735	923	449	537	620
671	821	192	389	726	543
940	375	836	418	244	111
568	652	267	347	996	835
708	103	954	585	419	270

a) Encercle tous les nombres qui ont un 7 à la position des dizaines.

b) Fais un **✗** sur tous les nombres qui ont un 3 à la position des centaines.

c) Encadre d'un rectangle tous les nombres qui ont un 5 à la position des unités.

d) Souligne tous les nombres impairs.

e) Quel nombre a été encerclé, marqué d'un **✗**, encadré et souligné ?

_____

_____

4. Trouve la valeur du ou des chiffre(s) souligné(s).

Ex. : 9<u>63</u> = 63 unités   <u>74</u>1 = 74 dizaines   3<u>5</u>0 = 5 dizaines

a) <u>4</u>76 _____

b) <u>2</u>78 _____

c) 50<u>2</u> _____

d) 8<u>19</u> _____

e) <u>354</u> _____

f) 1<u>9</u>3 _____

g) 62<u>5</u> _____

h) <u>937</u> _____

i) 7<u>40</u> _____

Les unités, les dizaines et les centaines

5. Trouve la valeur du ou des chiffre(s) souligné(s).

Ex. : <u>3</u>46 = 300

a) 6<u>2</u>8 _____ b) <u>9</u>02 _____ c) 45<u>9</u> _____ d) <u>73</u>2 _____ e) 1<u>75</u> _____

f) 97<u>4</u> _____ g) 7<u>88</u> _____ h) <u>3</u>41 _____ i) 5<u>6</u>3 _____ j) 2<u>9</u>6 _____

6. Pour chaque ensemble, trouve le nombre qui est décomposé.

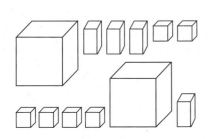

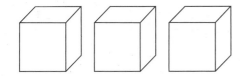
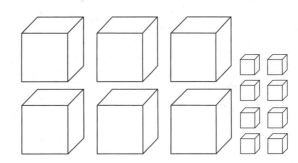

a) ____ c + ____ d + ____ u = ____   b) ____ c + ____ d + ____ u = ____

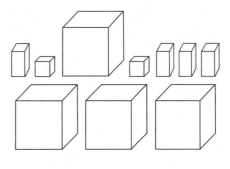

c) ____ c + ____ d + ____ u = ____   d) ____ c + ____ d + ____ u = ____

1 centaine   1 dizaine   1 unité

Les unités, les dizaines et les centaines

7. Représente chaque nombre à l'aide de blocs (centaines), de barres (dizaines) et de cubes (unités).

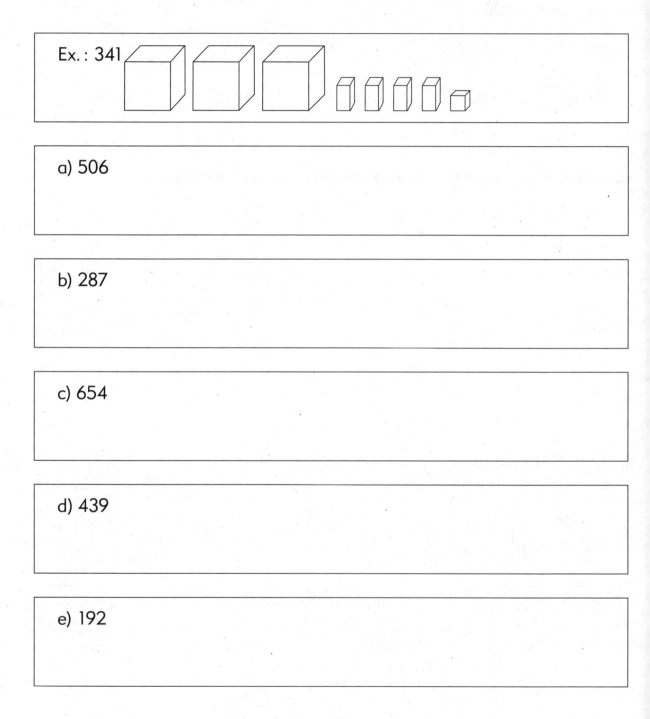

Ex. : 341

a) 506

b) 287

c) 654

d) 439

e) 192

Les unités, les dizaines et les centaines

8. Trouve le nombre représenté par chaque abaque.

Ex. :

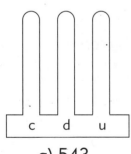

Réponse : $\overline{214}$

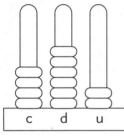

a) _____

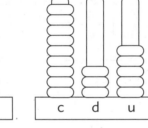

b) _____

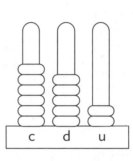

c) _____

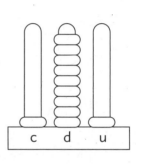

d) _____

9. Représente chaque nombre sur l'abaque.

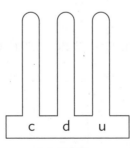

a) 543

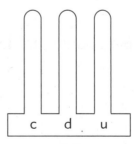

b) 690

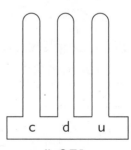

c) 724

d) 251

Les unités, les dizaines et les centaines

10. Écris le nombre qui est décomposé. Attention : les centaines, les dizaines et les unités ont parfois été mêlées.

c	d	u
5	6	5
	- 3	

a) _____

d	c	u
9	3	7
	+2	

b) _____

c	u	d
8	9	2
	- 4	

c) _____

d	u	c
6	8	8
+1	- 2	

d) _____

u	d	c
2	7	4
+4	- 5	+0

e) _____

u	c	d
9	4	8
- 6	+5	- 7

f) _____

11. Trouve le nombre que l'on cherche.

a) 2 dizaines + 7 centaines + 9 unités   _____

b) 5 unités + 0 dizaine + 8 centaines   _____

c) 6 centaines + 4 unités + 3 dizaines + 4 unités   _____

d) 1 dizaine + 0 centaine + 9 dizaines + 7 unités   _____

12. Complète chaque abaque en dessinant des jetons afin d'obtenir le nombre écrit.

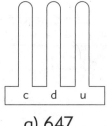

a) 647

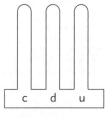

b) 958

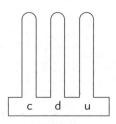

c) 403

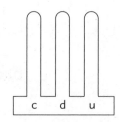

d) 782

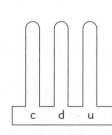

e) 576

Les nombres pairs et impairs

1. Colorie les cases qui contiennent des nombres pairs.

921	557	402	741	364	203	127	181	498	844
665	526	725	461	964	872	447	158	212	534
309	691	602	110	988	940	331	316	229	724
969	983	515	320	241	139	264	643	620	798
890	815	907	434	144	590	657	861	730	945
824	453	353	173	772	883	486	425	562	581
787	835	926	192	342	277	805	290	288	417
756	634	543	763	235	378	676	385	618	578
113	317	556	105	838	185	367	508	135	800
231	426	653	992	749	272	444	622	933	701

2. Écris tous les nombres impairs compris entre ces nombres.

a) 174 ... 194 : _____

_____

_____

b) 732 ... 748 : _____

_____

_____

c) 96 ... 114 : _____

_____

_____

d) 458 ... 472 : _____

_____

_____

e) 330 ... 350 : _____

_____

_____

Les nombres pairs et impairs

3. Trouve la somme ou la différence. Écris ensuite si le nombre est pair (P) ou impair (I).

Ex. : 8 + 2 = 10 (P)

a) 15 – 8 = _____ (__)   b) 9 + 4 = _____ (__)

c) 13 – 7 = _____ (__)   d) 8 + 5 = _____ (__)

e) 6 + 9 = _____ (__)   f) 18 – 9 = _____ (__)

g) 34 + 7 = _____ (__)   h) 50 – 6 = _____ (__)

i) 7 + 43 = _____ (__)   j) 83 – 5 = _____ (__)

k) 71 – 4 = _____ (__)   l) 62 + 9 = _____ (__)

m) 5 + 37 = _____ (__)   n) 30 – 1 = _____ (__)

o) 28 + 6 = _____ (__)   p) 92 – 5 = _____ (__)

4. Écris tous les nombres pairs compris entre ces nombres.

a) 237 ... 253 : _____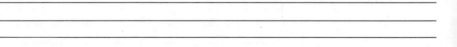

b) 390 ... 411 : _____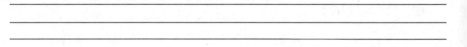

c) 701 ... 725 : _____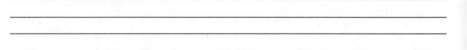

d) 54 ... 73 : _____

e) 981 ... 999 : _____

Compter par bonds de 5

1. Relie les points par bonds de 5 afin de trouver l'image mystère.

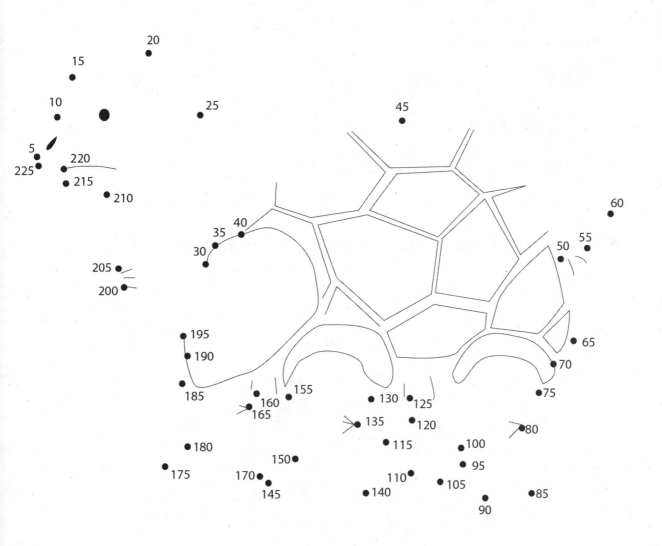

L'image mystère est : _____

Les suites

1. Complète les suites de nombres suivantes.

a) 0, 4, 8, 12, 16, _____, _____, _____, _____, 36

b) 3, 5, 4, 6, 5, _____, _____, _____, _____, 9

c) 80, 75, 70, 65, _____, _____, _____, _____, 40

d) 998, 887, 776, 665, _____, _____, _____, _____, 110

e) 50, 40, 60, 50, _____, _____, _____, _____, 90

f) 119, 228, 337, 446, _____, _____, _____, _____, 991

2. Trouve la règle qui permet d'obtenir la suite de nombres.

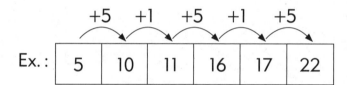

Ex. :

+5	+1	+5	+1	+5

5	10	11	16	17	22

Réponse : + 5 +1

a)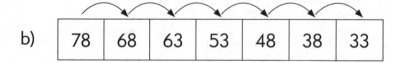

2	1	4	3	6	5	8

Réponse : _____

b)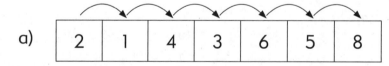

78	68	63	53	48	38	33

Réponse : _____

c)

37	38	40	43	47	52	58

Réponse : _____

d)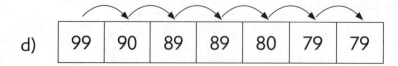

99	90	89	89	80	79	79

Réponse : _____

Les suites

3. Complète les suites de nombres suivantes.

a) 3, 4, 5, 4, 5, 6, 5, 6, 7, _____, _____, _____, _____

b) 4, 8, 12, 16, 20, 24, 28, _____, _____, _____, _____

c) 390, 400, 410, 420, 430, _____, _____, _____, _____

d) 825, 820, 815, 810, 805, _____, _____, _____, _____

e) 291, 288, 289, 286, 287, _____, _____, _____, _____

f) 964, 864, 764, 664, 564, _____, _____, _____, _____

4. Trouve la règle qui permet d'obtenir la suite de nombres.

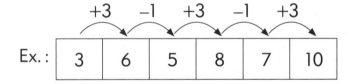

Ex. :

	+3	−1	+3	−1	+3
3	6	5	8	7	10

Réponse : +3 −1

a)

18	24	30	36	42	48	54

Réponse : _____

b)

95	84	73	62	51	40	29

Réponse : _____

c)

50	52	54	57	60	62	64

Réponse : _____

d)

1	7	3	9	5	11	7

Réponse : _____

1. Relie les points par bonds de 10 afin de trouver l'image mystère.

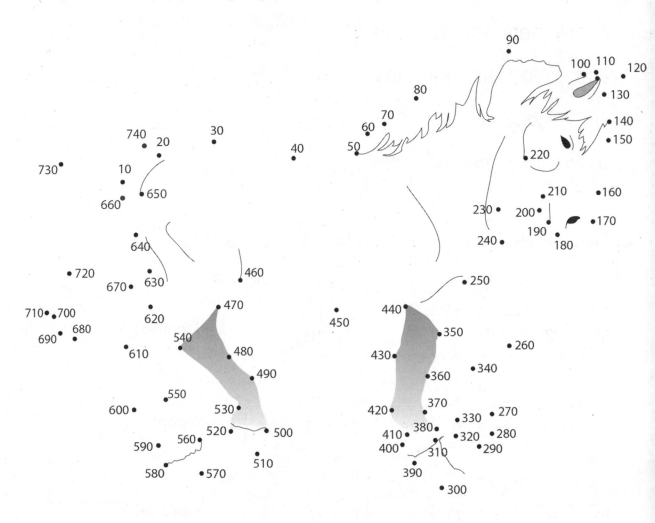

L'image mystère est : _____

L'ordre croissant et l'ordre décroissant

1. Encercle le symbole qui convient.

a) 459   <   >   =   594

b) 637   <   >   =   736

c) 800 – 1   <   >   =   790 + 10

d) 2d + 7u + 3c   <   >   =   3c + 1d + 9u

e) 543   <   >   =   3u + 5c + 4d

f) 45 + 32   <   >   =   61 + 18

g) 750 – 30   <   >   =   7c + 25

h) 4 + 4 + 4   <   >   =   3 + 3 + 3 + 3

i) 321 + 123   <   >   =   456 – 123

j) 8d + 9c + 7u   <   >   =   800 + 70 + 9

2. Place les nombres suivants dans l'ordre décroissant. Encercle ensuite les nombres pairs et fais un **X** sur les nombres impairs.

348	965	720	217	89	198	354	702	956	543

3. Place les nombres suivants dans l'ordre croissant. Encercle ensuite les nombres pairs et fais un **X** sur les nombres impairs.

607	428	59	352	325	97	482	760	670	235

L'ordre croissant et l'ordre décroissant

4. Place les nombres des deux ensembles suivants dans l'ordre croissant.

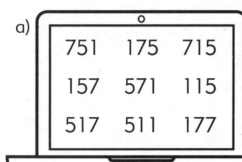

a)

751	175	715
157	571	115
517	511	177

b)

209	310	411
381	201	114
210	409	831

5. Place les nombres des deux ensembles suivants dans l'ordre décroissant.

a)

525	747	636
774	366	255
363	447	225

b)

648	729	401
399	278	927
104	884	602

La comparaison

1. Compare les nombres ou les équations et écris <, > ou =.

a) 534 _____ 543

b) 709 + 4 _____ 699 + 9

c) 888 – 7 _____ 890 – 9

d) 2d + 4c + 7u _____ 8u + 3c + 4d

e) 910 _____ 901

f) 867 + 3 _____ 870 + 0

g) 292 + 7 _____ 289 + 8

h) 6c + 2u + 0d _____ 0d + 6c + 2u

i) 645 – 3 _____ 627 + 9

j) 704 + 6 _____ 712 – 3

2. Écris le nombre qui vient…

	juste avant		entre		juste après
a)	_____	799	_____	801	_____
b)	_____	566	_____	568	_____
c)	_____	430	_____	432	_____
d)	_____	673	_____	675	_____
e)	_____	851	_____	853	_____
f)	_____	200	_____	202	_____

La comparaison

3. Compare les équations et écris <, > ou =. Tu peux utiliser l'espace à côté pour faire tes calculs.

Ex.: 4×2 = $3 + 5$

a) $9 \div 3$ _____ $7 - 2$

b) $4 + 6$ _____ $14 - 8$

c) 5×4 _____ 3×8

d) $8 + 9$ _____ $22 - 5$

e) $16 \div 4$ _____ $15 \div 5$

f) $25 - 7$ _____ 2×9

g) 5×2 _____ $8 + 5$

h) $17 - 8$ _____ 4×3

i) $16 \div 2$ _____ 2×5

j) $12 + 9$ _____ 5×4

k) 7×4 _____ $14 + 14$

l) $15 - 6$ _____ $20 \div 2$

m) $24 \div 8$ _____ 2×2

n) $11 + 11$ _____ 3×7

o) 6×2 _____ $4 + 8$

Les multiplications

1. Décompose chaque multiplication en additions répétées afin de trouver la réponse.

Ex. : $4 \times 3 = 4 + 4 + 4 = 12$

a) 5×2 _____

b) 7×4 _____

c) 3×3 _____

d) 2×6 _____

e) 1×8 _____

2. Décompose chaque multiplication en additions répétées en formant des ensembles afin de trouver la réponse.

Ex. : $2 \times 3 =$ ⚬⚬⚬ ⚬ ⚬ ⚬ ⚬ ⚬   Réponse : 6

a) 4×5 _____

b) 3×7 _____

c) 6×3 _____

Les multiplications

3. Écris l'addition et la multiplication.

Ex.: ⬭ ⬭ ⬭

$3 + 3 + 3 = 9$
$3 \times 3 = 9$

a) ⬭ ⬭ ⬭ ⬭ ⬭ ⬭ ⬭ ⬭

__ + __ + __ + __ = __

__ × __ = __

b) ⬭ ⬭ ⬭ ⬭ ⬭ ⬭ ⬭ ⬭

__ + __ + __ + __ + __ + __ + __ + __ = __

__ × __ = __

c) ⬭ ⬭ ⬭

__ + __ + __ = __

__ × __ = __

d) ⬭ ⬭ ⬭

__ + __ + __ = __

__ × __ = __

e) ⬭ ⬭ ⬭ ⬭ ⬭ ⬭ ⬭ ⬭ ⬭

__ + __ + __ + __ + __ + __ + __ + __ + __ = __

__ × __ = __

Les multiplications

4. Combien de carrés ou de rectangles peut-on dessiner dans chaque rectangle ?

a) Des carrés de 4 cases ?

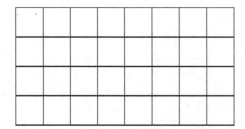

Complète l'équation : _____ × _____ = _____

b) Des rectangles de 6 cases ?

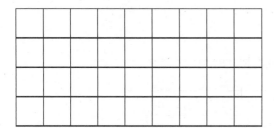

Complète l'équation : _____ × _____ = _____

c) Des rectangles de 8 cases ?

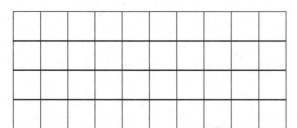

Complète l'équation : _____ × _____ = _____

Les multiplications

5. Écris la multiplication correspondant à l'addition.

Ex.: $8 + 8 + 8 = 8 \times 3 = 24$

a) $3 + 3 + 3 + 3 + 3 = $ _____

b) $4 + 4 + 4 + 4 = $ _____

c) $9 + 9 = $ _____

d) $2 + 2 + 2 + 2 + 2 + 2 = $ _____

e) $7 + 7 + 7 = $ _____

f) $5 + 5 + 5 + 5 = $ _____

6. Complète la multiplication en dessinant le nombre de cercles.

Ex.: $3 \times$ ⬭ $=$ ⬭ ⬭ ⬭ $= 6$

a) $5 \times$ ⬭ $=$ $=$ _____

b) $2 \times$ ⬭ $=$ $=$ _____

c) $5 \times$ ⬭ $=$ $=$ _____

d) $3 \times$ ⬭ $=$ $=$ _____

Les multiplications

7. Dessine 6 balles dans chaque boîte, complète la phrase mathématique, puis écris le total.

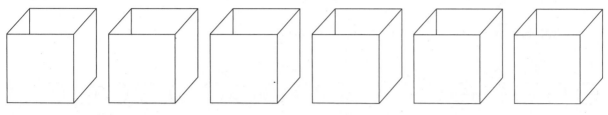

Phrase mathématique _____ . × _____ = _____

8. Dessine 9 balles dans chaque boîte, complète la phrase mathématique, puis écris le total.

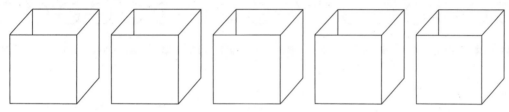

Phrase mathématique _____ × _____ = _____

9. Dessine 8 balles dans chaque boîte, complète la phrase mathématique, puis écris le total.

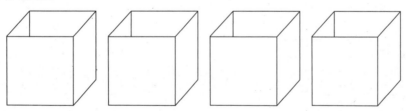

Phrase mathématique _____ × _____ = _____

10. Dessine 7 balles dans chaque boîte, complète la phrase mathématique, puis écris le total.

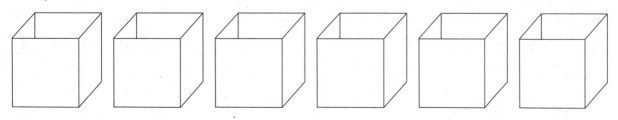

Phrase mathématique _____ × _____ = _____

Les multiplications

11. Représente la multiplication sur la droite numérique pour trouver la réponse.

Ex. : 4 × 3 = 12   (4 bonds de 3 cases)

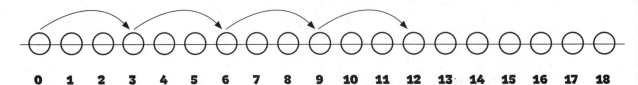

0 1 2 3 4 5 6 7 8 9 10 11 12 13 14 15 16 17 18

a) 2 × 8 = _____

○ ○ ○ ○ ○ ○ ○ ○ ○ ○ ○ ○ ○ ○ ○ ○ ○ ○ ○

0 1 2 3 4 5 6 7 8 9 10 11 12 13 14 15 16 17 18

b) 5 × 3 = _____

○ ○ ○ ○ ○ ○ ○ ○ ○ ○ ○ ○ ○ ○ ○ ○ ○ ○ ○

0 1 2 3 4 5 6 7 8 9 10 11 12 13 14 15 16 17 18

c) 6 × 2 = _____

○ ○ ○ ○ ○ ○ ○ ○ ○ ○ ○ ○ ○ ○ ○ ○ ○ ○ ○

0 1 2 3 4 5 6 7 8 9 10 11 12 13 14 15 16 17 18

d) 4 × 4 = _____

○ ○ ○ ○ ○ ○ ○ ○ ○ ○ ○ ○ ○ ○ ○ ○ ○ ○ ○

0 1 2 3 4 5 6 7 8 9 10 11 12 13 14 15 16 17 18

Les multiplications et la comparaison

1. Illustre les équations et compare les réponses en utilisant les symboles <, > ou =.

Ex. : 4 x 2 = 8   >   5 x 1 = 5

a) 7 x 2 = _____   ___   4 x 4 = _____

b) 3 x 5 = _____   ___   2 x 6 = _____

c) 4 x 5 = _____   ___   10 x 2 = _____

d) 4 x 7 = _____   ___   6 x 5 = _____

e) 6 x 3 = _____   ___   2 x 9 = _____

Les divisions

1. Complète la phrase mathématique à partir de l'illustration.

a) 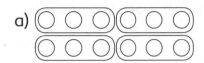 $12 \div 3 = \rule{2cm}{0.4pt}$

b)  $15 \div \rule{1.5cm}{0.4pt} = 3$

c) [illustration] $\rule{1.5cm}{0.4pt} \div \rule{1cm}{0.4pt} = \rule{1.5cm}{0.4pt}$

d) [illustration] $\rule{1.5cm}{0.4pt} \div \rule{1cm}{0.4pt} = \rule{1.5cm}{0.4pt}$

e) [illustration] $\rule{1.5cm}{0.4pt} \div \rule{1cm}{0.4pt} = \rule{1.5cm}{0.4pt}$

f) [illustration] $\rule{1.5cm}{0.4pt} \div \rule{1cm}{0.4pt} = \rule{1.5cm}{0.4pt}$

g) [illustration] $\rule{1.5cm}{0.4pt} \div \rule{1cm}{0.4pt} = \rule{1.5cm}{0.4pt}$

Les divisions

2. Répartis également 84 bâtons dans les 3 boîtes, complète la phrase mathématique, puis écris le total.

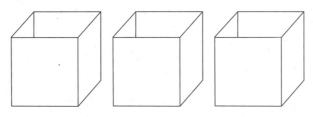

Phrase mathématique _____ ÷ _____ = _____

3. Répartis également 76 bâtons dans les 4 boîtes, complète la phrase mathématique, puis écris le total.

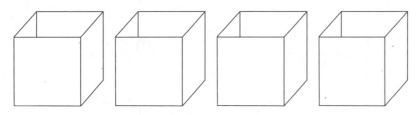

Phrase mathématique _____ ÷ _____ = _____

4. Répartis également 75 bâtons dans les 5 boîtes, complète la phrase mathématique, puis écris le total.

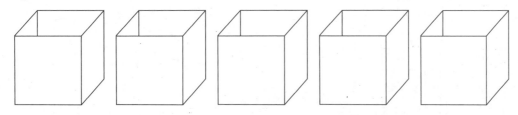

Phrase mathématique _____ ÷ _____ = _____

5. Répartis également 72 bâtons dans les 6 boîtes, complète la phrase mathématique, puis écris le total.

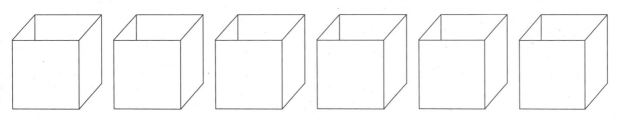

Phrase mathématique _____ ÷ _____ = _____

Les divisions

6. Illustre l'équation pour trouver la réponse.

a)

$18 \div 6 = \underline{}$

b)

$20 \div 4 = \underline{}$

c)

$24 \div 4 = \underline{}$

d)

$30 \div 5 = \underline{}$

e)

$32 \div 8 = \underline{}$

f)

$35 \div 5 = \underline{}$

g)

$40 \div 8 = \underline{}$

Les divisions

7. Illustre les équations pour trouver la réponse, et ce, en utilisant des couleurs différentes pour chacune d'entre elles.

a) $12 \div 3 =$ _____
$12 \div 4 =$ _____
$12 \div 6 =$ _____

b) $16 \div 2 =$ _____
$16 \div 4 =$ _____
$16 \div 8 =$ _____

c) $18 \div 2 =$ _____
$18 \div 3 =$ _____
$18 \div 6 =$ _____

d) $24 \div 3 =$ _____
$24 \div 4 =$ _____
$24 \div 8 =$ _____

e) $30 \div 3 =$ _____
$30 \div 5 =$ _____
$30 \div 6 =$ _____

f) $36 \div 4 =$ _____
$36 \div 6 =$ _____
$36 \div 9 =$ _____

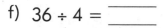

Les divisions

8. Représente la division sur la droite numérique pour trouver la réponse.

Ex. : 12 ÷ 3 = 4   (de 12 à 0 par bonds de 3 cases = 4 bonds)

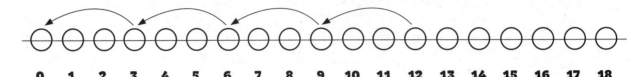

0 1 2 3 4 5 6 7 8 9 10 11 12 13 14 15 16 17 18

a)   18 ÷ 3 = _____

0 1 2 3 4 5 6 7 8 9 10 11 12 13 14 15 16 17 18

b)   14 ÷ 2 = _____

0 1 2 3 4 5 6 7 8 9 10 11 12 13 14 15 16 17 18

c)   10 ÷ 5 = _____

0 1 2 3 4 5 6 7 8 9 10 11 12 13 14 15 16 17 18

d)   16 ÷ 2 = _____

0 1 2 3 4 5 6 7 8 9 10 11 12 13 14 15 16 17 18

Les divisions et la comparaison

1. Illustre les équations et compare les réponses en utilisant les symboles <, > ou =.

Ex. : 6 ÷ 3 = 2   <   10 ÷ 2 = 5

a) 8 ÷ 2 = _____   _____   9 ÷ 3 = _____

b) 15 ÷ 5 = _____   _____   18 ÷ 6 = _____

c) 20 ÷ 5 = _____   _____   16 ÷ 4 = _____

d) 21 ÷ 7 = _____   _____   24 ÷ 3 = _____

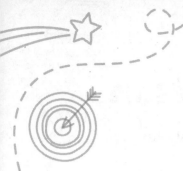

Les multiplications et les divisions

1. Dans sa tirelire, Didier a compté 6 pièces de 25 ¢.
Il a aussi compté 3 fois plus de 10 ¢ que de 25 ¢.
Combien de pièces de 10 ¢ Didier a-t-il dans sa tirelire ?

Équation ou dessin

Réponse : _____

2. Sur la plage, Franco a ramassé 8 coquillages. De son côté, Éliane en
a ramassé 2 fois plus que Franco. Combien de coquillages a ramassés
Éliane ?

Équation ou dessin

Réponse : _____

3. Sur la corde à linge de Paula, on compte 20 pantalons.
Chez sa voisine Andréa, on en compte 4 fois moins. Combien
de pantalons sont accrochés à la corde à linge d'Andréa ?

Équation ou dessin

Réponse : _____

4. Sur une branche, Henri aperçoit 16 oiseaux. Soudain, il entend un bruit.
Lorsqu'il regarde la branche, il remarque qu'il y a 4 fois moins d'oiseaux.
Combien y a-t-il d'oiseaux maintenant ?

Équation ou dessin

Réponse : _____

Le choix de l'opération

1. Le lundi, Lina compte 9 biscuits dans une boîte. Le mardi, elle en compte 3 fois moins. Combien de biscuits y a-t-il dans la boîte le mardi ?

Équation ou dessin

Réponse : _____

2. Cédric range 6 crayons dans son étui. Dans le sien, son jumeau Étienne en range 2 fois plus. Combien de crayons sont rangés dans l'étui d'Étienne ?

Équation ou dessin

Réponse : _____

3. Dans la bergerie, on retrouve 36 moutons. Dans l'étable, on compte 19 vaches de moins que de moutons dans la bergerie. Combien de vaches y a-t-il dans l'étable ?

Équation ou dessin

Réponse : _____

4. Sur son gâteau d'anniversaire, la mère de Jérôme doit souffler 39 bougies. Si la grand-mère de Jérôme doit souffler 27 bougies de plus que sa mère, quel âge a la grand-mère de Jérôme ?

Équation ou dessin

Réponse : _____

 Mathématique **215**

Le choix de l'opération

5. Pour son spectacle, le bouffon Kiri doit gonfler 8 ballons. Pour le sien, le bouffon Riki doit en gonfler 3 fois plus que le bouffon Kiri. Combien de ballons les bouffons Kiri et Riki ont-ils gonflés ensemble ?

Équation ou dessin

Réponse : _____

6. Ce matin, le laitier a livré 4 caisses de 5 contenants de 1 litre de lait. De son côté, le boulanger a livré 5 caisses de 4 baguettes de pain. Entre le laitier et le boulanger, lequel a livré le plus de marchandise ?

Équation ou dessin

Réponse : _____

7. En 4 jours, le postier de Saint-Glinglin a vendu 24 timbres. En 3 jours, celui de Haute-Côte en a vendu 21. Enfin, celui de Belle-Montée en a vendu 8 dans une journée. Lequel des trois postiers a vendu le plus de timbres en une journée ?

Équation ou dessin

Réponse : _____

Les régularités

1. Complète les suites en sachant que tu dois multiplier par 2 en montant et soustraire 3 en descendant.

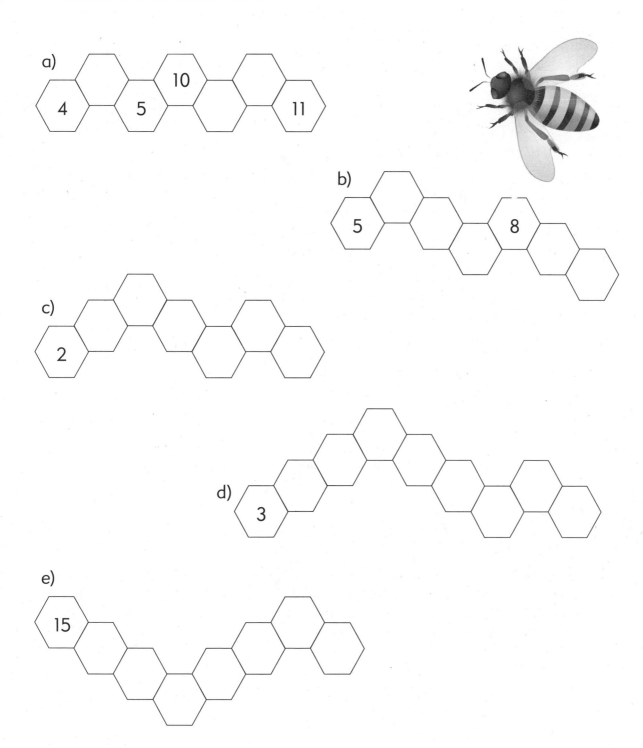

a)

4   5   10   11

b)

5   8

c)

2

d)

3

e)

15

L'argent

1. Trouve la combinaison qui permet d'obtenir le montant qui est écrit avec le moins de pièces possible.

	5¢	10¢	25¢
65¢	1	1	2
45¢			
80¢			
55¢			
30¢			
85¢			
20¢			
35¢			
90¢			
60¢			
95¢			

2. Trouve le montant que contient chaque tirelire.

a)

Total : _____ ¢

b)

Total : _____ ¢

c)

Total : _____ ¢

L'argent

3. Illustre la combinaison de pièces de monnaie qui permet d'obtenir le montant qui est écrit en dessinant les pièces nécessaires.

Ex. : 1,80 $

a)  3,40 $

b)  2,80 $

c)  5,50 $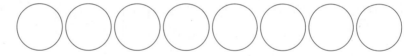

d)  7,70 $

e)  6,45 $

f)  3,05 $

L'argent

4. Relie le contenu de chaque porte-monnaie à l'ensemble d'objets qu'il peut acheter.

a)

b)

c)

d)

1.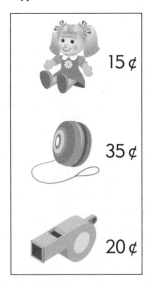

15 ¢

35 ¢

20 ¢

2.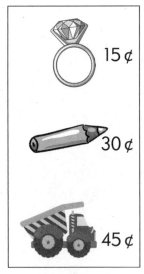

15 ¢

30 ¢

45 ¢

3.

35 ¢

20 ¢

45 ¢

4.

15 ¢

35 ¢

45 ¢

L'argent

5. Trouve la combinaison qui permet d'obtenir le montant qui est écrit avec le moins de pièces et de billets possible.

	1 $	2 $	5 $	10 $	20 $	50 $
72 $	0	1	0	0	1	1
65 $						
39 $						
18 $						
57 $						
44 $						
120 $						
235 $						
348 $						
451 $						
500 $						

6. Trouve le montant que contient chaque portefeuille.

a)

b)

c)

L'argent

7. Dessine la combinaison de 2 pièces et de 4 billets qui permet d'obtenir le montant qui est écrit.

a) 23 $

b) 32 $

c) 44 $

d) 67 $

e) 133 $

f) 58 $

g) 97 $

L'argent

8. Relie le contenu de chaque portefeuille à l'ensemble de vêtements qu'il permet d'acheter.

a)

b)

c)

d)

1.

28 $

26 $

23 $

2.
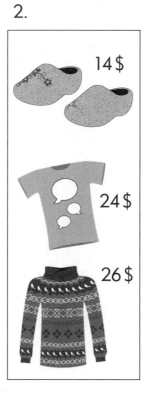
14 $

24 $

26 $

3.

29 $

25 $

15 $

4.

44 $

25 $

27 $

Les fractions

1. Colorie les figures séparées en parties égales.

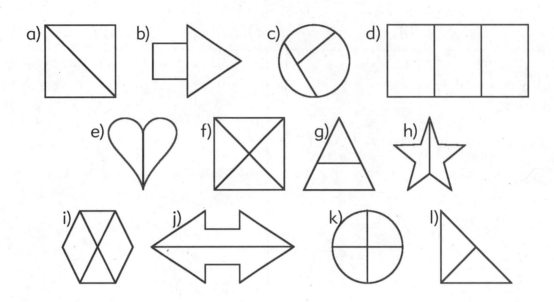

a)   b)   c)   d)

e)   f)   g)   h)

i)   j)   k)   l)

2. Sépare les figures en parties égales selon les consignes.

a) 4 parties   b) 2 parties   c) 3 parties

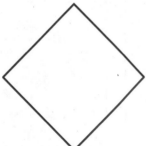
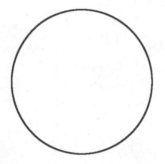

d) 2 parties   e) 4 parties   f) 4 parties

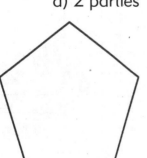
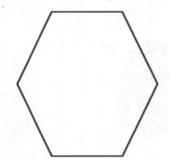
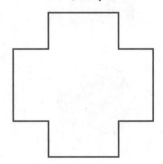

Les fractions

3. Colorie la quantité de bonbons écrite.

Ex. : $\frac{1}{2}$ de 10 =

($\frac{1}{2}$ → 1 sur 2)

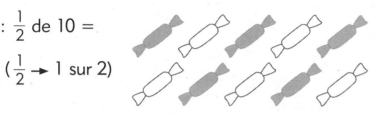

= 5

a) $\frac{1}{4}$ de 12 =

($\frac{1}{4}$ → 1 sur 4)

= _____

b) $\frac{1}{2}$ de 18 =

($\frac{1}{2}$ → 1 sur 2)

= _____

c) $\frac{1}{3}$ de 15 =

($\frac{1}{3}$ → 1 sur 3)

= _____

d) $\frac{1}{2}$ de 16 =

($\frac{1}{2}$ → 1 sur 2)

= _____

e) $\frac{1}{4}$ de 20 =

($\frac{1}{4}$ → 1 sur 4)

= _____

Les fractions

4. Colorie la quantité de pointes de pizza écrite.

Ex.: $\frac{1}{4}$ de 8 =

$(\frac{1}{4} \rightarrow$ 1 sur 4)

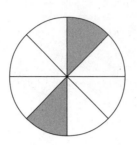

= 2

a) $\frac{1}{2}$ de 4 =

$(\frac{1}{2} \rightarrow$ 1 sur 2)

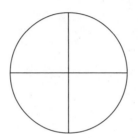

= ____

b) $\frac{1}{4}$ de 12 =

$(\frac{1}{4} \rightarrow$ 1 sur 4)

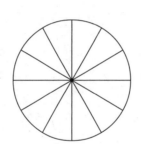

= ____

c) $\frac{1}{2}$ de 8 =

$(\frac{1}{2} \rightarrow$ 1 sur 2)

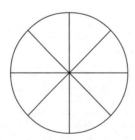

= ____

d) $\frac{1}{3}$ de 6 =

$(\frac{1}{3} \rightarrow$ 1 sur 3)

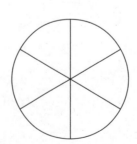

= ____

Les fractions

5. Pour chaque ensemble, colorie la fraction d'objets demandée, puis écris le nombre d'objets que tu as coloriés.

a) $\frac{1}{3}$

Réponse : _____

b) $\frac{1}{2}$

Réponse : _____

c) $\frac{1}{4}$

Réponse : _____

d) $\frac{1}{2}$

Réponse : _____

e) $\frac{1}{3}$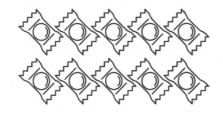

Réponse : _____

Les fractions

6. La mère d'Olivier a préparé une tarte aux pommes qu'elle coupe en 9 morceaux. Si Olivier en mange $\frac{1}{3}$, combien de morceaux de tarte a-t-il mangés ?

Équation ou dessin

Réponse : _____

7. Dans son sac, Sara a rangé 16 billes. Si sa sœur lui en prend $\frac{1}{4}$, combien de billes a-t-elle prises ?

Équation ou dessin

Réponse : _____

8. Nathan et Sophie cueillent des marguerites. Nathan en cueille 12 et Sophie en cueille $\frac{1}{2}$ du nombre de Nathan. Combien de marguerites Sophie a-t-elle cueillies ?

Équation ou dessin

Réponse : _____

9. Dans la classe de 2e année, on compte 20 élèves. Si $\frac{1}{4}$ de ceux-ci sont absents, combien y a-t-il d'élèves présents dans cette classe ?

Équation ou dessin

Réponse : _____

Les régions, les lignes courbes et les lignes brisées

1. Écris le nombre de régions représentées.

Ex. : | 1 | 2 | Réponse : 2

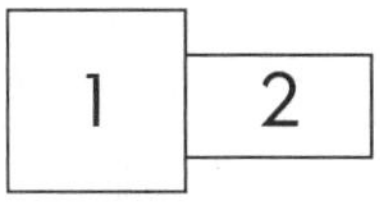

a) 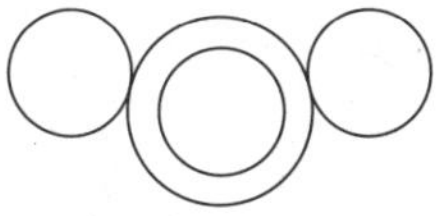 Réponse : _____

b) 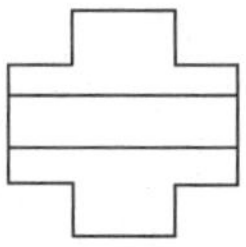 Réponse : _____

c) 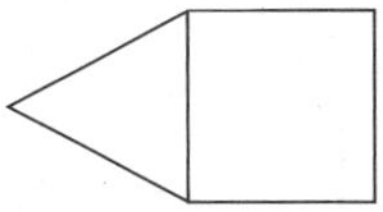 Réponse : _____

d) 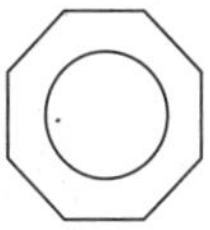 Réponse : _____

e) 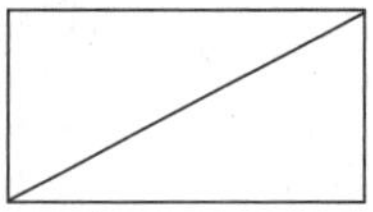 Réponse : _____

f) 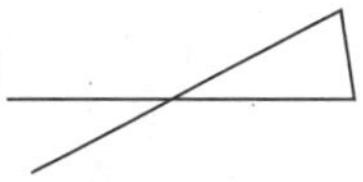 Réponse : _____

2. Fais un ✗ dans les bonnes cases.

	Ligne courbe	Ligne brisée	Ligne ouverte	Ligne fermée
a) 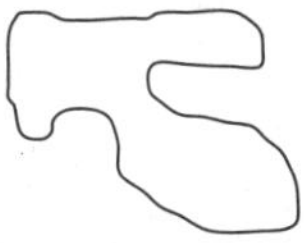				
b) 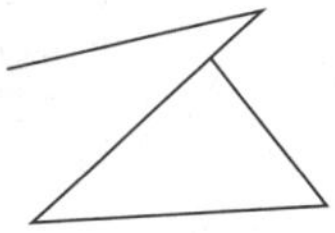				
c) 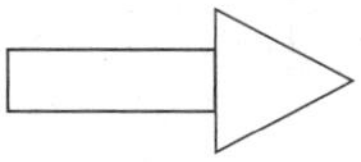				
d) 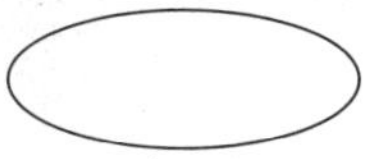				
e) 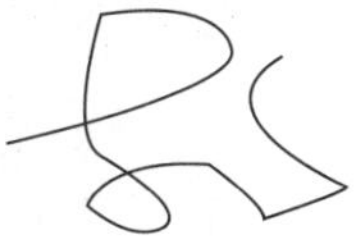				

Les régions, les lignes courbes et les lignes brisées

3. Colorie les cases qui contiennent des lignes courbes ouvertes pour trouver le chiffre mystère.

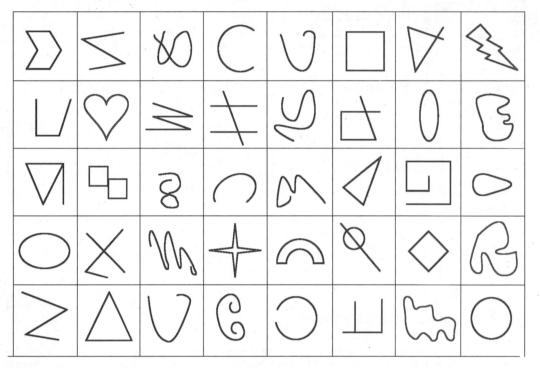

Le chiffre mystère est : _____

4. Dessine les frontières manquantes afin d'obtenir le nombre de régions intérieures demandées.

a)

4 régions intérieures

b)

3 régions intérieures

c)

2 régions intérieures

d)

4 régions intérieures

Les figures planes

1. Fais un ✗ sur tous les objets qui ont la forme d'un carré.

2. Fais un ✗ sur tous les objets qui ont la forme d'un rectangle.

3. Fais un ✗ sur tous les objets qui ont la forme d'un losange.

4. Fais un ✗ sur tous les objets qui ont la forme d'un triangle.

5. Fais un ✗ sur tous les objets qui ont la forme d'un cercle.

Les figures planes

6. Complète les figures planes afin d'obtenir...

a) un carré

b) un losange

c) un rectangle

d) un cercle

e) un triangle

f) un rectangle

g) un triangle

h) un losange

7. Écris combien de côtés chaque figure plane comporte.

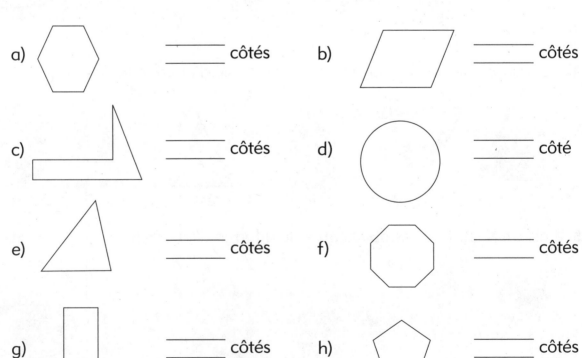

a) _____ côtés

b) _____ côtés

c) _____ côtés

d) _____ côté

e) _____ côtés

f) _____ côtés

g) _____ côtés

h) _____ côtés

Les figures planes

8. Écris combien d'angles chaque figure plane comporte.

a) _____ angles

b) _____ angles

c) _____ angles

d) _____ angles

e) _____ angles

f) _____ angle

g) _____ angles

h) _____ angles

9. Classe chaque figure dans le tableau ci-dessous en l'identifiant par sa lettre.

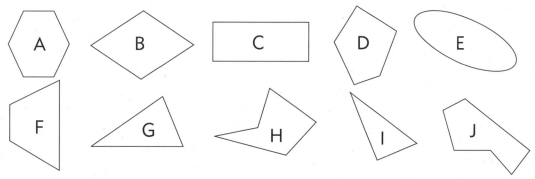

1 côté	2 côtés	3 côtés	4 côtés	5 côtés	6 côtés

Les figures planes

10. Classe chaque figure dans le tableau ci-dessous en l'identifiant par sa lettre.

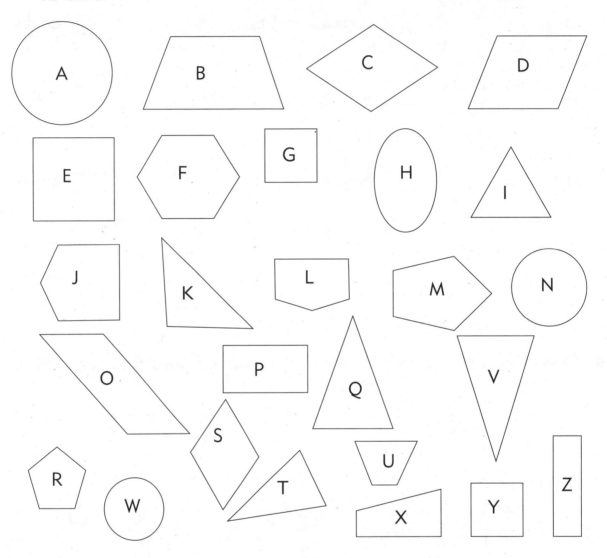

triangles	carrés	losanges	cercles	rectangles	autres

Les figures planes

11. Dessine un point dans chaque angle et trace un **✗** sur chaque côté.

Ex. :
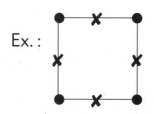

a)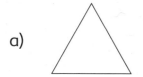

b)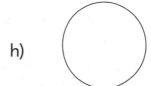

c)

d)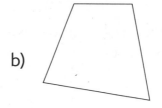

e)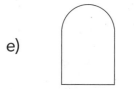

f)

g)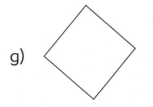

h)

i)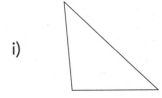

j)

k)

l)

Les figures planes

12. Colorie les figures en respectant les consignes, puis compte les figures.

a) Les cercles en bleu.   Nombre de cercles : _____

b) Les losanges en rouge.   Nombre de losanges : _____

c) Les carrés en vert.   Nombre de carrés : _____

d) Les triangles en orange.   Nombre de triangles : _____

e) Les rectangles en mauve.   Nombre de rectangles : _____

13. Dessine les figures demandées.

a) deux rectangles différents

c) deux triangles différents

b) un carré et un losange

d) un losange et un rectangle

Les solides

1. Encercle les solides et fais un **✗** sur les autres figures.

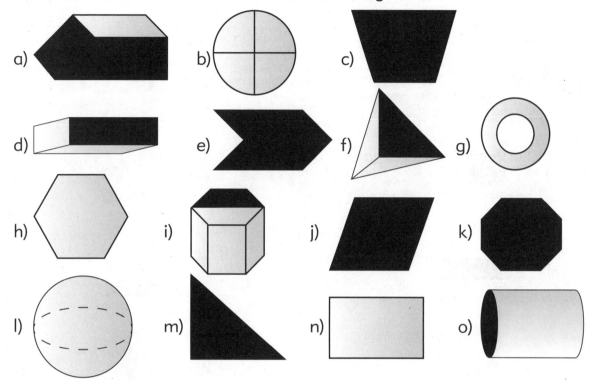

a)   b)   c)   d)   e)   f)   g)   h)   i)   j)   k)   l)   m)   n)   o)

2. Trouve combien de solides entrent dans la composition de ce dessin.

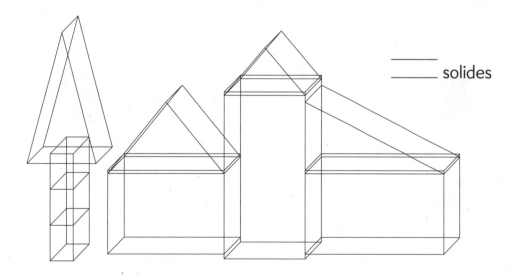

_____ solides

Mathématique **237**

Les solides

3. Relie à l'aide d'une flèche chaque solide à l'objet qui lui ressemble.

a)

b)

c)

d)

e)

f)

g)

h)

1.

2.

3.

4.

5.

6.

7.

8.

Les solides

4. Colorie les figures planes qui ont été utilisées pour construire chaque solide.

a)

b)

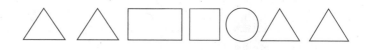

c)

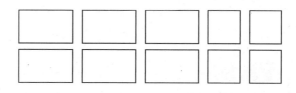

d)

e)

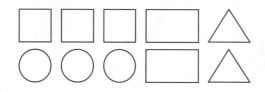

f)

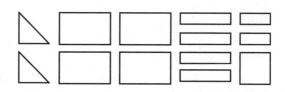

g)

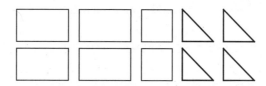

Les solides

5. Remplis le tableau suivant.

	a) 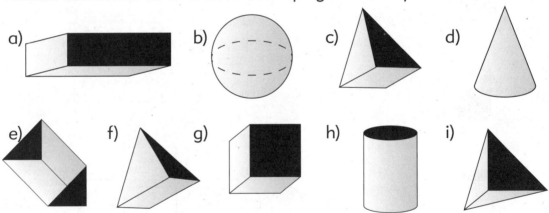	b)	c)	d)	e)	f)	g)
Nombre de faces courbes							
Nombre de faces planes							

6. Colorie en bleu les solides qui glissent seulement, en rouge ceux qui roulent seulement et en mauve ceux qui glissent et qui roulent.

a)　　　　　b)　　　　　c)　　　　　d)

e)　　　　　f)　　　　　g)　　　　　h)　　　　　i)

7. Vrai ou faux?

a) Le prisme à base carrée est composé de 2 carrés et de 4 rectangles. _____

b) Le cylindre est composé de 1 cercle et de 2 rectangles. _____

c) La pyramide à base triangulaire est composée de 4 triangles. _____

d) Le cône peut seulement rouler. _____

e) Le cube peut seulement glisser. _____

Les solides

8. Relie chaque développement au bon solide. Ensuite, relie chaque solide au bon nom.

a)

1.   pyramide à base triangulaire

b)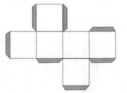

2.   prisme à base carrée

c)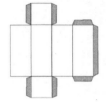

3.  pyramide à base carrée

d)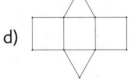

4.   prisme à base triangulaire

e)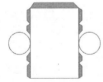

5.   cylindre

f)

6.  cube

Les solides

9. Dessine les faces qui manquent pour obtenir les solides.

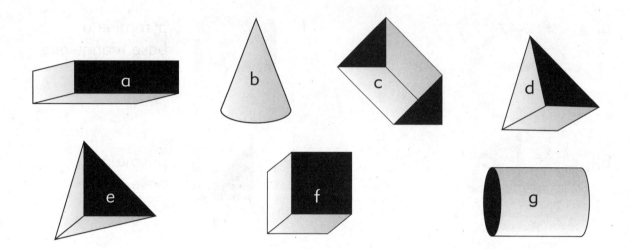

a) ▭ ▭

b) ◯

c) △ ▭

d) ▢

e) △

f) ▢

g) ◯

L'heure

1. Relie chaque horloge analogique au réveil-matin numérique qui affiche la même heure.

a)

21 h

b)

6 h 15

c)

10 h 50

d)

00 h 10

e)

5 h 45

f)

15 h 20

L'heure

2. Trouve l'heure indiquée sur chaque horloge.

matinée

a)
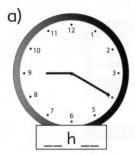

__ h __

matinée

b)
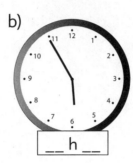

__ h __

après-midi

c)
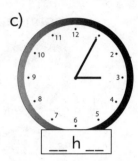

__ h __

après-midi

d)
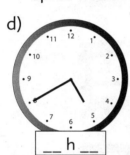

__ h __

après-midi

e)
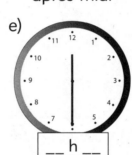

__ h __

matinée

f)
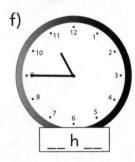

__ h __

3. Dessine les aiguilles afin d'obtenir l'heure écrite.

10 h 20

17 h 45

8 h 30

7 h 35

14 h 15

00 h 50

L'heure

4. Voici 6 horloges qui indiquent 6 heures différentes. Écris l'heure, puis associe chacune des activités suivantes à l'heure qui convient : se coucher, déjeuner, jouer dehors, être à l'école, se brosser les dents, souper.

matinée

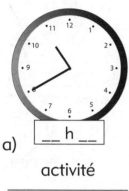

a) __ h __

activité
_____
_____

soir

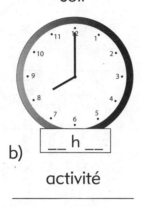

b) __ h __

activité
_____
_____

après-midi

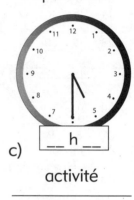

c) __ h __

activité
_____
_____

après-midi

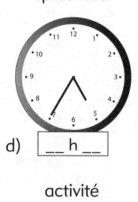

d) __ h __

activité
_____
_____

matinée

e) __ h __

activité
_____
_____

soir

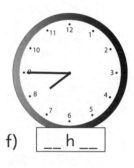

f) __ h __

activité
_____
_____

5. S'il est 9 h 15 en matinée, quelle heure est-il en soirée lorsque les aiguilles sont placées de la même façon sur l'horloge ? _____

6. S'il est 18 h 30 en soirée, quelle heure est-il en matinée lorsque les aiguilles sont placées de la même façon sur l'horloge ? _____

Les cycles du temps

1. Écris les noms des mois qui manquent dans le calendrier.

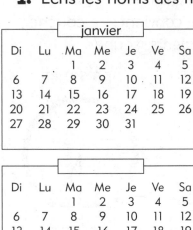

janvier						
Di	Lu	Ma	Me	Je	Ve	Sa
		1	2	3	4	5
6	7	8	9	10	11	12
13	14	15	16	17	18	19
20	21	22	23	24	25	26
27	28	29	30	31		

_____						
Di	Lu	Ma	Me	Je	Ve	Sa
					1	2
3	4	5	6	7	8	9
10	11	12	13	14	15	16
17	18	19	20	21	22	23
24	25	26	27	28		

mars						
Di	Lu	Ma	Me	Je	Ve	Sa
						1
2	3	4	5	6	7	8
9	10	11	12	13	14	15
16	17	18	19	20	21	22
23	24	25	26	27	28	29
30	31					

_____						
Di	Lu	Ma	Me	Je	Ve	Sa
		1	2	3	4	5
6	7	8	9	10	11	12
13	14	15	16	17	18	19
20	21	22	23	24	25	26
27	28	29	30			

mai						
Di	Lu	Ma	Me	Je	Ve	Sa
				1	2	3
4	5	6	7	8	9	10
11	12	13	14	15	16	17
18	19	20	21	22	23	24
25	26	27	28	29	30	31

_____						
Di	Lu	Ma	Me	Je	Ve	Sa
1	2	3	4	5	6	7
8	9	10	11	12	13	14
15	16	17	18	19	20	21
22	23	24	25	26	27	28
29	30					

juillet						
Di	Lu	Ma	Me	Je	Ve	Sa
		1	2	3	4	5
6	7	8	9	10	11	12
13	14	15	16	17	18	19
20	21	22	23	24	25	26
27	28	29	30	31		

_____						
Di	Lu	Ma	Me	Je	Ve	Sa
					1	2
3	4	5	6	7	8	9
10	11	12	13	14	15	16
17	18	19	20	21	22	23
24	25	26	27	28	29	30
31						

septembre						
Di	Lu	Ma	Me	Je	Ve	Sa
	1	2	3	4	5	6
7	8	9	10	11	12	13
14	15	16	17	18	19	20
21	22	23	24	25	26	27
28	29	30				

_____						
Di	Lu	Ma	Me	Je	Ve	Sa
			1	2	3	4
5	6	7	8	9	10	11
12	13	14	15	16	17	18
19	20	21	22	23	24	25
26	27	28	29	30	31	

novembre						
Di	Lu	Ma	Me	Je	Ve	Sa
						1
2	3	4	5	6	7	8
9	10	11	12	13	14	15
16	17	18	19	20	21	22
23	24	25	26	27	28	29
30						

_____						
Di	Lu	Ma	Me	Je	Ve	Sa
	1	2	3	4	5	6
7	8	9	10	11	12	13
14	15	16	17	18	19	20
21	22	23	24	25	26	27
28	29	30	31			

a) Entoure en rouge la date de ton anniversaire de naissance.

b) Entoure en vert foncé la date de la fête de Noël.

c) Entoure en bleu marine la première journée d'école.

d) Entoure en violet la dernière journée d'école.

e) Colorie en jaune les mois de printemps.

f) Colorie en vert pâle les mois d'été.

g) Colorie en orange les mois d'automne.

h) Colorie en bleu pâle les mois d'hiver.

Les cycles du temps

2. Place les unités de mesure du temps dans l'ordre croissant selon leur durée.

> journée   année   seconde   semaine
> saison   heure   mois   minute

_____

_____

_____

_____

3. Relie chaque unité de mesure à sa durée. Attention : il y a deux réponses de trop.

12 mois

saison   24 heures

minute   60 minutes

journée   3 mois

année   10 jours

heure   60 secondes

mois   7 jours

semaine   28, 30 ou 31 jours

5 mois

Les cycles du temps

4. Replace les mots en ordre.

a) automne – printemps – hiver – été

_____

_____

b) mars – septembre – janvier – août – novembre – février – mai –
octobre – décembre – juillet – avril – juin

_____

_____

_____

_____

_____

c) jeudi – lundi – samedi – mercredi – dimanche – mardi – vendredi

_____

_____

5. Colorie l'image qui représente une activité qui peut se faire en...

a) janvier

b) automne

c) mars

d) été

Les statistiques

1. Observe le tableau, puis réponds aux questions.

Les élèves et leur instrument de musique préféré

	1re année	2e année	3e année	4e année	5e année	6e année
trompette	3	2	2	4	1	3
flûte	5	4	5	4	3	3
xylophone	4	7	6	5	3	6
violon	3	1	2	4	3	5
guitare	6	8	7	9	5	8
piano	1	4	3	0	6	2
saxophone	2	1	0	0	4	1
maracas	0	1	2	0	2	1

a) Combien d'élèves de 3e année préfèrent le piano ? _____

b) Le saxophone est le plus populaire en quelle année ? _____

c) Le xylophone est le moins populaire en quelle année ? _____

d) Combien d'élèves en tout préfèrent le violon ? _____

e) Combien d'élèves en tout sont en 4e année ? _____

f) Quel instrument de musique est le plus populaire ? _____

g) Quelle est la différence entre le nombre d'élèves _____
   qui préfèrent la flûte et ceux qui préfèrent la trompette ?

Les statistiques

2. Observe le diagramme à pictogrammes, puis réponds aux questions.

Les animaux du zoo

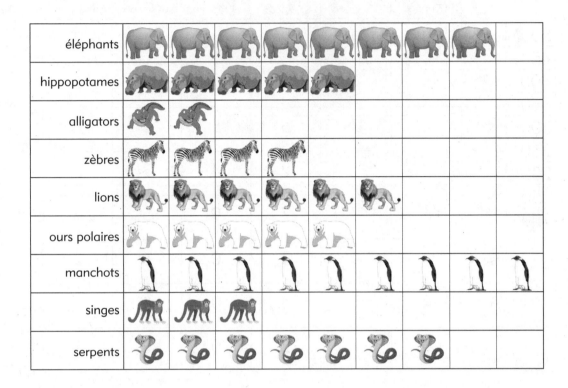

ATTENTION : CHAQUE PICTOGRAMME = 3 ANIMAUX

a) Combien de lions vivent dans ce zoo ? _____

b) Combien de singes vivent dans ce zoo ? _____

c) Combien de zèbres et d'éléphants y a-t-il en tout ? _____

d) Quelle est l'espèce animale la moins nombreuse ? _____

e) Combien de singes y a-t-il de moins que de manchots ? _____

f) Combien de lions y a-t-il de plus que d'alligators ? _____

g) Il y a autant d'hippopotames que de… _____

Les statistiques

3. Observe le diagramme à bandes, puis réponds aux questions qui suivent.

Les collections de timbres

	Zoé	Téo	Léa	Alec	Caro	Jordi	Véro	Luc
500					▓			
450			▓		▓			
400			▓		▓			
350			▓	▓	▓			
300			▓	▓	▓		▓	
250	▓		▓	▓	▓		▓	
200	▓	▓	▓	▓	▓	▓	▓	
150	▓	▓	▓	▓	▓	▓	▓	
100	▓	▓	▓	▓	▓	▓	▓	▓
50	▓	▓	▓	▓	▓	▓	▓	▓
Nombre de timbres	Zoé	Téo	Léa	Alec	Caro	Jordi	Véro	Luc

a) Quel enfant a le plus de timbres dans sa collection? _____

b) Quel enfant a le moins de timbres dans sa collection? _____

c) Combien de timbres possède Alec? _____

d) Combien de timbres possède Véro? _____

e) Combien de timbres possèdent Zoé et Jordi ensemble? _____

f) Combien de timbres de moins que Léa possède Téo? _____

g) Combien de timbres de plus que Jordi possède Véro? _____

h) Place les noms des enfants dans l'ordre décroissant selon le nombre de timbres qu'ils possèdent.

_____

_____

_____

_____

Les statistiques

4. Observe le tableau, puis réponds aux questions.

Gestation et longévité des mammifères

gestation	150 jours	28 jours	21 jours	60 jours	650 jours	345 jours
longévité	16 ans	7 ans	2 ans	15 ans	70 ans	25 ans

Gestation : période pendant laquelle la maman garde son bébé dans son ventre.

Longévité : durée de la vie.

a) Quel mammifère vit le plus longtemps ?

_____

_____

b) Quel mammifère porte ses bébés le moins longtemps ?

_____

_____

c) Quelle est la différence entre le temps de gestation de la jument et celui de la brebis ?

_____

_____

d) Quelle est la différence entre la durée de vie d'un cheval et celle d'un lapin ?

_____

_____

e) Place les durées de gestation des mammifères dans l'ordre croissant en écrivant leur nom.

_____

_____

f) Place les durées de vie des mammifères dans l'ordre décroissant en écrivant leur nom.

_____

_____

Les statistiques

5. Observe le diagramme à pictogrammes, puis réponds aux questions.

Résultats du sondage
Endroits les plus fréquentés les fins de semaine

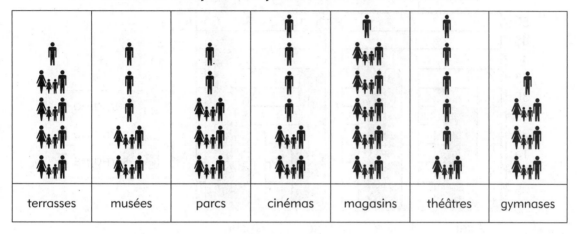

| terrasses | musées | parcs | cinémas | magasins | théâtres | gymnases |

Attention :  = 4 personnes   👤 = 1 personne

a) Combien de personnes fréquentent les musées ? _____

b) Combien de personnes fréquentent les cinémas ? _____

c) Quel endroit est le moins populaire ? _____

d) Combien de personnes de plus fréquentent
   les magasins comparativement aux terrasses ? _____

e) Combien de personnes ont répondu au sondage ? _____

Les statistiques

6. Observe le diagramme à bandes, puis réponds aux questions qui suivent.

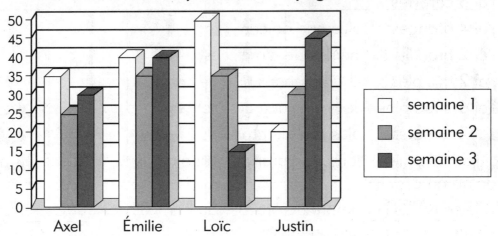

Vente de calendriers pour une campagne de financement

- semaine 1
- semaine 2
- semaine 3

a) Dans quelle semaine Loïc a-t-il vendu le plus de calendriers ? _____

b) Émilie a vendu combien de calendriers dans la 3e semaine ? _____

c) Justin a vendu combien de calendriers dans la 1re semaine ? _____

d) Dans quelle semaine Axel a-t-il vendu le moins de calendriers ? _____

e) Qui a vendu le plus de calendriers en tout ? _____

f) Qui a vendu le moins de calendriers en tout ? _____

Les statistiques

7. À partir des indices, remplis le diagramme à pictogrammes.

Dans mon sac d'épicerie…

a) j'ai 8 carottes ;

b) j'ai 4 oranges de plus que de carottes ;

c) j'ai 2 brocolis de moins que d'oranges ;

d) j'ai 2 fois plus de champignons que de carottes ;

e) j'ai 6 aubergines de moins que de champignons ;

f) j'ai 2 tomates de plus que de brocolis ;

g) si j'additionne le nombre d'oranges et de carottes, j'obtiens le nombre de pommes ;

h) si je soustrais le nombre de brocolis au nombre de champignons, j'obtiens le nombre d'ananas ;

i) j'ai 6 bananes de moins que de carottes ;

j) j'ai autant d'aubergines que de brocolis.

pommes									
oranges									
ananas									
bananes									
carottes									
champignons									
tomates									
aubergines									
brocolis									

ATTENTION : CHAQUE PICTOGRAMME = 2 ALIMENTS

Les statistiques

8. À partir des indices, remplis le diagramme à bandes.

Dans un sondage portant sur les émissions préférées des téléspectateurs, on a obtenu les résultats suivants :

a) 15 personnes préfèrent les variétés.

b) 3 personnes de moins préfèrent les comédies comparativement aux variétés.

c) 9 personnes de plus préfèrent les nouvelles comparativement aux comédies.

d) 2 fois plus de personnes préfèrent les dessins animés comparativement aux variétés.

e) 6 personnes de moins préfèrent les films comparativement aux dessins animés.

f) 3 personnes préfèrent les débats et discussions.

g) 5 fois plus de personnes préfèrent les téléromans comparativement aux débats et discussions.

h) 10 fois moins de personnes préfèrent les arts et spectacles comparativement aux dessins animés.

	téléromans	nouvelles	variétés	films	dessins animés	comédies	arts et spectacles	débats et discussions
30								
27								
24								
21								
18								
15								
12								
9								
6								
3								

La logique

1. À partir des indices, remplis le tableau en inscrivant 1er, 2e ou 3e.
On a demandé aux élèves de la classe de 2e année d'énumérer les trois matières qu'ils préféraient :

a) Diego aime la mathématique, mais ce n'est pas son 2e choix.

b) Maya aime le français, mais ce n'est pas son 3e choix.

c) Le 1er choix de Lucas est la science.

d) Le 2e choix de Nadia est la musique.

e) Le 3e choix de Bruno est l'anglais.

f) Diego n'aime ni l'anglais ni le français.

g) Maya n'aime ni la science ni la mathématique.

h) Lucas aime l'anglais, mais ce n'est pas son 2e choix.

i) Nadia n'aime ni la mathématique ni le français.

j) Le 2e choix de Maya est la musique.

k) Lucas n'aime ni le français ni la musique.

l) La musique est la matière préférée de Diego.

m) Nadia aime la science, mais ce n'est pas son 1er choix.

n) Bruno aime le français, mais ce n'est pas son 1er choix.

o) Bruno n'aime ni la musique ni la science.

	français	math	science	anglais	musique
Diego					
Maya					
Lucas					
Nadia					
Bruno					

La logique

2. À partir des indices, trouve la clé de chaque énigme en faisant un **✗** dans les bonnes cases du tableau.

a) Les quatre enfants ont les cheveux de couleurs différentes.
   Vincent a les cheveux bruns.
   Lélia n'a pas les cheveux blonds.
   L'un des deux garçons a les cheveux noirs.

	blonds	châtains	bruns	noirs
Vincent				
Justine				
Lélia				
Mathieu				

b) Les quatre personnages ont des métiers différents.
   L'un des hommes est secrétaire.
   Sophie n'est pas journaliste.
   Antoine a un bon tuyau pour toi.

	journaliste	plombier	secrétaire	vétérinaire
Antoine				
Sophie				
Benjamin				
Nadia				

c) Aujourd'hui, il pleut, et les quatre membres d'une même famille s'occupent à des activités différentes.
   Jonathan doit tailler ses crayons à colorier.
   Son frère n'aime pas lire.
   Kathia dépense beaucoup d'énergie.

	lecture	sport	dessin	télévision
Kathia				
Ophélie				
Hugo				
Jonathan				

Les mesures et l'estimation

1. Observe chaque crayon. À partir du trombone au bas de la page, estime la longueur de chacun en trombones. Mesure ensuite chaque crayon à l'aide du trombone que tu auras découpé.

a) Estimation : _____ trombones   Mesure : _____ trombones

b) Estimation : _____ trombones   Mesure : _____ trombones

c) Estimation : _____ trombones   Mesure : _____ trombones

d) Estimation : _____ trombones   Mesure : _____ trombones

e) Estimation : _____ trombones   Mesure : _____ trombones

f) Estimation : _____ trombones   Mesure : _____ trombones

g) Estimation : _____ trombones   Mesure : _____ trombones

h) Estimation : _____ trombones   Mesure : _____ trombones

2. Quels crayons ont la même longueur ? _____

Les mesures et l'estimation

3. Observe chaque bout de corde. Estime la longueur de chacun.
Mesure ensuite chacun à l'aide d'une règle graduée en centimètres.

a)

Estimation : _____ cm   Mesure : _____ cm

b)

Estimation : _____ cm   Mesure : _____ cm

c)

Estimation : _____ cm   Mesure : _____ cm

d)

Estimation : _____ cm   Mesure : _____ cm

e)

Estimation : _____ cm   Mesure : _____ cm

f)

Estimation : _____ cm   Mesure : _____ cm

g)

Estimation : _____ cm   Mesure : _____ cm

h)

Estimation : _____ cm   Mesure : _____ cm

4. Quel bout de corde est le plus long ?   _____

5. Quel bout de corde est le plus court ?   _____

Les mesures et l'estimation

6. Écris l'unité de mesure appropriée : cm (centimètre), dm (décimètre) ou m (mètre).

Ex. : = 3 cm

a)  = 12 _____

b)  = 20 _____

c)  = 3 _____

d)  = 8 _____

e)  = 15 _____

f)  = 1 _____

g)  = 5 _____

h)  = 90 _____

i)  = 10 _____

j) = 2 _____

k) 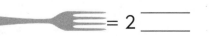 = 2 _____

l)  = 12 _____

Les mesures et l'estimation

7. Observe les clous. Estime la longueur de chacun, puis encercle la réponse la plus près de ton estimation. À l'aide d'une règle graduée en centimètres, mesure ensuite chaque clou, puis encercle la bonne réponse.

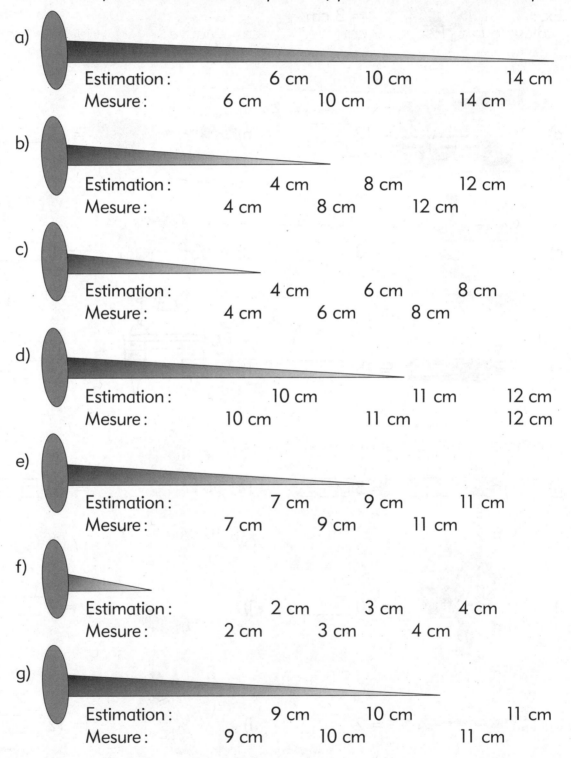

a)

Estimation :		6 cm	10 cm	14 cm
Mesure :	6 cm	10 cm	14 cm	

b)

Estimation :		4 cm	8 cm	12 cm
Mesure :	4 cm	8 cm	12 cm	

c)

Estimation :		4 cm	6 cm	8 cm
Mesure :	4 cm	6 cm	8 cm	

d)

Estimation :		10 cm	11 cm	12 cm
Mesure :	10 cm	11 cm	12 cm	

e)

Estimation :		7 cm	9 cm	11 cm
Mesure :	7 cm	9 cm	11 cm	

f)

Estimation :		2 cm	3 cm	4 cm
Mesure :	2 cm	3 cm	4 cm	

g)

Estimation :		9 cm	10 cm	11 cm
Mesure :	9 cm	10 cm	11 cm	

Les mesures et l'estimation

8. À l'aide d'une règle graduée en centimètres, mesure chaque bâton de baseball. Colorie ensuite chaque bâton selon la couleur associée à sa mesure.

Bleu : 8 cm   Rouge : 9 cm   Vert : 11 cm   Mauve : 4 cm   Jaune : 5 cm

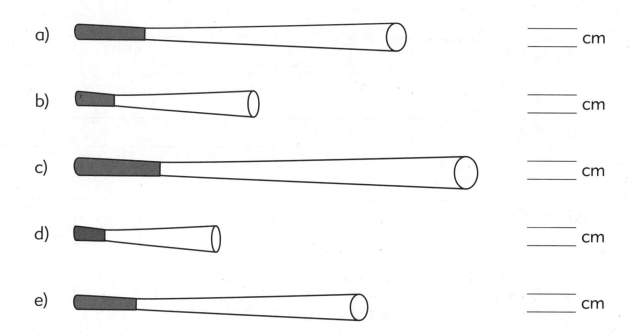

a) _____ cm

b) _____ cm

c) _____ cm

d) _____ cm

e) _____ cm

9. Compare les mesures suivantes en inscrivant <, > ou =.

a) 17 cm _____ 2 dm

b) 86 cm _____ 9 dm

c) 3 m _____ 58 cm

d) 10 dm _____ 1 m

e) 54 cm _____ 45 cm

f) 70 cm _____ 7 dm

g) 4 dm _____ 39 cm

h) 8 cm _____ 1 dm

i) 5 m _____ 50 dm

j) 34 m _____ 43 m

Les mesures et l'estimation

10. Colorie la mesure demandée. Attention : les unités de mesure ne sont pas toujours les mêmes...

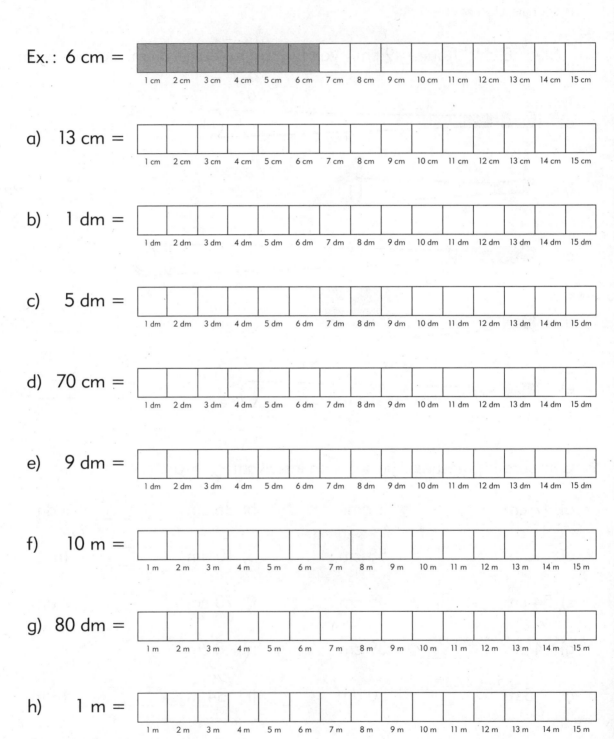

Ex. : 6 cm =

| 1 cm | 2 cm | 3 cm | 4 cm | 5 cm | 6 cm | 7 cm | 8 cm | 9 cm | 10 cm | 11 cm | 12 cm | 13 cm | 14 cm | 15 cm |

a) 13 cm =

| 1 cm | 2 cm | 3 cm | 4 cm | 5 cm | 6 cm | 7 cm | 8 cm | 9 cm | 10 cm | 11 cm | 12 cm | 13 cm | 14 cm | 15 cm |

b) 1 dm =

| 1 dm | 2 dm | 3 dm | 4 dm | 5 dm | 6 dm | 7 dm | 8 dm | 9 dm | 10 dm | 11 dm | 12 dm | 13 dm | 14 dm | 15 dm |

c) 5 dm =

| 1 dm | 2 dm | 3 dm | 4 dm | 5 dm | 6 dm | 7 dm | 8 dm | 9 dm | 10 dm | 11 dm | 12 dm | 13 dm | 14 dm | 15 dm |

d) 70 cm =

| 1 dm | 2 dm | 3 dm | 4 dm | 5 dm | 6 dm | 7 dm | 8 dm | 9 dm | 10 dm | 11 dm | 12 dm | 13 dm | 14 dm | 15 dm |

e) 9 dm =

| 1 dm | 2 dm | 3 dm | 4 dm | 5 dm | 6 dm | 7 dm | 8 dm | 9 dm | 10 dm | 11 dm | 12 dm | 13 dm | 14 dm | 15 dm |

f) 10 m =

| 1 m | 2 m | 3 m | 4 m | 5 m | 6 m | 7 m | 8 m | 9 m | 10 m | 11 m | 12 m | 13 m | 14 m | 15 m |

g) 80 dm =

| 1 m | 2 m | 3 m | 4 m | 5 m | 6 m | 7 m | 8 m | 9 m | 10 m | 11 m | 12 m | 13 m | 14 m | 15 m |

h) 1 m =

| 1 m | 2 m | 3 m | 4 m | 5 m | 6 m | 7 m | 8 m | 9 m | 10 m | 11 m | 12 m | 13 m | 14 m | 15 m |

Les mesures et l'estimation

11. À l'aide d'un bout de ficelle qui mesure exactement 2 centimètres, mesure chaque ligne courbe en donnant ta réponse en bouts de ficelle.

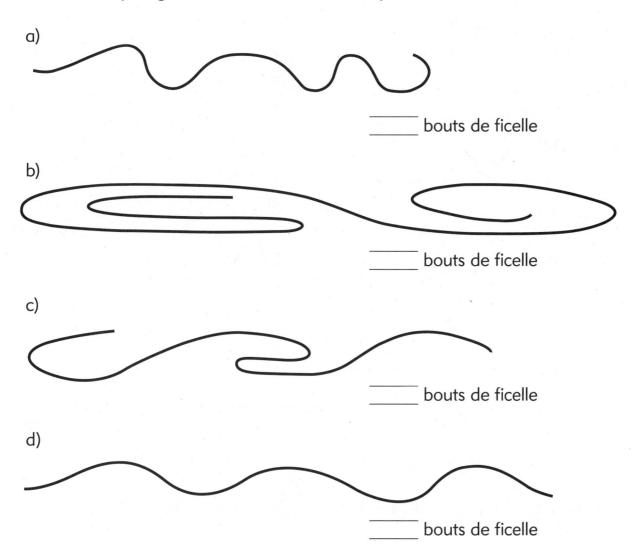

a)

_____ bouts de ficelle

b)

_____ bouts de ficelle

c)

_____ bouts de ficelle

d)

_____ bouts de ficelle

12. Trace des lignes droites de la longueur demandée.

a) 3 bouts de ficelle

b) 4 bouts de ficelle

c) 5 bouts de ficelle

d) 6 bouts de ficelle

Les mesures et l'estimation

13. À l'aide d'une règle graduée en centimètres, mesure les lignes suivantes.

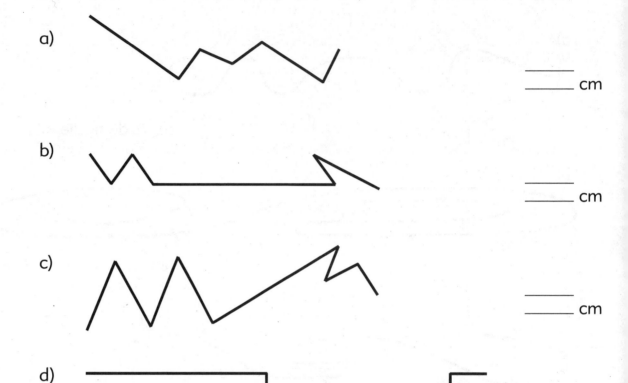

a) _____ cm

b) _____ cm

c) _____ cm

d) _____ cm

14. Traces des lignes droites de la longueur demandée.

a) 8 cm

b) 3 cm

c) 14 cm

d) 9 cm

e) 5 cm

Les mesures et l'estimation

15. Trouve la mesure qui a été coloriée. Attention : les unités de mesure ne sont pas toujours les mêmes...

Ex. : 30 dm =

a) ___ cm =
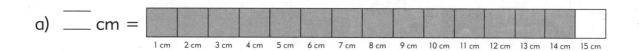

b) ___ cm =
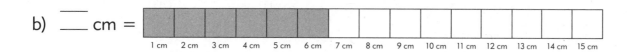

c) ___ dm =
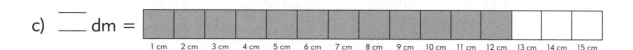

d) ___ m =
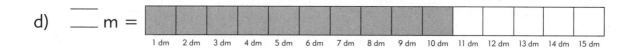

e) ___ m =
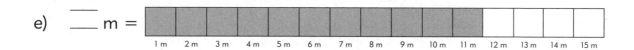

f) ___ dm =

g) ___ m =
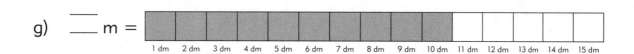

h) ___ cm =
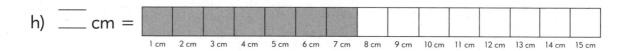

Les mesures et l'estimation

16. Observe l'illustration, puis encercle la mesure la plus appropriée.

a)   1 cm   1 dm   1 m

b)   1 dm   1 m   1 cm

c)   2 m   2 cm   2 dm

d)   10 cm   10 dm   10 m

e)   8 dm   8 cm   8 m

f)   7 cm   7 m   7 dm

g)   2 m   2 dm   2 cm

h)   1 dm   1 m   1 cm

i)   30 m   30 cm   30 dm

La situation dans l'espace

1. Observe l'armoire et son contenu, puis réponds aux questions.

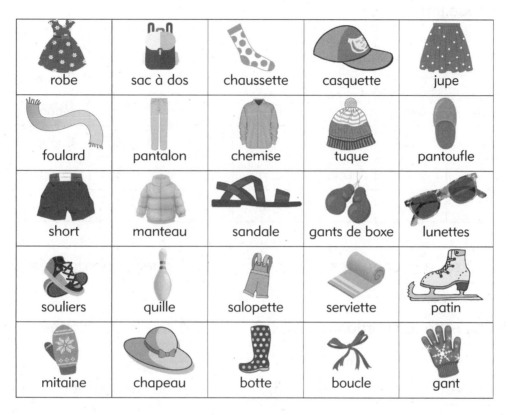

robe	sac à dos	chaussette	casquette	jupe
foulard	pantalon	chemise	tuque	pantoufle
short	manteau	sandale	gants de boxe	lunettes
souliers	quille	salopette	serviette	patin
mitaine	chapeau	botte	boucle	gant

a) Quel objet est au-dessus de la sandale ? _____

b) Quel objet est à droite des souliers ? _____

c) Quel objet est entre la robe et le short ? _____

d) Quel objet est à gauche du manteau ? _____

e) Quel objet est sous la serviette ? _____

f) Quel objet est au bas de la colonne du sac à dos ? _____

g) Quel objet est à l'opposé de la mitaine ? _____

h) Quel objet est entre la chemise et la pantoufle ? _____

i) Quel objet est au bout de la rangée des souliers ? _____

La situation dans l'espace

2. Dans la classe de 2ᵉ année, les élèves sont disposés en 7 rangs de 5 pupitres.

	1	2	3	4	5	6	7
A	Hugo	Alice	Elsa	Noah	Maxime	Flavie	Léo
B	Clara	Célia	Yanis	Simon	Loïc	Marina	Pedro
C	Louis	Enzo	Kim	Giani	David	Chanel	Éric
D	Tom	Lola	Fatima	Rémi	Anna	Logan	Chloé
E	Jade	Paul	Axel	Lina	Sacha	Sabine	Andréa

a) Qui est à la coordonnée (C,5)?

b) À quelle coordonnée est Rémi?

c) Qui est à la coordonnée (D,2)?

d) À quelle coordonnée est Pedro?

e) Qui est à la coordonnée (B,3)?

f) À quelle coordonnée est Axel?

g) Qui est à la coordonnée (A,1)?

h) À quelle coordonnée est Elsa?

i) Qui est à la coordonnée (E,6)?

j) À quelle coordonnée est Lina?

3. Devine de qui on parle…

a) Je suis entre Rémi et Logan.

b) Je suis entre Clara et Tom.

c) Je suis à côté de Loïc, mais pas de Pedro.

d) Je suis à côté de Sacha, mais pas de Axel.

e) Je suis dans un coin de la classe, loin de Flavie, de Célia et de Tom.

La situation dans l'espace

4. Observe le plan de la classe de 3e année, puis complète chaque phrase par : au nord, au sud, à l'ouest ou à l'est.

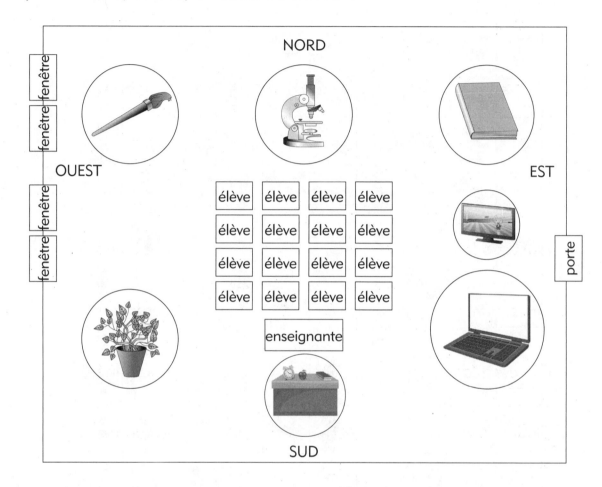

a) Le bureau de l'enseignante est _____ .

b) Les fenêtres sont situées _____ .

c) Le coin science est situé _____ du coin lecture.

d) Le téléviseur est situé _____ de l'ordinateur.

e) La porte est située _____ .

f) L'enseignante est située _____ des élèves.

g) La plante est située _____ de l'enseignante et _____ du coin d'arts plastiques.

La situation dans l'espace

5. Trace le chemin qui va du chien à sa niche en suivant les os.

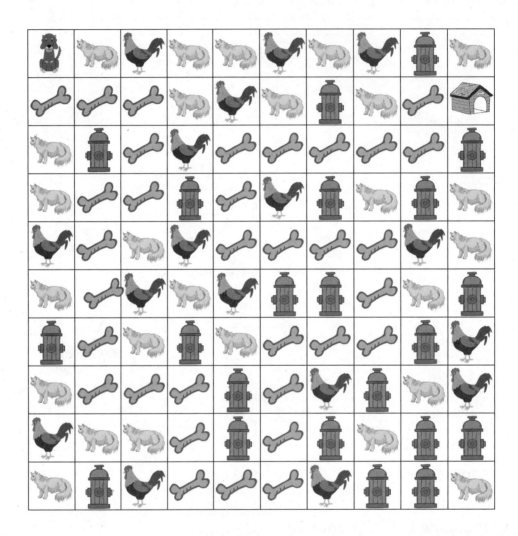

a) Combien d'os le chien a-t-il trouvés sur son chemin ? _____

b) Combien de bornes d'incendie y a-t-il de moins que d'os ? _____

c) Combien de chats y a-t-il de plus que d'oiseaux ? _____

La situation dans l'espace

6. Observe le plan du zoo et écris le nom de l'animal au bon endroit.

a) La girafe est à droite du zèbre.

b) Le panda est au-dessus du tigre.

c) L'éléphant est sous la girafe.

d) Le chameau est entre l'éléphant et le panda.

e) Le flamant rose est deux cases en dessous du zèbre.

f) Le singe est deux cases au-dessus du panda.

g) Le phoque est complètement à l'opposé du tigre.

h) Le lion est à gauche du tigre.

i) L'autruche est entre le panda et le singe.

j) Le koala est à droite du phoque.

k) Le perroquet est entre la girafe et l'autruche.

l) Le rhinocéros est entre le zèbre et le flamant rose.

m) Le serpent est à gauche du singe.

n) L'hippopotame est entre le lion et le flamant rose.

La situation dans l'espace

7. Trouve le nom de chaque personnage à l'aide des indices.

a) _____ b) _____ c) _____ d) _____ e) _____

f) _____ g) _____ h) _____ i) _____ j) _____

Indices – Attention : ils sont mêlés...

Lisa est à gauche de Chloé.

Jacob est entre Chloé et Tina.

Paolo est sous Lisa.

Étienne est à droite de Tina.

Marina est en dessous d'Étienne.

Chloé est au-dessus de David.

Jonathan est à droite de David.

Fanny est entre Jonathan et Marina.

8. Trouve le sac d'école de Chloé à partir des indices, puis encercle-le.

Celui de Jonathan est complètement à gauche. Celui de Paolo est entre celui de Fanny et celui de Jonathan. Celui de Tina n'est pas à côté de celui de Fanny.

La situation dans l'espace

9. Trace le chemin qui va de l'oiseau à son nid en coloriant les cases qui se suivent et en évitant les gouttes de pluie.

10. Combien de cases mènent de l'oiseau à son nid ? _____

11. Combien de gouttes de pluie touchent ces cases ? _____

12. Combien de gouttes de pluie ne touchent pas ces cases ? _____

La situation dans l'espace

13. Écris le bon nombre et la bonne direction (haut, bas, gauche, droite) pour décrire le chemin que la fillette doit emprunter pour se rendre à sa maison.

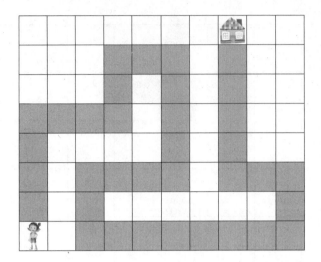

a) Elle avance de _____ cases vers le _____ .

b) Elle avance de _____ cases vers la _____ .

c) Elle avance de _____ cases vers le _____ .

d) Elle avance de _____ cases vers la _____ .

e) Elle avance de _____ cases vers le _____ .

f) Elle avance de _____ cases vers la _____ .

g) Elle avance de _____ cases vers le _____ .

h) Elle avance de _____ cases vers la _____ .

i) Elle avance de _____ cases vers le _____ .

j) Elle avance de _____ cases vers la _____ .

k) Elle avance de _____ cases vers le _____ .

Les points cardinaux

1. Place les points cardinaux sur la rose des vents.

2. Trace le chemin selon les consignes.

Départ

Arrivée

Déplace-toi de 6 cases vers l'est.

Déplace-toi de 5 cases vers le sud.

Déplace-toi de 2 cases vers l'ouest.

Déplace-toi de 3 cases vers le sud.

Déplace-toi de 3 cases vers l'est.

Déplace-toi de 8 cases vers le nord.

Déplace-toi de 3 cases vers l'est.

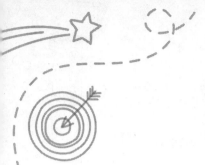

Les points cardinaux

Voici quelques informations pour t'aider.
Le soleil se lève à l'est et se couche à l'ouest.
Le soleil est au sud à midi.
On ne voit jamais le soleil au nord.

3. Trace le chemin parcouru par le soleil.

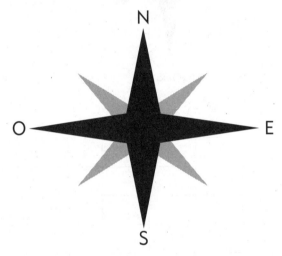

4. Colorie en jaune les provinces à l'ouest du Manitoba.
Colorie en vert les provinces à l'est du Manitoba.

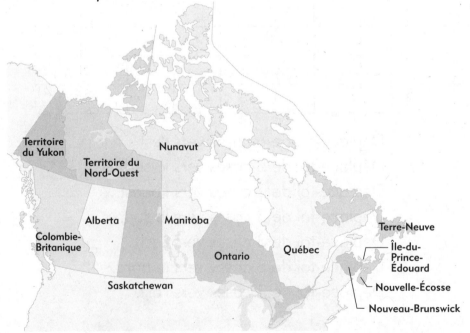

Les coordonnées

1. Colorie les cases des coordonnées écrites pour trouver la lettre mystère.

a)

(A,1) (A,2) (A,3)
(B,2) (C,2) (D,2)

Lettre mystère : _____

b)

(C,1) (B,2) (A,3)
(A,1) (C,3)

Lettre mystère : _____

c)

(A,2) (B,2) (C,2)
(B,3) (A,4) (B,4)
(C,4)

Lettre mystère : _____

Les coordonnées

2. Colorie les cases en suivant les consignes.

	1	2	3	4	5	6	7	8	9	10
A										
B										
C										
D										
E										
F										
G										
H										
I										

a) Colorie en rouge les cases (B,3), (B,4), (C,5), (D,5), (E,3), (E,4), (C,2) et (D,2).

b) Colorie en vert foncé les cases (E,5), (F,6), (G,7), (H,8) et (I,9).

c) Colorie en jaune les cases (C,3), (C,4), (D,3) et (D,4).

d) Colorie en vert pâle les cases (D,8), (E,7), (E,8), (F,7) et (F,8).

e) Quelle image obtiens-tu ? _____

Les coordonnées

3. Remplis le tableau à partir des indices et des coordonnées.

Les figures et les couleurs

	1	2	3	4	5	6
A						
B						
C						
D						

a) Dessine un triangle bleu en (C,5).

b) Dessine un carré vert en (B,2).

c) Dessine un cercle rouge en (A,4).

d) Dessine un rectangle mauve en (D,3).

e) Dessine un triangle vert juste à droite du cercle rouge.

f) Dessine un carré bleu juste à gauche du rectangle mauve.

g) Dessine un cercle mauve juste en dessous du carré vert.

h) Dessine un rectangle rouge juste au-dessus du triangle bleu.

i) Dessine un triangle mauve en (B,1).

j) Dessine un carré rouge en (C,3).

k) Dessine un cercle vert en (D,1).

l) Dessine un rectangle bleu en (A,6).

m) Dessine un triangle rouge entre le triangle mauve et le cercle vert.

n) Dessine un carré mauve juste en dessous du rectangle bleu.

o) Dessine un cercle bleu dans la case restante de la colonne 5.

p) Dessine un rectangle vert entre le carré rouge et le triangle bleu.

q) Énumère les huit coordonnées qui restent.

_____

_____

_____

_____

Les coordonnées

4. Trace les trajets en suivant les consignes.

	1	2	3	4	5	6	7	8	9	10
A										
B										
C										
D										
E										
F										
G										
H										
I										

a) Chemin en bleu au départ de (H,2).

→ ↑ ↑ → → → ↓ → ↑ ↑ ↑ ↑ ← ←

b) Chemin en rouge au départ de (A,7).

← ← ← ← ← ↓ ↓ ↓ → → ↑ ↑ →

c) Chemin en vert au départ de (E,3).

← ← ↓ ↓ ↓ ↓ → → → ↑ ↑

Les frises et les dallages

1. Complète les frises.

a)

b)

c)

d)

e)

f)

g)

Les frises et les dallages

2. Dans chaque frise, fais un **✗** sur l'intrus.

a)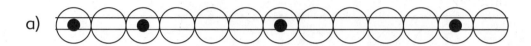

b)

c)

d)

e)

f)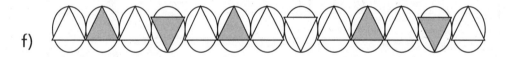

g)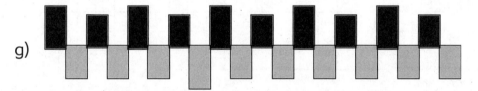

h)

i)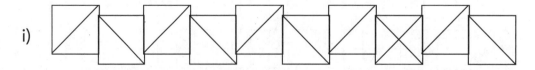

Les frises et les dallages

3. Julien et Ophélie aident leur père à poser des carreaux de céramique dans la cuisine. Aide-les à compléter le dallage en dessinant les formes manquantes.

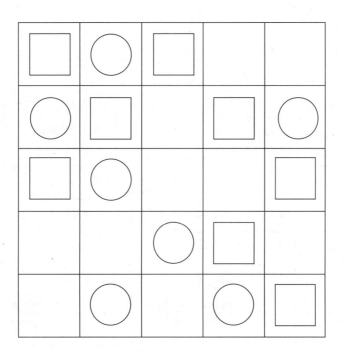

4. Julien et Ophélie font le même travail dans la salle de bain. Aide-les à compléter les frises en dessinant les formes manquantes.

a)

b)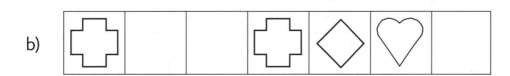

c)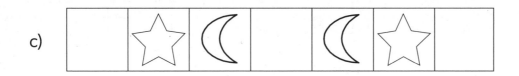

Les frises et les dallages

5. Aide l'ouvrier à compléter les dallages de carreaux de céramique.

a)
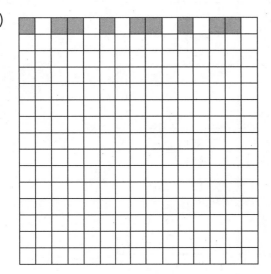

b)
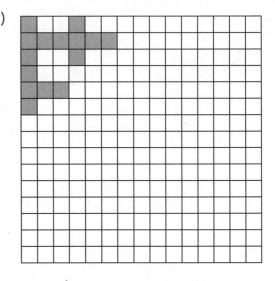

c)
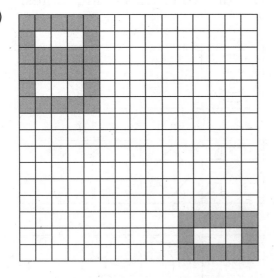

d)
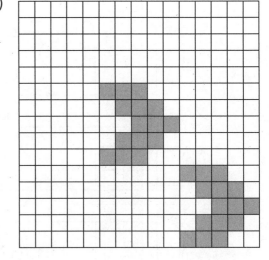

La symétrie

1. Trace les axes de symétrie lorsque c'est possible. Fais un **✗** sur les images pour lesquelles c'est impossible.

a)

b)

c)

d)

e)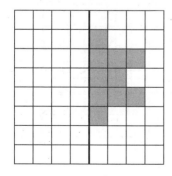

f)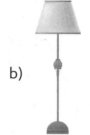

g)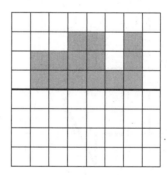

h)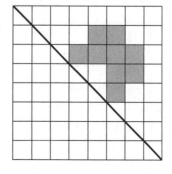

2. Complète les illustrations de façon symétrique.

a)

b)

c)

d)

La symétrie

3. Colorie chaque illustration dont l'axe de symétrie est correct.

a)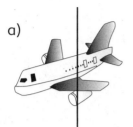

b)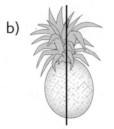

c)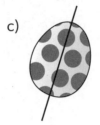

d)

e)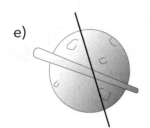

f)

g)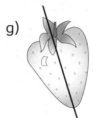

h)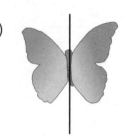

4. Complète les illustrations de façon symétrique.

a)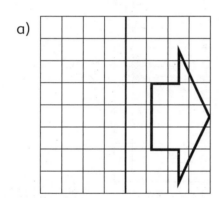

b)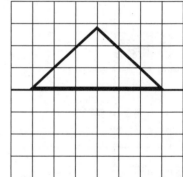

c)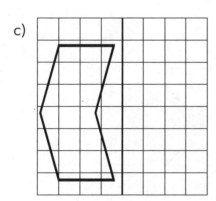

d)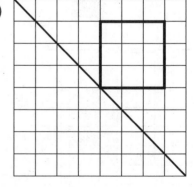

Les probabilités

1. Noémie et Carlos jouent à roche-papier-ciseaux. Dans les rectangles, illustre toutes les combinaisons possibles.

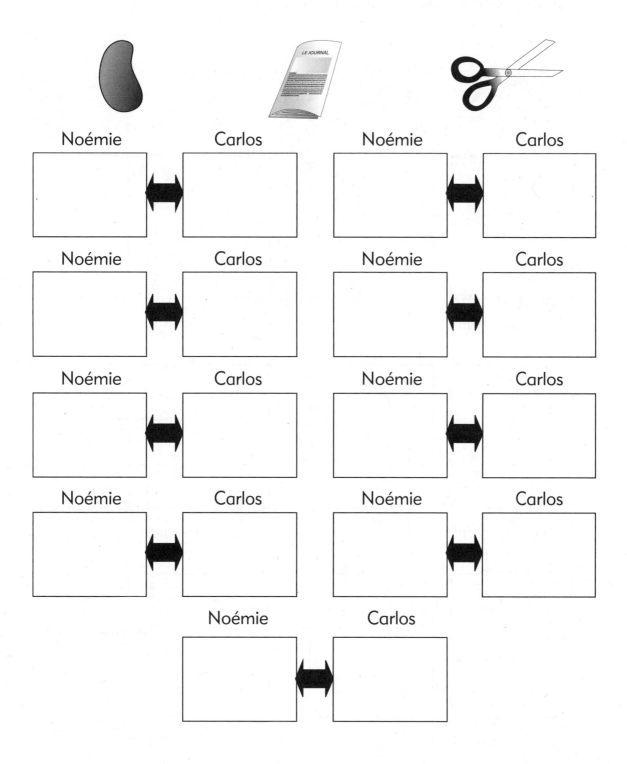

Les probabilités

2. Dans sa poche, Tristan a quatre pièces de monnaie. S'il prend deux pièces à la fois, quelles sont toutes les combinaisons possibles ? Calcule ensuite le montant obtenu avec chaque combinaison.

Montant : _____   Montant : _____

Montant : _____   Montant : _____

Montant : _____   Montant : _____

Les probabilités

3. Observe les journaux et les bacs de recyclage, puis remplis le tableau ci-dessous en mettant des crochets aux bons endroits.

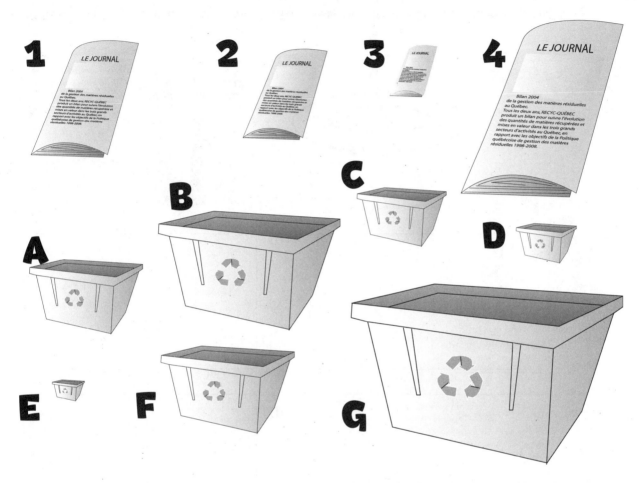

		certain	possible	impossible
a)	Mettre le journal 1 dans le bac C.			
b)	Mettre le journal 3 dans le bac B.			
c)	Mettre le journal 2 dans le bac E.			
d)	Mettre le journal 4 dans le bac B.			
e)	Mettre le journal 3 dans le bac A.			
f)	Mettre le journal 2 dans le bac D.			
g)	Mettre le journal 4 dans le bac F.			
h)	Mettre le journal 1 dans le bac G.			

Les probabilités

4. Cécilia doit dresser la table, mais elle ne se souvient plus de quelle façon placer les couverts. Aide-la en illustrant six combinaisons possibles en sachant que tu dois avoir un ou deux ustensiles de chaque côté de l'assiette.

a)

b)

c)

d)

e)

f)

Les probabilités

5. Fais un ✘ sur les situations qui sont impossibles.

a)   b)   c)   d)

e)   f)   g)   h)

6. Fais un ✘ dans la bonne colonne.

		certain	possible	impossible
a)	Monter sur le dos d'un éléphant.			
b)	Voir une poule qui a des dents.			
c)	Rencontrer une vedette.			
d)	Se brosser les dents.			
e)	Devenir l'ami d'un extraterrestre.			
f)	Boire un verre de lait.			
g)	Nager avec des dauphins.			
h)	Skier dans le désert du Sahara.			
i)	Déballer un cadeau.			

Les probabilités

7. Yoan et Jorge jouent aux dés. Ils tentent d'obtenir le même résultat en lançant un seul dé. Aide-les en illustrant toutes les combinaisons possibles. Combien ont-ils de chances d'y arriver?

Yoan	Jorge		Yoan	Jorge		Yoan	Jorge
☐	☐		☐	☐		☐	☐
☐	☐		☐	☐		☐	☐
☐	☐		☐	☐		☐	☐
☐	☐		☐	☐		☐	☐
☐	☐		☐	☐		☐	☐
☐	☐		☐	☐		☐	☐

Les probabilités

Suite...

Yoan	Jorge		Yoan	Jorge		Yoan	Jorge
☐	☐		☐	☐		☐	☐
☐	☐		☐	☐		☐	☐
☐	☐		☐	☐		☐	☐
☐	☐		☐	☐		☐	☐
☐	☐		☐	☐		☐	☐
☐	☐		☐	☐		☐	☐

Réponse :

Yoan et Jorge ont _____ chances sur _____ d'obtenir le même résultat.

Les probabilités

8. Encercle les situations qui sont possibles.

a)   b)   c)   d)

e)   f)   g)   h)

9. Fais un ✗ dans la bonne colonne.

		certain	possible	impossible
a)	Marcher sur les nuages.			
b)	Gagner à la loterie.			
c)	Conduire une voiture.			
d)	Pique-niquer sur la Lune.			
e)	Oublier de faire ses devoirs.			
f)	Exécuter des pirouettes.			
g)	Dormir au moins huit heures.			
h)	Voir une tortue sans carapace.			
i)	Porter des vêtements.			

La résolution de problèmes

1. Les parents de ton ami sont propriétaires d'une animalerie et ils te demandent de leur donner un coup de main pour prendre soin des animaux.

a) Comme première tâche, tu dois séparer les 24 lapins dans différentes cages. Tu peux faire des groupes de 2, 3, 4 ou 6.

Choisis le nombre de lapins qui composera chaque groupe : _____

Trouve de combien de cages tu auras besoin.

Dessins ou calculs :

Réponse : _____

b) Une fois les lapins dans leurs cages, tu te rends compte qu'ils ont besoin de cabanes pour dormir. Pour ce faire, choisis deux des cabanes ci-dessous et colorie-les en rouge.

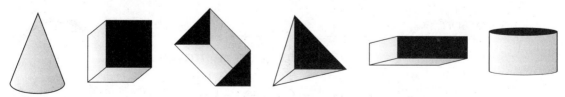

Écris le nom des deux solides qui représentent tes cabanes :

_____   _____

_____   _____

La résolution de problèmes

Suite...

c) Trouve le nombre de côtés et de sommets au total pour
ces deux solides.

Dessins ou calculs :

Réponse : _____ côtés et _____ sommets

2. Les propriétaires de l'animalerie te demandent d'organiser ton horaire.

a) Choisis la durée de ton quart de travail : 20, 40 ou 60 minutes.
Écris-la dans le rectangle prévu à cet effet.

b) Choisis l'heure à laquelle tu souhaites que ton quart de travail
commence. Indique ensuite l'heure à laquelle il se terminera.
Enfin, dessine les aiguilles des heures et des minutes sur chacune
des horloges ci-dessous.

Durée du quart de travail :
_____ minutes

Début du quart de travail

_____ h _____

Fin du quart de travail

_____ h _____

La résolution de problèmes

3. Après que tu t'es occupé des lapins, les propriétaires de l'animalerie veulent que tu effectues la tournée des aquariums pour mesurer les poissons et créatures marines, et ce, afin de remplir les fiches personnalisées de ceux-ci.

Observe bien chacun des poissons et créatures marines ci-dessous.

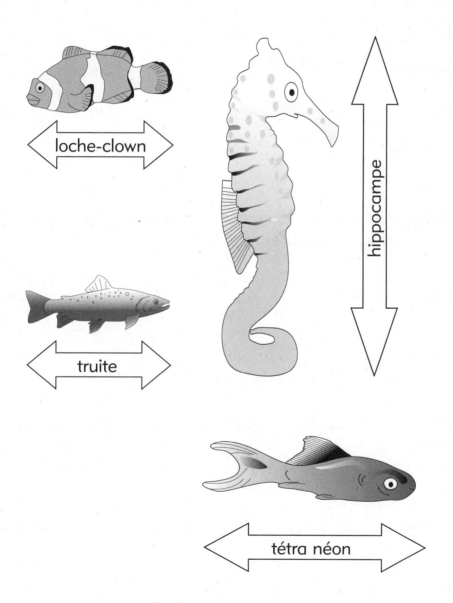

loche-clown

truite

hippocampe

tétra néon

La résolution de problèmes

Suite...

a) Estime la longueur de chaque poisson et créature marine,
   puis mesure-le à l'aide d'une règle graduée en centimètres.

	Estimation	Mesure
Loche-clown	_____ cm	_____ cm
Hippocampe	_____ cm	_____ cm
Truite	_____ cm	_____ cm
Tétra néon	_____ cm	_____ cm

b) Calcule la différence de longueur entre le plus long et le plus court
   de ces poissons et créatures marines.

Dessins ou calculs :

Réponse : _____

c) Écris les trois poissons ou créatures marines que tu préfères.

_____   _____   _____
_____   _____   _____

La résolution de problèmes

Suite...

d) En plaçant bout à bout les trois poissons ou créatures marines que tu as choisis, quelle longueur obtiens-tu ?

Dessins ou calculs :

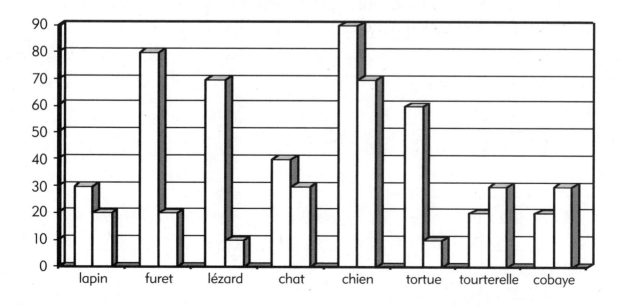

Réponse : _____

4. Les propriétaires de l'animalerie veulent que tu vérifies les prix sur les étiquettes qui accompagnent chacun des animaux. Pour ce faire, observe le diagramme à bandes. La première bande montre combien coûte chaque animal, et la deuxième, combien coûte sa nourriture pour un mois.

La résolution de problèmes

Suite...

a) Un client te demande de lui suggérer deux espèces animales qui plairaient à ses enfants. Lesquelles lui suggères-tu ?

_____   _____

_____   _____

S'il veut acheter trois spécimens de la première espèce et deux spécimens de la deuxième espèce, combien cela lui coûtera-t-il ?

Dessins ou calculs :

Réponse : _____

b) Combien le client déboursera-t-il chaque mois en nourriture pour les animaux qu'il a achetés ?

Dessins ou calculs :

Réponse : _____

La résolution de problèmes

Suite...

c) Place les huit animaux du diagramme à bandes dans l'ordre décroissant selon leur prix.

_____ _____ _____ _____
_____ _____ _____ _____
_____ _____ _____ _____
_____ _____ _____ _____

5. Les propriétaires de l'animalerie disent que les souris femelles ont besoin de nids pour accoucher de leurs souriceaux et en prendre soin. Ils te demandent de choisir trois nids parmi ceux qui suivent.

a) Lesquels prends-tu ? Nomme les figures.

_____   _____   _____
_____   _____   _____

b) Combien de côtés et d'angles comporte chaque figure ?

	Côtés	Angles
Figure 1	_____	_____
Figure 2	_____	_____
Figure 3	_____	_____

c) Réalise une frise avec ces trois figures en les répétant au moins deux fois chacune.

La résolution de problèmes

Suite...

d) Réalise un dallage avec deux de ces figures en les répétant au moins quatre fois chacune.

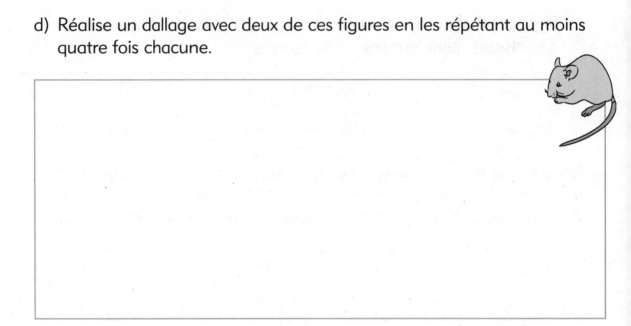

e) Un employé peu expérimenté vient te donner un coup de main et il sélectionne les nids suivants.

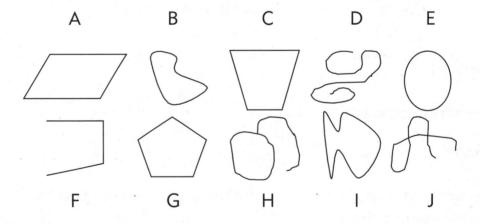

Écris la lettre associée à chacun des nids qui n'est pas sécuritaire pour les souriceaux.

_____

_____

La résolution de problèmes

Suite...

f) Décris chaque nid à l'aide des expressions suivantes : ligne courbe, ligne brisée, ligne ouverte, ligne fermée.

A _____

B _____

C _____

D _____

E _____

F _____

G _____

H _____

I _____

J _____

g) Les propriétaires de l'animalerie te demandent de séparer les 24 souriceaux dans 3 cages différentes. Dans la 1re cage, ils veulent qu'on retrouve $\frac{1}{4}$ des souriceaux ; dans la 2e, $\frac{1}{2}$ des souriceaux ; dans la 3e cage, le reste des souriceaux. Combien de souriceaux retrouve-t-on dans chaque cage ?

Dessins ou calculs :

Réponse :   Cage 1 : _____   Cage 2 : _____   Cage 3 : _____

La résolution de problèmes

6. Les propriétaires t'assignent ensuite la tâche de placer les oiseaux de volière dans des cages superposées. Écris le nom des 16 espèces d'oiseaux suivantes à l'endroit que tu désires dans le tableau ci-dessous : pinsons, serins, colombes, mandarins, amarantes, canaris, grenadins, cordons-bleus, damiers, capucins, cacatoès, perruches, inséparables, sittelles, tourterelles, loriquets.

	1	2	3	4
A				
B				
C				
D				

a) À quelle coordonnée as-tu placé les capucins ? _____

b) À quelle coordonnée as-tu placé les sittelles ? _____

c) Quels oiseaux sont à gauche des amarantes ? _____

d) Quels oiseaux sont à droite des loriquets ? _____

e) Quels oiseaux se retrouvent en (B,3) ? _____

f) Quels oiseaux se retrouvent en (C,1) ? _____

La résolution de problèmes

g) Compte le nombre d'oiseaux qui appartiennent aux espèces suivantes à l'aide des indices : pinsons, serins, colombes, mandarins, amarantes, canaris et grenadins.

Choisis un nombre au hasard entre 4 et 8 : _____
C'est le nombre de pinsons.

Il y a 5 serins de plus que de pinsons.

Dessins ou calculs :

Réponse : _____

Il y a 3 colombes de moins que de serins.

Dessins ou calculs :

Réponse : _____

Il y a 2 fois plus de mandarins que de colombes.

Dessins ou calculs :

Réponse : _____

La résolution de problèmes

Suite...

Il y a 4 amarantes de plus que de mandarins.

Dessins ou calculs :

Réponse : _____

Il y a 2 fois moins de canaris que d'amarantes.

Dessins ou calculs :

Réponse : _____

Il y a 3 grenadins de moins que de canaris.

Dessins ou calculs :

Réponse : _____

h) Écris le nom des oiseaux dont le nombre est impair :

_____
_____
_____

Anglais

Les jours de la semaine

1. Relie les jours de la semaine à leur nom anglais.

dimanche	Wednesday
lundi	Saturday
mardi	Monday
mercredi	Thursday
jeudi	Sunday
vendredi	Friday
samedi	Tuesday

2. François a un loisir chaque jour. Sous chacun, écris la journée de la semaine où il fera cette activité. Choisis les journées, mais n'utilise chaque journée qu'une seule fois.

a) Faire du vélo.
_____
_____

b) Rouler avec sa planche à roulettes.
_____
_____

c) Cours de plongeon.
_____
_____

d) Jouer au ballon avec Sophie.
_____
_____

e) Jouer au soccer.
_____
_____

f) Regarder la télévision.
_____
_____

g) Cours de piano.
_____
_____

Sunday   Monday   Tuesday   Wednesday   Thursday   Friday   Saturday

Les jours de la semaine

3. Regarde le calendrier ci-dessous et réponds aux questions.

	Monday	Tuesday	Wednesday	Thursday	Friday	Saturday	Sunday
9:30 a.m.							
12 p.m.		Dentist				Going to the movies with my friend	Spanish courses
3 p.m.							
6 p.m.	Game of soccer			Spanish courses			Special dinner with grandma

a) Quel jour as-tu rendez-vous chez le dentiste ? _____

b) Quels jours suis-tu des cours d'espagnol ? _____

c) Quel jour iras-tu au cinéma avec ton ami ou ton amie ? _____

d) Quel jour iras-tu manger avec ta grand-mère ? _____

e) Quel jour joues-tu au soccer ? _____

4. Écris les jours de la semaine à partir de Sunday.

_____

_____

_____

_____

Les couleurs

1. Colorie les ballons de la couleur demandée.

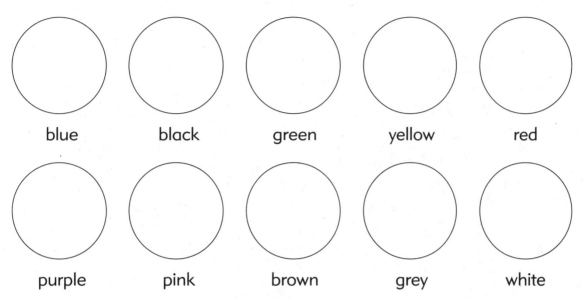

blue   black   green   yellow   red

purple   pink   brown   grey   white

2. Écris en anglais la couleur de chacun des éléments suivants.

white   orange   brown   red   pink   yellow   green

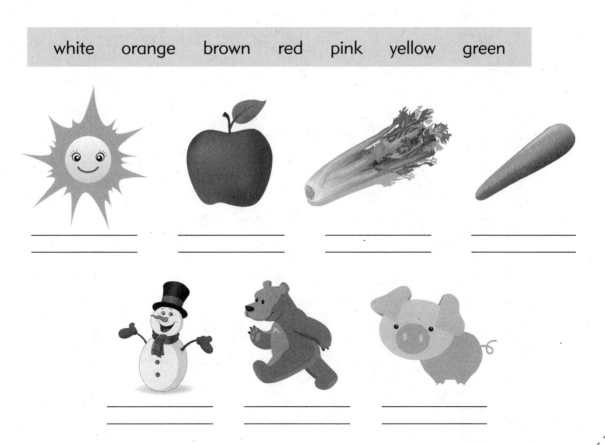

_____   _____   _____   _____

_____   _____   _____

Les couleurs

3. Colorie l'illustration selon les couleurs ci-dessous.

1. blue   2. yellow   3. green   4. grey   5. brown   6. orange   7. red

Les couleurs

Madame Tremblay se promenait dans le centre commercial. Elle s'est

acheté un chandail vert _____ , des souliers bruns _____

et un ruban rose _____ . Elle se préparait à retourner chez elle

quand elle est passée devant la vitrine d'une animalerie. Elle y a vu

d'adorables chatons.

Elle a voulu en acheter un. Elle avait le choix entre un chaton blanc

_____ , un gris _____ ou un noir _____ . Elle les

aimait tous les trois ! Elle a donc décidé de tous les prendre ! Pour la

remercier, le vendeur lui a gentiment offert des jouets pour chatons :

une souris mauve _____ , un fromage jaune _____ et

une balle rose _____ . Il a tout déposé dans une grosse boîte

bleue _____ . Madame Tremblay

a donc pu facilement les transporter jusque

dans son auto noire _____ .

Les parties du corps

1. À l'aide d'un trait, relie la partie du corps à son vêtement.

neck

feet

hand

head

Les parties du corps

2. Sous chaque image, écris en anglais la partie du corps avec laquelle tu peux voir, entendre, toucher, goûter ou sentir.

Les fruits et les légumes

1. À l'aide de traits, relie chaque légume à son nom anglais.

carrot

radish

cucumber

apple

celery

broccoli

Les fruits et les légumes

2. Remplis le texte troué en écrivant en anglais le nom des aliments manquants. Pour t'aider, regarde dans l'encadré sous le texte. Attention! Un nom ne revient qu'une fois.

Catherine désire faire un pique-nique. Elle met dans son panier plusieurs

fruits : une _____ pour son frère Justin ; une

_____ pour sa voisine Gabrielle ; une _____ pour

elle. De plus, elle apportera un gâteau à la _____

et à la _____. Elle espère que tout le monde se régalera.

| banana | strawberry | pear | apple | cherry |

Les animaux

1. Trouve la maison de chaque animal. Écris la réponse sur les lignes.
Aide-toi des dessins de gauche.

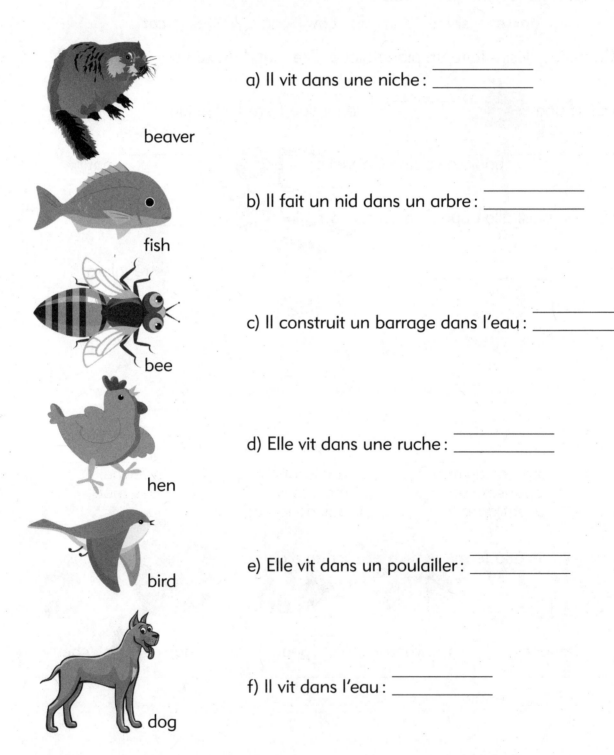

a) Il vit dans une niche : _____

b) Il fait un nid dans un arbre : _____

c) Il construit un barrage dans l'eau : _____

d) Elle vit dans une ruche : _____

e) Elle vit dans un poulailler : _____

f) Il vit dans l'eau : _____

beaver

fish

bee

hen

bird

dog

Les animaux

2. Peux-tu relier chaque nom d'animal à l'image correspondante?

horse   sheep   bird   cow   dog   hen   cat

3. Écris le nom des animaux que Luc a vus lors de sa visite à la ferme. Écris tes réponses sur les lignes à côté des images. Aide-toi des mots qui se trouvent dans la banque au bas de la page.

Luc est allé à la ferme. Il a vu beaucoup d'animaux:

un _____, une _____,

un _____, un _____, une

_____ et un _____.

cow   horse   sheep   hen   cat   bird

Les vêtements

1. Regarde ce qu'avait Lucie dans son sac à dos. Écris le nom anglais des vêtements. Sers-toi de la banque de mots pour t'aider.

a) _____

b) _____

c) _____

d) _____

e) _____

f) _____

g) _____

h) _____

i) _____

mitten   hat   skirt   coat   scarf   dress   boot   pants   sock

Une fiche de présentation

1. Remplis la fiche de présentation personnalisée.

My name is _____. I am _____ years old.

0 1 2 3 4 5 6 7 8

My eyes are _____. My hair are _____.

My mother's name is _____. My father's name is _____.

I have _____ sister(s) and _____ brother(s). My best friend is _____.

My favorite animal is _____. My favorite toy is _____.

I like wachting TV : yes ☐ no ☐   I like apple : yes ☐ no ☐   I like candies : yes ☐ no ☐

Les mots pour se situer

1. Trouve le mot anglais qui correspond au mot en caractères gras. Encercle les bonnes réponses.

Il y a 10 pommes **sous** l'arbre.   under   in   on   next

Il y a 8 pommes **dans** l'arbre.   under   in   on   next

Les mots pour se situer

2. Trouve le mot anglais qui correspond au mot en caractères gras. Encercle les bonnes réponses.

a) Il y a 3 œufs **dans** le nid.

under   in   on   beside

b) Il y a 1 œuf **à côté** du nid.

under   in   on   beside

c) L'oiseau est **sur** la branche.

under   in   on   beside

d) Le bol est **à gauche** du bonbon.

left   right   between

e) Arnaud est **à droite** de la plante.

left   rigth   between

f) Jeanne est **à gauche** du bonhomme de neige.

left   right   between

g) La pomme est **entre** les bananes.

left   right   between

Les nombres

1. Peux-tu écrire les nombres en anglais de 1 à 20?
Les réponses se trouvent dans l'encadré de droite.

1) _____

2) _____

3) _____

4) _____

5) _____

6) _____

7) _____

8) _____

9) _____

10) _____

11) _____

12) _____

13) _____

14) _____

15) _____

16) _____

17) _____

18) _____

19) _____

20) _____

twelve

one

nine

fifteen

nineteen

five

seventeen

three

twenty

four

eleven

seven

ten

eighteen

six

thirteen

two

eight

sixteen

fourteen

Les nombres

2. Découvre ce qui se cache en reliant les chiffres dans le bon ordre.

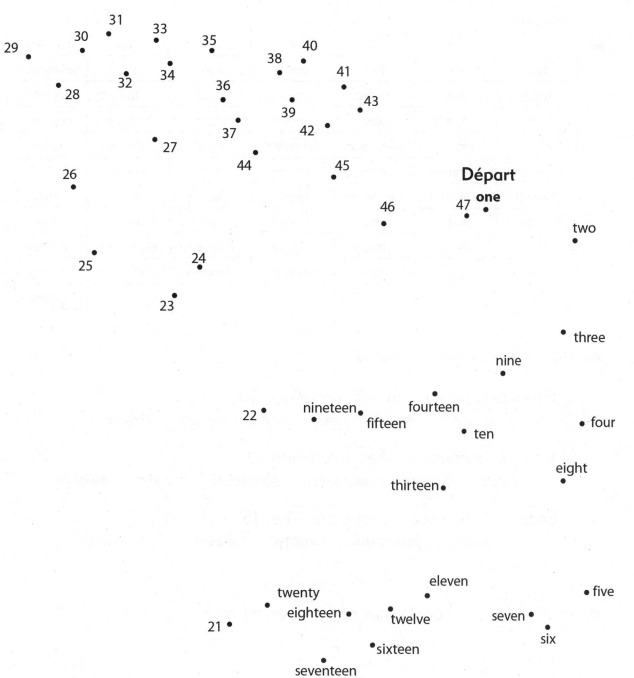

29 · 30 · 31 · 33 · 35 · 38 · 40 · 41 · 43 · **Départ**

28 · 32 · 34 · 36 · 39 · 42 · 47 **one**

27 · 37 · 44 · 45 · 46

26 · two

25 · 24 · three

23 · nine

22 · nineteen · fourteen · four

fifteen · ten · eight

thirteen

eleven · five

twenty · seven · six

eighteen · twelve

21 · sixteen

seventeen

Les nombres

3. Trouve le chemin secret dans le labyrinthe. Pour y arriver, tu dois suivre les nombres de 1 à 20 dans l'ordre croissant.

Départ						
one	two	six	nine	eleven	three	one
two	six	five	seven	ten	six	seventeen
three	four	three	two	four	five	sixteen
six	five	six	seven	eight	twelve	twelve
nine	eleven	seventeen	fourteen	nine	fifteen	eight
nineteen	eighteen	twelve	eleven	ten	seven	six
twelve	eight	thirteen	eight	one	two	five
three	two	fourteen	eleven	ten	three	four
four	three	fifteen	sixteen	seventeen	eigthteen	nineteen
five	eight	ten	fourteen	thirteen	three	twenty
						Arrivée

4. Trouve les nombres demandés.

a) Encercle le nombre qui est supérieur à 10.

one   eight   five   nine   eleven   seven

b) Encercle le nombre qui est inférieur à 10.

three   twenty   fourteen   nineteen   fifteen   twelve

c) Encercle le nombre qui est entre 10 et 15.

eight   fourteen   twenty   sixteen   six   two

5. Peux-tu écrire en anglais les nombres en lettres ?

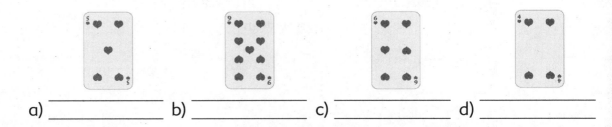

a) _____   b) _____   c) _____   d) _____

Les mois

1. Écris durant quel mois surviennent les événements suivants. Sers-toi des mots de la colonne de droite.

1. Quel est le mois de...

a) ta fête ? _____

b) Noël ? _____

c) Pâques ? _____

d) l'Halloween ? _____

e) la Saint-Valentin ? _____

f) la Saint-Jean-Baptiste ? _____

g) la fête de ton meilleur ami ou de ta meilleure amie ? _____

h) la fête de ton frère ou de ta sœur ? _____

i) la fête de ton père ? _____

j) la fête de ta mère ? _____

January

February

March

April

May

June

July

August

September

October

November

December

2. Écris en anglais durant quels mois tu peux pratiquer les activités suivantes. Attention ! Pour chaque activité, il y a plusieurs mois possibles ! Essaie de les trouver tous.

a) du ski : _____

b) de la marche en forêt : _____

c) manger de la tire à la cabane à sucre : _____

Les mois

3. Écris le ou les mois de l'année où…

a) on peut se baigner :
_____

b) on peut se déguiser
   à l'Halloween : _____
_____

c) c'est l'hiver : _____
_____

d) c'est le printemps : _____
_____

January	February	March	April	May	June
July	August	September	October	November	December

Les membres de ta famille

1. Peux-tu compléter les mots suivants ? Pour t'aider, sers-toi des lettres dans l'encadré.

mère = _____ other   père = _____ ather

frère = _____ rother   sœur = _____ ister

b f m s

2. Écris le mot anglais correspondant.

a) Justin est le _____ de Hugo et Julie.

b) Julie est la _____ de Hugo.

c) Annie est la _____ de Hugo et Julie.

d) Hugo est le _____ de Julie.

Justin   Annie   Hugo   Julie

father   mother   brother sister

3. Peux-tu écrire en anglais à chaque phrase le mot qui manque ?
Regarde les mots dans l'encadré pour t'aider. Un même mot peut revenir plus d'une fois.

a) Julie et Karine ont les mêmes parents. Elles sont des _____.

b) Mathieu doit attendre son père et son _____ avant d'aller jouer dehors.

c) Jean prépare une carte pour sa _____, car c'est bientôt la fête des Mères.

d) Noémie et son _____ contruisent une belle cabane dans les arbres.

e) Simon doit partager les jouets que son _____ et sa _____ lui ont donnés. Il doit les prêter à son _____ et à sa _____.

sister   brother   mother   father

Les membres de ta famille

4. Peux-tu écrire le mot anglais qui correspond au mot en gras dans les phrases suivantes ?

a)

Mon **frère** fait une grimace :

_____

b)

Ma **mère** lit une histoire à ma **sœur** :

_____   _____

_____ , _____

c)

Mon **frère** et moi avons ramassé des bonbons d'Halloween :

_____

d)

Ma **mère** et ma **sœur** font du vélo :

_____   _____

_____ , _____

e)

Mon **frère** remet un cadeau à ma **mère** :

_____   _____

_____ , _____

f)

Mon **père** tient mon **frère** dans ses bras :

_____   _____

_____ , _____

Les saisons

1. Relie chaque saison à son nom anglais.

été   spring

printemps   fall

automne   summer

hiver   winter

2. Relie les saisons aux images suivantes.

a)

                                                spring

b)

                                                summer

c)

                                                winter

d)

                                                fall

Les saisons

3. Écris le nom de la saison de chaque illustration. Sers-toi des mots de l'encadré pour t'aider.

| winter | summer | spring | fall |

a) _____

b) _____

c) _____

d) _____

Les verbes

1. Complète chacun des mots anglais suivants. Pour t'aider, utilise les lettres de l'encadré. Attention ! Chaque lettre ne revient qu'une fois.

a) manger = to ea__   b) jouer = to pla__   c) nager = to swi__

d) courir = to ru__   e) se promener = to rid__   f) sourire = to smil__

g) laver = to wash__   h) parler = to tal__   i) regarder = to watc__

j) lire = to rea__   k) écrire = to writ__   l) s'habiller = to dres__

m) marcher = to wal__   n) voler = to fl__   o) pleurer = to cr__

> d e e e k k h h h m n t s y y y

2. Maintenant, peux-tu trouver le bon verbe qui va avec chaque illustration ?
Aide-toi des mots que tu viens de découvrir.

a) Marc, Mathis et Sophie **parlent** d'un film :
_____
_____

b) Steve **mange** une pomme :
_____
_____

c) La citrouille **sourit** de toutes ses dents :
_____
_____

Les verbes

Suite...

d) Jacob **regarde** la télévision : _____

e) Le papillon **vole** vers les fleurs : _____

f) Louis **se promène** à vélo : _____

g) Karine **lit** un livre : _____

h) François **se lave** les mains tous les jours : _____

i) Mon frère **mange** un hamburger : _____ _____

Les verbes

Suite...

j) Annie **écrit** dans son journal : _____

k) Nous **jouons** tous à la plage : _____ _____

l) Le poisson **nage** dans son bocal : _____

m) Ma sœur **s'habille** avant de partir : _____

n) Patrick **se lave** le soir avant de dormir : _____ _____

Les verbes

Suite...

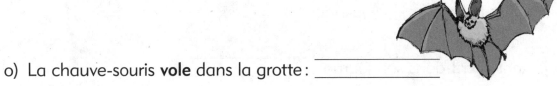

o) La chauve-souris **vole** dans la grotte : _____

p) Le cerf **marche** dans la forêt : _____

q) Je **joue** au cow-boy : _____

r) Tous mes amis et moi **nageons**
   dans la piscine : _____

s) Ma mère **marche** en coupant le gazon : _____

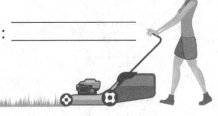

Comptines

Observe bien les images d'animaux dans cette comptine.
Peux-tu encercler chaque mot qui correspond aux animaux que tu vois ?
Regarde le premier exemple dans le texte pour t'aider.

This is the house 🏠 that Jack 🧑 built. 🖐🖐

This is the malt,
That lay in the house 🏠 that Jack 🧑 built. 🖐🖐

This is the (rat), 🐁
That ate the malt,
That lay in the house 🏠 that Jack 🧑 built. 🖐🖐

This is the cat, 🐈
That chased the rat 🐁, that ate the malt,
That lay in the house 🏠 that Jack 🧑 built. 🖐🖐

This is the dog 🐕 that worried the cat, 🐈
That chased the rat 🐁, that ate the malt,
That lay in the house 🏠 that Jack 🧑 built. 🖐🖐

This is the cow 🐄 with the crumpled horn,
That tossed the dog 🐕, that worried the cat, 🐈
That chased the rat 🐁, that ate the malt,
That lay in the house 🏠 that Jack 🧑 built. 🖐🖐

This is the maiden 🧍 all forlorn,
That milked 🥛 the cow 🐄 with the crumpled horn,
That tossed the dog 🐕, that worried the cat, 🐈
That chased the rat 🐁, that ate the malt,
That lay in the house 🏠 that Jack 🧑 built. 🖐🖐

This is the man 🧍 all tattered and torn,
That kissed 👄 the maiden 🧍 all forlorn,

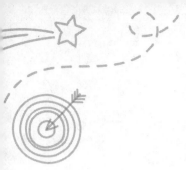

Comptines

That milked the cow with the crumpled horn,
That tossed the dog, that worried the cat,
That chased the rat, that ate the malt,
That lay in the house that Jack built.

This is the priest all shaven and shorn,
That married the man all tattered and torn,
That kissed the maiden all forlorn,
That milked the cow with the crumpled horn,
That tossed the dog, that worried the cat,
That chased the rat, that ate the malt,
That lay in the house that Jack built.

This is the cock that crowed in the morn,
That waked the priest all shaven and shorn,
That married the man all tattered and torn,
That kissed the maiden all forlorn,
That milked the cow with the crumpled horn,
That tossed the dog, that worried the cat,
That chased the rat, that ate the malt,
That lay in the house that Jack built.

This is the farmer sowing the corn,
That kept the cock that crowed in the morn,
That waked the priest all shaven and shorn,
That married the man all tattered and torn,
That kissed the maiden all forlorn,
That milked the cow with the crumpled horn,
That tossed the dog, that worried the cat,
That chased the rat, that ate the malt,
That lay in the house that Jack built.

Science

Les saveurs

On a longtemps cru que l'on ne goûte pas toutes les saveurs aux mêmes endroits sur la langue. Fais l'expérience suivante pour découvrir si c'est vrai ou faux.

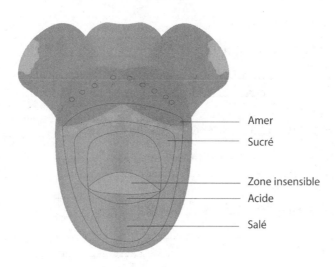

- Amer
- Sucré
- Zone insensible
- Acide
- Salé

Pour l'expérience, tu auras besoin de sel, de sucre et de jus de citron.

Mets un peu de sucre dans une cuiller. Avec le bout de la langue seulement, lèche un peu de sucre.
Est-ce que tu as goûté le sucre ?   _____

_____

Refais la même chose, mais avec du sel.
Est-ce que tu as goûté le sel ?   _____

_____

Refais la même chose, mais avec du jus de citron.
Est-ce que tu as goûté le jus de citron ?   _____

_____

Avale une toute petite quantité de sel, de sucre et de jus de citron à tour de rôle.

_____

Est-ce que tu as goûté le sel ?   _____

_____

Le sucre ?   _____

_____

Le jus de citron ?   _____

L'école de mes grands-parents

Demande à tes grands-parents de répondre aux questions suivantes.
Réponds toi aussi aux questions et regarde ce qui est pareil
et ce qui est différent.

Comment te rendais-tu à l'école? _____

Moi : _____

Est-ce qu'il y avait un service de garde à l'école? _____

Moi : _____

Est-ce que tu avais des cours d'anglais? _____

Moi : _____

Comment était la cloche à ton école? _____

Moi : _____

Combien d'élèves étiez-vous? _____

Moi : _____

Est-ce que tu dînais à l'école? _____

Moi : _____

Quel règlement détestais-tu le plus? _____

Moi : _____

Décris-moi ton école (nombre de classes, nombre d'étages, est-ce qu'il y avait
un gymnase? etc.).

_____

_____

Moi :

_____

_____

L'environnement

1. Écris sous chaque objet ce que tu dois faire avec lui : le mettre dans le bac de récupération, le mettre au compostage, le donner ou le mettre à la poubelle.

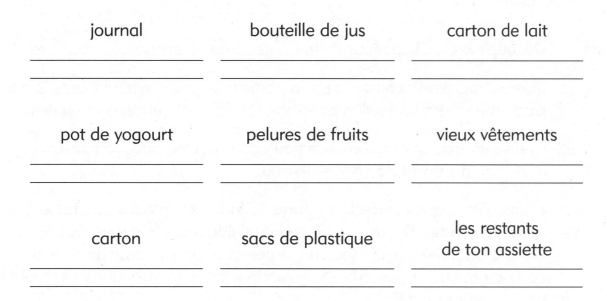

journal	bouteille de jus	carton de lait
_____	_____	_____
pot de yogourt	pelures de fruits	vieux vêtements
_____	_____	_____
carton	sacs de plastique	les restants de ton assiette
_____	_____	_____

2. Encercle les actions qui sont dommageables pour l'environnement.

a) Faire rouler la voiture au ralenti pendant 15 minutes pour la réchauffer.

b) Marcher ou prendre son vélo pour aller à l'école.

c) Jeter le papier dans la poubelle.

d) Laisser couler l'eau du robinet pour rien.

e) Écrire des deux côtés d'une feuille.

f) Récupérer le verre.

g) Retourner les contenants consignés au magasin.

h) Jeter des ordures dans la rue.

i) Laisser les lumières allumées dans une pièce vide.

j) Laisser la télé allumée quand personne ne la regarde.

k) Utiliser des sacs réutilisables pour faire les courses.

l) Mettre au compostage les restants de fruits et de légumes.

Un pluviomètre

Matériel

Une bouteille de boisson gazeuse de 2 litres

Ciseaux

Tasse à mesurer

a) Découpe le tiers supérieur de la bouteille de plastique.

b) Insère la partie supérieure dans la partie inférieure, le goulot vers le bas. Ceci empêchera les feuilles et les saletés de pénétrer dans la bouteille.

c) Creuse un trou dans un endroit peu passant. Demande la permission à tes parents avant de creuser le trou.

d) Après chaque pluie, vide le contenu de la bouteille dans une tasse à mesurer. Mesure la hauteur de l'eau à l'aide d'une règle de plastique. Note la quantité dans le tableau ci-dessous. Écris la date dans le petit carré à gauche et numérote le calendrier selon le mois durant lequel tu prends tes mesures.

e) Après un mois, additionne toutes les quantités d'eau. Tu auras ainsi la quantité d'eau tombée durant un mois. Tu peux vérifier sur des sites Internet portant sur la météo si tes mesures sont similaires aux leurs.

lundi	mardi	mercredi	jeudi	vendredi	samedi	dimanche
☐	☐	☐	☐	☐	☐	☐
☐	☐	☐	☐	☐	☐	☐
☐	☐	☐	☐	☐	☐	☐
☐	☐	☐	☐	☐	☐	☐
☐	☐	☐	☐	☐	☐	☐

La fabrication d'un herbier

Il est possible de faire sécher et de conserver des plantes et des feuilles que tu trouves près de chez toi.

D'abord, il faut demander la permission avant d'arracher une plante ou une fleur. Dans plusieurs parcs, il est interdit de récolter des végétaux. Renseigne-toi avant.

a) Cueille des fleurs, des feuilles ou des plantes entières (assure-toi d'enlever toute la terre). Si possible, essaie de savoir quel est leur nom. Demande à tes parents ou consulte un livre d'identification ou un site Internet.

b) Place tes spécimens entre deux feuilles de papier. Ensuite, mets quelques épaisseurs de papier journal. Place plusieurs livres ou un objet lourd par-dessus.

c) Laisse sécher environ deux semaines.

d) Enlève délicatement tes plantes des feuilles de papier. Tu peux alors les coller dans un cahier et écrire leur nom, ou tu peux t'en servir pour fabriquer des signets, des cartes de souhaits, etc.

Les vertébrés

On classe les vertébrés (animaux ayant une colonne vertébrale)
en cinq catégories : les reptiles et crocodiliens, les mammifères, les poissons,
les batraciens et les oiseaux.

Lis le nom des animaux et fais un **✗** dans la colonne correspondant à sa classe.

	Mammifères	Oiseaux	Poissons	Batraciens	Reptiles et crocodiliens
aiglefin					
alligator					
anaconda					
baleine					
chat					
chien					
couleuvre					
crapaud					
crocodile					
éléphant					
espadon					
grenouille					
lézard					
merle					
moineau					
néon					
perroquet					
pigeon					
rainette					
salamandre					
thon					
tigre					
triton					
truite					
vautour					

Des fruits et des légumes de chez nous

Encercle les fruits et les légumes qui poussent au Québec.

a)

b)

c)

d)

e)

f)

g)

h)

i)

j)

k)

l)

m)

n)

Les animaux et leur habitat

Écris sous chaque animal s'il vit dans l'océan, la forêt, la savane ou la ferme.

a) _____

b) _____

c) _____

d) _____

e) _____

f) _____

g) _____

h) _____

i) _____

j) _____

k) _____

l) _____

m) _____

n) _____

o) _____

p) _____

q) _____

r) _____

s) _____

Quelques expériences avec du bicarbonate de soude

Le vinaigre qui danse

Matériel

30 ml (2 c. à soupe) de vinaigre

Quelques gouttes de colorant alimentaire

Petit récipient

30 ml (2 c. à soupe) de bicarbonate de soude

Huile végétale (quantité suffisante pour remplir le verre)

Un grand verre transparent

Mélange le vinaigre et quelques gouttes de colorant alimentaire dans un petit récipient. Mets le bicarbonate de soude dans le verre. Ajoute doucement l'huile en la faisant glisser le long des parois du verre. Il faut que le bicarbonate reste au fond du verre. Verse le mélange de vinaigre et de colorant dans le verre rempli d'huile.

Décris ce qui s'est passé :

_____

_____

_____

_____

Des raisins qui flottent

Matériel

125 ml (½ tasse) de vinaigre

125 ml (½ tasse) d'eau

15 ml (1 c. à soupe) de bicarbonate de soude

Un bocal de verre

Quelques raisins

Mélange l'eau et le vinaigre. Ajoute les raisins.

Note tes observations :

_____

_____

Ajoute le bicarbonate de soude.

Note tes observations :

_____

Encore des expériences

Changer la couleur des fleurs et du céleri

Matériel

3 fleurs blanches

1 branche de céleri

Colorant alimentaire (rouge, bleu, jaune, vert)

5 verres assez longs

Coupe un petit bout de la tige d'une des trois fleurs.
Ajoute quelques gouttes de colorant alimentaire vert dans un verre.
Trempe la fleur dans l'eau colorée.
Refais la même chose avec la deuxième fleur, mais ajoute du colorant jaune.
Refais la même chose avec le céleri, mais ajoute du colorant bleu.

Note tes observations après quelques heures :

_____

_____

_____

_____

Coupe la tige de la troisième fleur de bas en haut. Utilise une planche
à découper pour te faciliter la tâche et demande à un adulte de t'aider.

Remplis un verre d'eau et ajoute quelques gouttes de colorant rouge.
Remplis un autre verre et mets quelques gouttes de colorant bleu.

Trempe une partie de la tige dans l'eau colorée en bleu et l'autre partie
dans le verre d'eau colorée en rouge.

Attends quelques heures et note tes observations :

_____

_____

_____

Encore des expériences

À la pêche aux glaçons

Matériel

Un verre

De l'eau

Un glaçon

Du sel

Une ficelle

Remplis le verre d'eau et ajoute le glaçon. Mets le bout de la ficelle sur le glaçon. Saupoudre le glaçon de sel. Attends de 15 à 30 secondes. Essaie de soulever le glaçon.

Note tes observations :

_____

_____

_____

_____

Faire du plastique

Matériel

500 ml (2 tasses) de lait

60 ml (4 c. à soupe) de vinaigre

Pièce de coton assez grande pour couvrir l'ouverture d'un bocal de verre

Bocal de verre

Verse le lait dans une casserole et fais-le chauffer jusqu'à ce qu'il soit chaud. Ajoute le vinaigre. Demande l'aide d'un adulte. Une matière blanche apparaîtra. Laisse le tout refroidir. Place la pièce de coton au-dessus du bocal. Verse lentement le liquide. Récupère la matière blanche, rince-la et essore-la à plusieurs reprises en la tordant dans du papier essuie-tout. Tu peux ajouter du colorant alimentaire et lui donner la forme que tu désires. Laisse sécher.

Encore des expériences

Gonfler des ballons sans se fatiguer

Matériel

Un ballon

Un entonnoir

Une cuiller

Vinaigre

30 ml (2 c. à soupe) de bicarbonate de soude

Une bouteille de boisson gazeuse vide

Étire le ballon à quelques reprises. Verse le bicarbonate de soude dans le ballon à l'aide de l'entonnoir. Remplis la moitié de la bouteille avec du vinaigre. Place le bout du ballon sur le goulot de la bouteille, mais fais attention de ne pas faire tomber le bicarbonate dans la bouteille. Tu peux demander à quelqu'un de tenir le haut du ballon fermé pendant que tu places le col du ballon sur la bouteille. Mets le ballon bien droit au-dessus de la bouteille pour que le bicarbonate tombe dedans.

Que se passe-t-il? Note tes observations:

_____

_____

Le poivre qui s'enfuit

Matériel

Un petit bol

Du sel

Du poivre

De l'eau

Quelques gouttes de liquide à vaisselle

Remplis le bol d'eau. Saupoudre le sel et le poivre sur l'eau. Ajoute deux gouttes de liquide à vaisselle.

Que se passe-t-il? Note tes observations:

_____

_____

Test final

Test de français

1. Complète les mots suivants avec **j** ou **g**.

a) ____eudi   b) froma____e   c) ____entil   d) bon____our

e) ____olie   f) ____enou   g) tou____ours   h) ____amais

2. Recopie les mots avec les accents manquants.

a) bebe : _____   b) fete : _____   c) elephant : _____

d) eleve : _____   e) ecole : _____   f) aout : _____

g) age : _____   h) ile : _____   i) voila : _____

3. Souligne les déterminants dans les phrases suivantes.

a) Johanne a mangé la tarte aux pommes.

b) La forêt derrière chez moi est sombre.

c) Le chien et le chat dorment sur le divan vert.

4. Encadre les groupes du nom dans les phrases suivantes.

a) Mes amis dorment dehors.

b) La maison de ma voisine est bleue.

c) Julie et Marc font leurs devoirs.

5. Encercle les verbes dans les phrases suivantes.

a) Le bonhomme de neige fond au soleil.

b) Le zèbre a un pelage noir et blanc.

c) Les dinosaures n'existent plus.

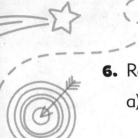

6. Replace les mots pour former une phrase qui a du sens.

a) la pommes Marie de mange tarte aux.

_____

_____

b) d' a perdu école son Zacharie sac.

_____

_____

c) voiture parents neuve ont Mes acheté une.

_____

_____

7. Relie les synonymes entre eux.

a) joyeux   1) joli

b) beau   2) bateau

c) ami   3) content

d) navire   4) camarade

8. Trouve l'antonyme des mots suivants.

a) noir : _____   b) laid : _____   c) debout : _____

d) fin : _____   e) triste : _____   f) bruyant : _____

9. Écris les nombres suivants en lettres.

a) 10 : _____   b) 20 : _____   c) 24 : _____

d) 50 : _____   e) 13 : _____   f) 15 : _____

10. Ajoute les signes de ponctuation dans les phrases suivantes.

a) La souris le chat et la jument courent dehors

b) Avez-vous mangé vos légumes

c) Quel beau spectacle

11. Écris *un* ou *une* devant les mots suivants.

a) _____ orange
b) _____ avion
c) _____ garçon

d) _____ auto
e) _____ araignée
f) _____ orage

g) _____ mois
h) _____ journée
i) _____ arbre

12. Écris les mois de l'année dans l'ordre.

_____

_____

13. Trouve un mot de la même famille.

a) fleur : _____
b) arbre : _____
c) travail : _____

d) nager : _____
e) chance : _____
f) olive : _____

14. Encercle les voyelles.

A B C D E F G H I J K L M N O P Q R S T U V W X Y Z

Comment s'appellent les lettres qui n'ont pas été encerclées ? _____

15. Ajoute *m* ou *n* pour compléter les mots suivants.

a) co____pote
b) e____fant
c) élépha____t
d) o____bre

e) po____pier
f) e____semble
g) ora____ge
h) a____ge

i) va____pire
j) fa____tôme
k) te____te
l) pe____te

16. Encercle les lettres muettes dans les mots suivants.

a) renard
b) homard
c) souris
d) chat
e) truie
f) cerf

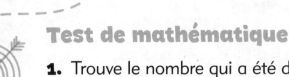

Test de mathématique

1. Trouve le nombre qui a été décomposé.

a) 600 + 50 + 2 : _____

b) 10 d + 12 c + 4 u : _____

c) 6 d + 7 + 200 : _____

d) 3 + 80 + 400 : _____

2. Représente chaque nombre sur l'abaque.

a) 724   b) 258   c) 840   d) 943

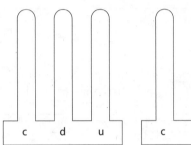 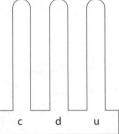 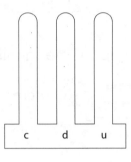 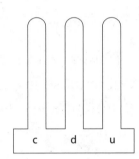

3. Compte par bonds de 3.

5, _____, _____, _____, 17, _____, _____, _____, 29, _____, _____

4. Représente l'addition sur la droite numérique pour trouver la réponse.

a) 15 + 6 + 7 = _____

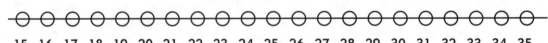

15 16 17 18 19 20 21 22 23 24 25 26 27 28 29 30 31 32 33 34 35

b) 30 + 7 + 13 = _____

30 31 32 33 34 35 36 37 38 39 40 41 42 43 44 45 46 47 48 49 50

5. Représente la soustraction sur la droite numérique pour trouver la réponse.

a) 35 – 6 – 7 = _____

15 16 17 18 19 20 21 22 23 24 25 26 27 28 29 30 31 32 33 34 35

b) 44 – 12 – 4 = _____

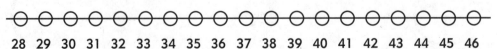

28 29 30 31 32 33 34 35 36 37 38 39 40 41 42 43 44 45 46

6. Dans sa boîte à bijoux, Coralie a caché 51 bagues. Dans la sienne, Angéline en a caché 14 de moins. Combien y a-t-il de bijoux dans la boîte d'Angéline?

Ta démarche

Réponse : _____

7. Les élèves de ma classe ont donné 198 boîtes de conserve à la guignolée. La classe de ma sœur en a donné 258. Combien les deux classes ont-elles donné de boîtes de conserve?

Ta démarche

Réponse : _____

8. Décompose les multiplications en additions répétées afin de trouver la réponse.

a) 5 × 5 = _____

b) 3 × 4 = _____

9. William a 24 cartes de hockey. Félix en a 4 fois moins. Combien de cartes de hockey Félix possède-t-il?

Ta démarche

Réponse : _____

10. Colorie la portion du dessin qui représente la fraction.

a) $\frac{1}{3}$

b) $\frac{1}{2}$

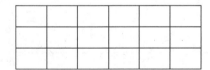

c) $\frac{1}{4}$

d) $\frac{1}{2}$

11. Quelle heure est-il?

a) _____

b) _____

c) _____

12. Écris le nom des solides.

a) _____

b) _____

c) 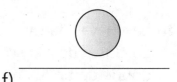 _____

d) _____

e) 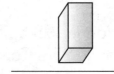 _____

f)  _____

13. Écris l'unité de mesure appropriée (cm, dm ou m) pour mesurer les éléments suivants.

a) autobus : _____

b) chat : _____

c) chaussette : _____

d) vélo : _____

e) maison : _____

f) balai : _____

14. Place les points cardinaux sur la rose des vents.

15. Trace un ou des axes de symétrie sur les figures ci-dessous.

a)

b)

c)

16. Dessine la figure qui est demandée.

a) Figure composée de lignes brisées seulement

b) Figure composée de lignes courbes seulement

c) Figure composée de lignes brisées et courbes

Test d'anglais

1. Écris les jours de la semaine en anglais de lundi à dimanche.

_____

_____

2. Colorie les cercles de la couleur demandée.

a) pink ◯ b) yellow ◯ c) brown ◯ d) green ◯

3. Écris en anglais la partie du corps illustrée.

a) _____ b) _____ c) _____ d) _____

4. Écris en anglais le fruit ou le légume illustré.

a) _____ b) _____ c) _____ d) _____

5. Écris en anglais l'animal illustré.

a) _____ b) _____ c) _____ d) _____

6. Écris en anglais le vêtement illustré.

a) _____ b) _____ c) _____ d) _____

Test de science

1. Écris les quatre saveurs que goûte la langue.

_____

_____

2. Écris trois comportements qui sont bons pour l'environnement.

_____

_____

_____

_____

3. À quoi sert un pluviomètre ?

_____

_____

4. Écris si les animaux suivants vivent dans une ferme, dans l'océan ou dans la forêt.

a) poule : _____   b) castor : _____   c) cerf : _____

d) baleine : _____   e) requin : _____   f) cheval : _____